“十四五”普通高等教育规划教材
高职高专会计系列

会计信息管理专业国家级教学资源库配套教材
高等职业教育在线开放课程信息化专业教材

U0753759

财务会计

杨智慧　主　编
庄燕娜　张巧秀　副主编

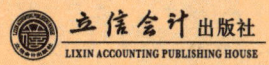
立信会计出版社
LIXIN ACCOUNTING PUBLISHING HOUSE

图书在版编目(CIP)数据

财务会计 / 杨智慧主编. —上海：立信会计出版社，2022.1

ISBN 978 - 7 - 5429 - 6988 - 0

Ⅰ. ①财… Ⅱ. ①杨… Ⅲ. ①财务会计—教材 Ⅳ. ①F234.4

中国版本图书馆 CIP 数据核字(2022)第 012340 号

策划编辑　　赵新民

责任编辑　　余　榕

财务会计

CAIWU KUAIJI

出版发行	立信会计出版社

地　址	上海市中山西路 2230 号	邮政编码	200235
电　话	(021)64411389	传　真	(021)64411325
网　址	www.lixinaph.com	电子邮箱	lixinaph2019@126.com
网上书店	http://lixin.jd.com		http://lxkjcbs.tmall.com
经　销	各地新华书店		

印　刷	常熟市华顺印刷有限公司	
开　本	787 毫米×1092 毫米	1/16
印　张	16	
字　数	388 千字	
版　次	2022 年 1 月第 1 版	
印　次	2022 年 1 月第 1 次	
印　数	1—2 100	
书　号	ISBN 978 - 7 - 5429 - 6988 - 0/F	
定　价	46.00 元	

如有印订差错，请与本社联系调换

前言 *Foreword*

　　本教材是以最新的《企业会计准则》以及调整后的最新税率为依据,以《教育部关于全面提高高等职业教育教学质量的若干意见》(教高〔2006〕16 号)为指导,以满足国家对百所骨干高职院校进行内涵建设的要求和期望为目标编写的以工作过程为导向的新常态数字化教材,将课程思政元素和信息化资源融入各个环节,积极贯彻党的教育方针,落实立德树人根本任务。本教材集基本知识与实务操作为一体,不仅注重岗位工作的过程化运作和实务化操作训练,也注重知识的提炼、补充和拓展。本教材分为 6 个模块:货币资金业务的管理与核算、往来业务的管理与核算、投资业务的管理与核算、综合业务的管理与核算、财务成果的管理与核算、财务报表的编制与报告。各模块前设有"业务引导""业务描述""岗位工作流程图""能力目标""技能要求""思政目标"板块,将学生引入一个形象的工作岗位环境,学生通过学习相关知识和操作业务技能,实现能力目标,并达到相关的技能要求;各模块以二维码形式增加了信息教学资源,既丰富了"考证知识训练",也与财经类各类 X 证书的内容相吻合,并且配套会计信息管理专业国家级教学资源库,可以多方位满足财经类专业的学习需求。

　　教材编写团队多次深入广东省特别是珠三角地区具有典型代表性的大、中、小型制造业企业,商品流通企业,会计中介机构等进行调研,了解到财务会计领域正在走向信息化、智能化时代,虽然财务会计基础核算需求和管理会计需求出现了倒三角的态势,但"财务会计"课程作为专业基础课还是非常重要的。

　　本教材具备以下特色。

1. 贯彻党的教育方针,落实立德树人根本任务

　　本教材以构建全员、全程、全方位育人格局的形式,把"立德树人"作为根本任务,恰当融入思政元素,培养拥护党的基本路线,贯彻习近平新时代中国特色社会主义思想,自觉践行社会主义核心价值观,旨在培养既具有使命担当、家国情怀、科学思维、团队协作精神、创新能力和职业道德,又熟悉企业一般及复杂经济业务的处理和核算,能利用会计信息进行理论分析和数据处理的,爱岗敬业、诚信做账,有法治思维、责任担当、奋斗

精神、工匠精神的技术/技能型高素质人才。

2. 以工作过程为导向组织设计教材内容

本教材为工作过程导向的财务会计教材,教学内容的设计与实际工作岗位所要完成的工作任务完全对接。本教材以工作过程为主线,本着知识突出够用、实用和适用的原则,坚持教学过程就是完成工作任务的过程,以实现教学向岗位的迁移,充分体现工学结合的教学模式。

3. 教、学、做一体化

本教材将教师需教的、学生需学和做的内容融为一体,既有必要的理论知识也有技术技能操作,与实际工作所需的知识和技术技能完全一致,学生学习的知识和需完成的训练任务就是以后工作和提升所需要的内容。

4. 以直观的岗位模块划分教学内容

本教材根据企业不同的会计岗位将教学内容设计为6个岗位模块,每个岗位模块的工作内容按由易到难、由单项到综合的顺序排列,每个工作岗位都是一个相对独立的学习园地,又与其他岗位有一定的相关性。本教材清楚地呈现了会计岗位和工作内容的情境,对学生很有吸引力,能够调动学生的积极性与主动性。

5. 突出信息化特色

本教材配套资源以国家级教学资源库(主编任执行负责人,学校是第一主持单位)信息化教学资源(含课程思政、职业素养、创新创业微课程教学资源、教学微课程、动画、问题链接、答疑、题库等)为主,辅以教材各教学内容模块上的二维码资源、各模块内容小结、考证知识训练等资源,充分体现了数字化课程的优势,为教师和学生提供了更为现代、方便的学习资源。

6. 内容形式多样

本教材内容形式多样化,包括业务引导、业务描述、岗位工作流程图、能力目标、技能要求、思政目标、操作训练、案例、思政园地、小贴士、模块小结、考证知识训练和信息化教学资源等,内容丰富,趣味性强,有利于充分调动和激发学生的学习积极性和兴趣。

7. 兼顾学生"1+X"财税证书与初级职称考试,融入基本知识训练

本教材将"1+X"财税证书、初级职称考试相关内容融入基本知识训练。财会专业及相关专业的学生在毕业时除应具备一定的专业知识和专业技能,若能取得"1+X"财税证书或初级会计职称,则更有利于日后就业。本教材兼顾了这一需求,注重并强化考证相关知识的训练。

本教材通过6个会计岗位工作过程的教学情境模块,为学生搭建会计岗位的工作框

架,让学生在学习中体验工作的内容和过程。企业财务部门岗位设置如下图所示。

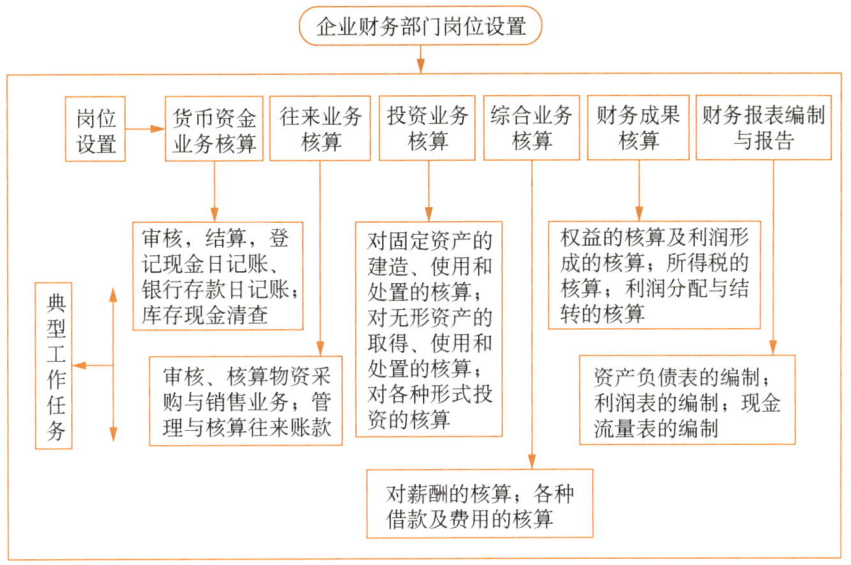

本教材的内容是以财务会计一线岗位的基本价值观念、基本知识、基本能力、基本方法、基本业务、基本操作等为主线来设计的,突出对学生职业能力的训练。理论知识的选取紧紧围绕工作任务完成的需要,同时,又充分考虑了高等职业教育对理论知识学习的需要,并融合了相关职业资格证书对知识和技能的要求。

本教材由杨智慧任主编,负责总纂定稿;由庄燕娜、张巧秀任副主编;其他编写人员有陈金英、刘丽敏、史艳利、梁琴等。本教材的编写人员为既具备多年实际工作经验,又具有丰富的教学经验且教学质量优秀的双师素质教师,其中有教授、副教授、高级会计师、会计师、讲师等。金蝶国际软件集团有限公司副总裁傅仕伟、金蝶精一信息科技服务有限公司高级财务顾问胡玉姣、翰智集团智慧教育事业部副总经理翁义春对岗位的教学内容进行了专业指导。

由于作者时间和水平有限,书中难免存在不足之处,敬请读者不吝批评指正,以使本教材日臻完善。

信息化教学资源网址:www.icve.com.cn/kjxxgl

在线课程二维码(会计信息管理专业教学资源库——《企业财务会计》)

杨智慧

2022.1

目录
Contents

模块 1 货币资金业务的管理与核算

 **业务引导**

1. 企业要去开户银行提取 3 000 元现金,你将如何处理?
2. 企业购买 5 000 元的货物,需以支票转账支付货款,你将如何处理?
3. 企业销售产品取得收入 200 000 元,需将款项收回,你将如何处理?
4. 一天的业务终了,想检查收款、付款是否正确,你将如何处理?
5. 你今天结账时,发现现金收多了(或收少了),你将如何处理?
......

本模块将告诉我们上述这些业务(或更多不同业务)将如何处理,并告诉我们,通过学习、实训操作我们将拥有的技能和具备的能力。

 **业务描述**

本模块是以货币资金核算岗位为载体进行的教学内容设计,要求企业出纳人员清楚明了企业所拥有的货币资金的数量、性质、来源、用途、结余等情况,并根据相关制度,通过有关凭证和账簿,熟练管理、核算和处理各种货币资金业务。

 岗位工作流程图

本岗位在实际工作中主要与企业内部的各个部门以及企业外部有紧密关联的机构有什么业务联系?该岗位需完成什么工作任务?这是每个学生必须了解的基本业务状态。下图为货币资金核算工作有关任务、流程。

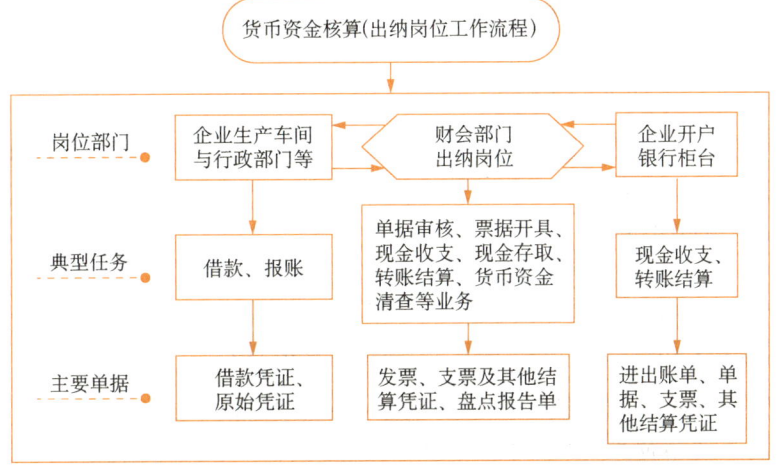

 **能力目标**

专业能力：能够使用企业财务信息资源来制订工作计划；熟悉货币资金管理和核算的步骤；熟悉货币资金管理的规章制度；熟练掌握凭证、账簿和工具的使用；熟练操作货币资金的完整核算过程。

方法和学习能力：扩展、延伸相应的知识和技能及收集相关信息的能力。

个人和社会能力：提高制订和实施团队工作计划能力，提高整体组织和管理能力。

 技能要求

1. 能熟练操作库存现金与银行存款的核算与清查。
2. 熟悉各种支付结算方式，并能熟练操作各种票据的核算流程。

 思政目标

1. 培育和践行社会主义核心价值观。
2. 培养会计从业人员的职业道德与廉政意识。
3. 培养讲诚信、重诚信的现代企业接班人。

知识技能 1-1　库存现金与银行存款的管理与核算

> 为了完成货币资金核算岗位知识技能 1-1 的工作任务，我们需要学习和掌握哪些基本知识和技能？

知识技能 1-1-1　库存现金的管理与核算

一、库存现金的管理

根据国务院颁布的《现金管理暂行条例》和中国人民银行颁布的《中国人民银行现金管理实施办法(试行草案)》的规定，我国关于库存现金管理的规定主要包括以下内容。

1. 库存现金的使用范围

(1) 职工的工资、津贴；

(2) 个人的劳动报酬；

(3) 颁发给个人的科学技术、文化艺术、体育等各项奖金；

(4) 各种劳保、福利费用以及国家规定的对个人的其他支出；

(5) 向个人收购农副产品和其他物资的价款；

（6）出差人员必须随身携带的差旅费；

（7）结算起点以下的零星支出；

（8）中国人民银行确定需支付库存现金的其他支出。

小贴士

凡不属于上述库存现金使用范围的支出，企业应通过银行进行转账结算。

2. 库存现金的限额

库存现金限额是单位用于零星开支允许留存库存现金的最高限额，由开户银行根据企业 3～5 天的日常零星开支所需的现金核定。边远地区、交通不便地区可适当放宽，但不得超过 15 天的正常开支需要量。正常开支需要量不包括企业每月发放工资和不定期差旅费等大额的现金支出。超过限额的现金必须于当日送存银行，不足限额时可向银行提取现金补足。

3. 库存现金收付的其他规定

（1）企业的现金收入应于当日送存开户银行或由开户银行确定送存日期；

（2）企业不得从本企业的现金收入中直接开支现金，即"坐支"；

（3）企业从开户行提取现金，应写明用途，由本单位财务负责人签字盖章；

（4）不得携带现金到外地采购，特殊情况，向开户行申请再实施；

（5）不得用不符合制度的凭证顶替库存现金，即不得"白条顶库"；

（6）不得谎报用途套取现金；

（7）不准用银行账户代其他单位和个人存入或支取现金；

（8）不准以个人名义存储、截留单位收入的现金；

（9）不准保留账外公款，私设"小金库"等。

小贴士

对于违反上述规定的企业，有关部门将按规定予以处罚。

4. 库存现金管理的内部控制制度

在企业所有的各项资产中，库存现金的流动性最强，最容易发生被侵吞、盗窃或挪用等不法行为。为了防止企业财产发生意外，杜绝不法行为，企业应按照《中华人民共和国会计法》的规定，建立健全单位库存现金管理的内部控制制度。具体内容如下：

（1）会计人员与出纳人员应分工明确。企业应配备专职出纳人员，负责办理库存现金的收支和保管业务。会计人员与库存现金收支业务的审批人员、经办人员、现金保管人员的职责权限应当明确，并相互分离、相互制约，相应岗位可以定期轮岗。现金的支付应由会计主管人员审核、批准，出纳人员付款，记账人员记账，所以会计主管、出纳人员、记账人员的岗位必须分离。

（2）及时清查，核对账目。出纳人员应每日结出现金日记账的收支情况和余额，并与实有数相核对，保持账款相符，以防止库存现金丢失和收支、记账发生差错。会计人员应定期

財務会計

和不定期地与出纳人员核对账目,以保证账账相符。

(3) 实行交易分开。现金支出业务和现金收入业务应当分开处理,防止将现金收入直接用于现金支出的坐支行为。

(4) 严格审核制度。

二、库存现金收支的核算与操作

出纳人员进行库存现金的收入和支出核算,应该先了解用什么会计账户,核算什么内容。

为总括地反映现金的收入、支出和结存情况,企业应设置"库存现金"总分类账户。该账户借方登记库存现金的增加;贷方登记库存现金的减少;余额在借方,表示期末库存现金的金额。企业有内部周转使用备用金的,可以单独设置"备用金"账户。

库存现金的核算内容为:从银行提取库存现金,职工出差借款及报销、交回剩余款,收取结算起点以下的零星销售收入款,收取个人罚款等;按照现金开支范围的规定支付现金等。

1. 现金收入的核算

收取现金时借记"库存现金"账户,贷记"银行存款""其他应收款""主营(其他)业务收入""营业外收入"等账户。

【操作1.1】 2022年5月6日,南方有限责任公司签发现金支票一张,从开户行提取现金30 000元准备发放工资。会计处理:

借:库存现金　　　　　　　　　　　　　　　　　　　　　30 000
　　贷:银行存款　　　　　　　　　　　　　　　　　　　　30 000

请思考:需什么原始凭证?

【操作1.2】 2022年5月10日,南方有限责任公司出售报废的包装材料,收入现金60元。会计处理:

借:库存现金　　　　　　　　　　　　　　　　　　　　　60
　　贷:其他业务收入　　　　　　　　　　　　　　　　　　60

请思考:需填制什么凭证?

【操作1.3】 2022年5月11日,南方有限责任公司员工王芳出差回来,原借款为1 000元,王芳依据发票报销900元,剩余现金100元交回。会计处理:

借:库存现金　　　　　　　　　　　　　　　　　　　　　100
　　管理费用　　　　　　　　　　　　　　　　　　　　　900
　　贷:其他应收款——王芳　　　　　　　　　　　　　　1 000

请思考:需什么原始凭证?

2. 库存现金支出的核算

企业支付现金时,借记"其他应收款""应付职工薪酬""管理费用"等账户,贷记"库存现金"账户。

【操作1.4】 2022年5月3日,南方有限责任公司员工王芳出差预借差旅费1 000元。会计处理:

借:其他应收款——王芳 　　　　　　　　　　　　　　　1 000
　　贷:库存现金 　　　　　　　　　　　　　　　　　　　　　1 000

请思考:需什么原始凭证?

【操作1.5】 2022年5月6日,南方有限责任公司以现金支付职工工资30 000元。会计处理:

借:应付职工薪酬 　　　　　　　　　　　　　　　　　　30 000
　　贷:库存现金 　　　　　　　　　　　　　　　　　　　　30 000

请思考:需什么原始凭证?

【操作1.6】 2022年5月16日,南方有限责任公司用现金支付报销办公用品费600元。会计处理:

借:管理费用 　　　　　　　　　　　　　　　　　　　　　600
　　贷:库存现金 　　　　　　　　　　　　　　　　　　　　　600

请思考:需什么原始凭证?

小贴士

如何将以上发生的现金收入、支出业务登记入账?

库存现金的收入、支出是通过设置"现金日记账"进行登记的,出纳人员根据收付款凭证,按照业务发生的顺序逐笔登记。每日终了,出纳人员应计算当日的现金收入合计数、支出合计数和结余数,并将结余数与实际库存现金数核对,做到账账核对,账款相符。有外币的企业还应分别按人民币、各种外币设置"现金日记账"进行明细核算。

三、库存现金清查的核算与操作

库存现金的清查是指出纳人员每日终了前进行的现金账款核对和清查小组进行的定期或不定期的现金盘点、核对。清查小组在清查时,出纳人员必须在场,主要检查是否有挪用现金、"白条顶库"、超限额留存现金、账外"小金库"、账款相符等情况。对于清查结果,清查人员应编制"库存现金盘点报告单",注明现金溢缺的金额,并由出纳人员和盘点人员签字盖章。如有违规情况应及时纠正,在未查明原因之前应将长款或短款通过"待处理财产损溢——待处理流动资产损溢"账户核算,查明原因后分别按以下情况处理:

1. 库存现金短缺的核算

库存现金短缺属于应由责任人赔偿的部分,借记"其他应收款——应收现金短缺款(某人)"账户或"库存现金"账户等,贷记"待处理财产损溢——待处理流动资产损溢"账户;属于应由保险公司赔偿的部分,借记"其他应收

库存现金清查的核算与操作

险赔款(某保险公司)"账户,贷记"待处理财产损溢——待处理流动资产损溢"账户;若无法查明原因,经管理部门批准,记入"管理费用——现金短缺"账户。

【操作1.7】 南方有限责任公司在现金清查中,发现库存现金比账面余额短缺120元。会计处理:

借:待处理财产损溢——待处理流动资产损溢 　　　　　　　　　120
　　贷:库存现金 　　　　　　　　　　　　　　　　　　　　　　　120

经核查,上述短缺是由出纳人员张萍的疏忽造成的,由其赔偿。会计处理:

借:其他应收款——应收现金短缺款(张萍) 　　　　　　　　　　120
　　贷:待处理财产损溢——待处理流动资产损溢 　　　　　　　　　120

若上述短缺无法查明,经批准后,作如下处理:

借:管理费用——现金短缺 　　　　　　　　　　　　　　　　　　120
　　贷:待处理财产损溢——待处理流动资产损溢 　　　　　　　　　120

请思考:清查中需什么原始凭证?

2. 库存现金溢余的核算

库存现金溢余属于应支付给有关单位或个人的,应借记"待处理财产损溢——待处理流动资产损溢"账户,贷记"其他应付款——应付现金溢余(某单位或某人)"账户;若无法查明原因,经批准后,记入"营业外收入——现金溢余"账户。

【操作1.8】 南方有限责任公司在现金清查中,发现库存现金比账面余额多出43元,会计处理:

借:库存现金 　　　　　　　　　　　　　　　　　　　　　　　　43
　　贷:待处理财产损溢——待处理流动资产损溢 　　　　　　　　　　43

经反复核查无法确认原因,经批准后,作如下处理:

借:待处理财产损溢——待处理流动资产损溢 　　　　　　　　　　　43
　　贷:营业外收入——现金溢余 　　　　　　　　　　　　　　　　　43

请思考:清查中需什么原始凭证?

 **案例**

南方有限责任公司出纳人员李娟刚参加工作不久,在现金出纳业务处理过程中碰到了如下问题:

(1) 2022年3月6日,李娟在现金业务结束后例行的现金清查中,发现企业现金日记账的现金余额是18 386元,实际库存是18 336元,现金短缺50元。经过反复核实、对账,还是查不明原因,李娟因考虑到个人的面子和找工作不易,想息事宁人,于是在不为人知的情况下,自己出钱补缺口,使账实达到相符。

(2) 2022年3月10日,李娟在现金业务结束后例行的现金清查中,又发现企业现金日记账的现金余额是6 166元,实际库存是6 196元,现金溢余30元。经过反复核实、对账,也没有查明原因,与上次现金短缺时的心理活动相同,李娟又想到自己上次已经补缺口50元,现将溢余的30元暂时收起也不为过,于是将溢余的30元暂时收起,使账实达到相符。

问题1 李娟对上述两项业务的处理是否正确?为什么?

问题2 你能做出正确的账务处理吗?

分析:

南方有限责任公司出纳人员李娟对此两次现金清查结果的处理方法都是错误的。她的处理方法的直接后果可能会掩盖公司在现金管理与核算中存在的诸多问题,有时可能会是重大的经济问题。因此,凡是发现账实不符的情况,出纳人员必须按照有关会计规定进行处理。按照规定,对于现金清查中发现的账实不符(即现金溢缺),首先,应通过"待处理财产损溢——待处理流动资产损溢"账户进行核算:如为现金短缺,应按短缺的金额,借记"待处理财产损溢——待处理流动资产损溢"账户,贷记"库存现金"账户;如为现金溢余,应按溢余的金额,借记"库存现金"账户,贷记"待处理财产损溢——待处理流动资产损溢"账户。其次,查明原因后,出纳人员应按如下要求进行处理:

一是如为现金短缺,属于应由责任人赔偿的部分,借记"其他应收款——现金短缺款(某人)"或"库存现金"等账户,贷记"待处理财产损溢——待处理流动资产损溢"账户;属于应由保险公司赔偿的部分,借记"其他应收款——保险赔款(某保险公司)"账户,贷记"待处理财产损溢——待处理流动资产损溢"账户;属于无法查明的其他原因,根据管理权限,经批准后处理,借记"管理费用——现金短缺"账户,贷记"待处理财产损溢——待处理流动资产损溢"账户。

二是如为现金溢余,属于应支付给有关人员或单位的,借记"待处理财产损溢——待处理流动资产损溢"账户,贷记"其他应付款——现金溢余(某人或某单位)"账户;属于无法查明原因的现金溢余,经批准后,借记"待处理财产损溢——待处理流动资产损溢"账户,贷记"营业外收入——现金溢余"账户。

思政园地

一般会计人员应该遵守的职业道德是:

(1)敬业爱岗。会计人员应当热爱本职工作,努力钻研业务,使自己的知识和技能适应所从事工作的要求。

(2)熟悉法规。会计人员应当熟悉财经法律、法规,有关规章和国家统一会计制度,并结合会计工作进行广泛宣传。

(3)依法办事。会计人员应当按照会计法律、法规和国家统一会计制度规定的程序和要求进行会计工作,保证提供的会计信息合法、真实、准确、及时、完整。

(4)客观公正。会计人员在办理会计事务中,应当实事求是,客观公正。

(5)搞好服务。会计人员应当尽其所能,为改善单位的内部管理、提高经济效益服务。

(6)保守秘密。会计人员应当保守本单位的商业秘密,除了法律规定和单位领导同意的情况,不能私自向外界提供或泄露单位的会计信息。

管理企业货币资金的人员还要特别注意以下两点:

一是要清正廉洁。清正廉洁是出纳人员的立业之本,是出纳人员职业道德的首要方面。出纳人员掌握着一个单位的现金和银行存款,若要把公款据为己有或挪作私用,均有方便的条件和较多的机会。同时,外部的经济违法分子也往往会在出纳人员身上打主意,施以小惠,拉其下水。应该说,面对钱欲物欲的考验,绝大多数出纳人员以坚定的意志和清正廉洁的高贵品质赢得了人们的赞誉。当然,也有少数出纳人员利用职务之便贪污舞弊、监守自盗、挪用公款,到头来,害了集体也害了自己。

二是要坚持原则。出纳人员肩负着处理各种利益关系的重任,只有坚持原则,才能正确处理国家、集体与个人的利益关系。在工作中,出纳人员有时需要牺牲局部与个人利益以维护国家利益,有时需要为了维护法律、法规的尊严而去得罪同事和领导。这些都是出纳人员应该坚持和必须做好的。长期以来,广大出纳人员在工作中坚持原则,无私无畏地维护财经纪律,不少出纳人员因此受到国家和人民的表彰和嘉奖。这是出纳人员的荣誉。当然,也有一些出纳人员因坚持原则而遭打击报复,但坚持原则终究会得到社会的理解和支持,打击报复迟早会受到处罚。为了保障国家和集体的利益,保护社会主义公共资财,广大出纳人员要真正肩负起国家赋予的实行会计监督的职责,在出纳工作中坚持原则,自觉抵制不正之风,为维护会计工作秩序的正常进行贡献自己的力量。

知识技能 1-1-2　银行存款的管理与核算

一、银行存款的管理

银行存款是指企业存放于银行和其他金融机构的货币资金。银行存款的收付应严格执行银行结算制度的规定。中国人民银行发布的《支付结算办法》和《人民币银行结算账户管理办法》是银行结算制度的主要依据。

银行存款账户分为基本存款账户、一般存款账户、临时存款账户、专用存款账户。企业去银行开立账户的流程见图 1-1。

基本存款账户是指企业办理日常结算和现金收付的账户。

一般存款账户是指企业在基本存款账户以外开设的经常性账户。它主要用于借款转存、借款归还和其他结算的资金收付。该账户可办理转账和现金缴存,但不可支取现金。

临时存款账户是指企业因临时经营活动的需要而开立的账户。它该账户可办理转账和现金存取。

专用存款账户是指企业因特定用途需要开立的账户,如基本建设存款账户、住房公积金存款账户等。

小贴士

企业在银行开立账户的原则

一个企业只能选择一家银行的一个营业机构开立一个基本存款账户,不得在多家银行机构开立基本存款账户,不得在同一家银行的几个分支机构开立一般存款账户。企业的存款账户只能办理本身的业务活动,不得出租和转让账户。

二、银行存款的核算与操作

1. 核算银行存款应设置的账户

企业核算和监督银行存款的收付及结存情况,应设置"银行存款"账户。该账户借方登记银行存款的存入数;贷方登记银行存款的支出数;余额在借方,表示企业存放在银行的结

货币资金业务的核算与管理

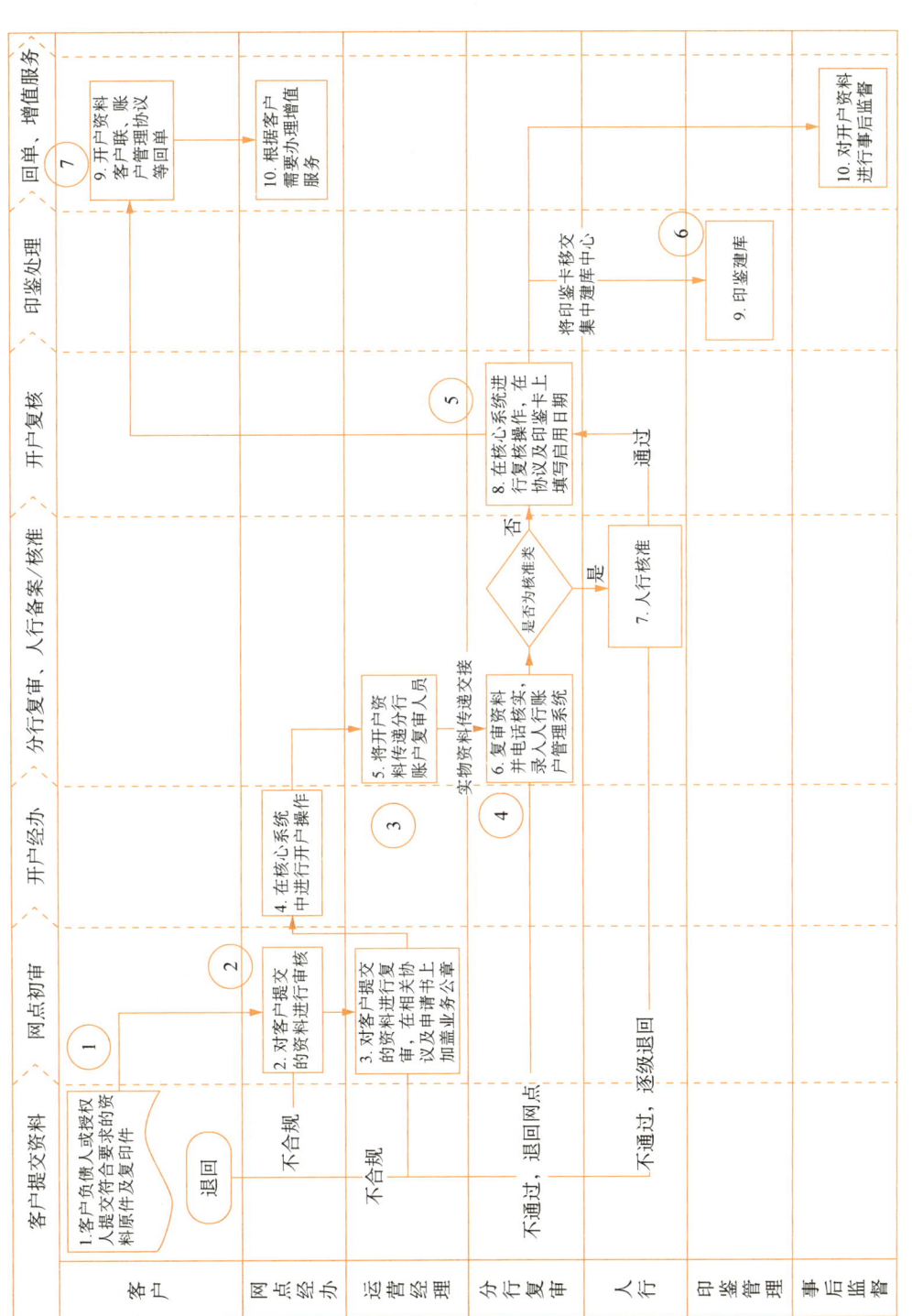

图 1-1　企业银行账户开户流程

注：图 1-1 中"人行"指中国人民银行。

余数。银行存款应按银行和其他金融机构的名称和存款种类进行明细核算。有外币现金和存款的企业,还应当分别按人民币和外币进行明细核算。

银行存款的核算内容为:存入现金,取得各项超过现金结算起点的收入业务等;提取备用金,超过现金结算起点的支出业务等。

2. 银行存款收入的核算

当企业存入现金或因发生业务取得超过现金结算起点的收入时,应借记"银行存款账户",贷记相关会计账户。

【操作1.9】 南方有限责任公司于2022年6月6日将销售商品的零星收入5 000元送存开户银行。会计处理:

借:银行存款   5 000
　　贷:库存现金   5 000

请思考:需填制什么凭证?

【操作1.10】 南方有限责任公司于2022年6月9日收到甲企业支付购货款的转账支票30 000元送存开户银行(增值税略)。会计处理:

借:银行存款   30 000
　　贷:主营业务收入   30 000

请思考:需填制什么凭证?

3. 银行存款支出的核算

当企业支取现金或因发生业务支出超过现金结算起点的费用时,应借记相关会计账户,贷记"银行存款"账户。

【操作1.11】 2022年6月10日,南方有限责任公司签发转账支票一张,支付某劳务公司的劳务费3 000元。会计处理:

借:其他业务成本   3 000
　　贷:银行存款   3 000

请思考:需填制什么凭证?

【操作1.12】 2022年6月12日,南方有限责任公司签发转账支票一张,支付前欠甲企业货款50 000元(增值税略)。会计处理:

借:应付账款——甲企业   50 000
　　贷:银行存款   50 000

请思考:需填制什么凭证?

小贴士

如何将以上发生的银行存款收入、支出业务登记入账?

银行存款的收入、支出和结存是通过设置"银行存款日记账"进行登记的,按开户行和其他金融机构、存款种类等进行序时核算,由出纳人员根据审核无误的银行存款收付款凭证,按照业务发生的先后顺序逐日逐笔登记,每日终了结出余额。出纳人员应定期与银行转来的对账单核对数额。

三、银行存款清查的核算操作

银行存款的清查是指企业对银行存款日记账的账面记录与其开户行、其他金融机构转来的对账单的记录逐笔进行核对,每月至少核对一次。

为防止记账差错,保证银行存款账目正确无误,企业应定期进行银行存款的清查。

双方余额不一致的原因除了记账错误,就是未达账项引起的。所谓未达账项,是指由于企业与银行取得有关凭证的时间不同,而发生的一方已经取得凭证登记入账,另一方由于未取得凭证尚未入账的款项。其具体有以下四种情况:

(1)企业已收款入账,银行尚未入账;

(2)企业已付款入账,银行尚未入账;

(3)银行已收款入账,企业尚未入账;

(4)银行已付款入账,企业尚未入账。

在核对中如果发现有未达账项,企业应编制"银行存款余额调节表"进行调节,调节后双方余额应相等;如果不等,表明有记账错误,需要进一步查对,找出原因,更正错误记录。

【操作 1.13】 南方有限责任公司 2022 年 7 月 31 日银行存款日记账余额为 236 400 元,银行对账单余额为 191 200 元。经过逐笔核对,该公司查明有下列几笔未达账项:

(1)2022 年 7 月 30 日,广州某公司电汇款 5 000 元,银行已收到并记账,该公司尚未收到银行的收款通知书。

(2)2022 年 7 月 28 日,该公司签发支票支付工程料款 31 000 元,该公司已记账,银行尚未记账。

(3)2022 年 7 月 30 日,该公司销售商品送存转账支票 1 张,金额为 80 000 元,该公司已记账,银行尚未记账。

(4)2022 年 7 月 31 日,银行代企业支付水电费 1 200 元,银行已记账,该公司未收到银行的付款通知书。

根据上述情况,该公司编制"银行存款余额调节表",见表 1-1。

表 1-1　银行存款余额调节表

2022 年 7 月

单位:元

项目	金额	项目	金额
银行存款日记账余额	236 400	银行对账单余额	191 200
加:银行已收、企业未收款	5 000	加:企业已收、银行未收款	80 000
减:银行已付、企业未付款	1 200	减:企业已付、银行未付款	31 000
调节后企业账银行存款金额	240 200	调节后银行账银行存款金额	240 200

注意:银行存款余额调节表并不能成为企业记账的依据,只是用于银行存款的清查。对于企业尚未入账的未达账项,一定要等到结算凭证到达后,才能进行账务处理。

 **案例**

B 公司在财务管理方面存在一些问题,经常对其银行存款的实有金额心中无数,甚至有时会影响到公司日常业务的结算。公司经理因此指派有关人员检查银行出纳人员王丽的工作,结果发现,她每次编制银行存款余额调节表时,只根据公司银行存款日记账的余额加或

减对账单中企业的未入账款项来确定公司银行存款的实有数,且每次做完此项工作以后王丽就立即将这些未入账的款项登记入账。

问题 1 王丽对上述业务的处理是否正确,为什么?

问题 2 你能做出正确的账务处理吗?

分析:

银行存款实有数与企业银行存款日记账余额或银行对账单余额并不总是一致,原因通常有两个方面:第一存在未达账项;第二企业或银行双方可能存在记账错误。王丽在确定企业银行存款实有数时,只考虑了第一个方面的因素,而忽略了第二个方面的因素。如果企业或银行没有记账错误,王丽的方法可能会确定出银行存款的实有数,但如果未达账项确定不全面或错误,也不会确定出银行存款实有数。

银行存款实有数的确定方法一般有三种:

第一种方法是根据错记金额和未达账项同时将银行存款日记账余额和对账单余额调整到银行存款实有数。

第二种方法是根据错记金额和未达账项,以银行存款日记账余额为准,将对账单余额调整到银行存款日记账余额。

第三种方法是根据错记金额和未达账项,以对账单余额为准,将银行存款日记账余额调整到对账单余额。

另外,王丽以对账单为依据将企业未入账的未达账项记入账内也是错误的。这是因为银行的对账单并不能作为记账的原始凭证,企业收款或付款必须取得收款或付款的原始凭证才能记账。

知识技能 1-2　支付结算方式的认知、核算与操作

为了完成货币资金核算岗位知识技能 1-2 的工作任务,我们需要学习和掌握哪些基本知识和技能?

支付结算即银行结算,是指单位、个人在社会经济活动中使用票据、信用卡和汇兑、托收承付、委托收款等结算方式进行货币给付及其资金清算的行为。

企业与其他单位和个人之间货币收付的方法分现金结算和支付结算两种。除了规定范围内的现金结算,大部分货币资金收付款业务应通过银行办理支付结算。

中国人民银行发布的《支付结算办法》规定的国内人民币的支付结算方式,包括支票、银行本票、银行汇票、商业汇票、信用卡、信用证、托收承付、委托收款、汇兑等。

一、支票

(一)支票的认知与管理

1. 支票的认知

支票是出票人签发的,委托办理支票存款业务的银行或金融机构在见票时无条件支付

确定的金额给收款人或持票人的票据。印有"现金"字样的支票称为现金支票，只能用于支取现金；印有"转账"字样的支票称为转账支票，只能用于转账；未印有"现金"或"转账"字样的支票为普通支票，既可用于支取现金也可用于转账。支票票样见图 1-2。左上角划两条平行线的普通支票为划线支票，它只能用于转账，不能支取现金。

票据的权利

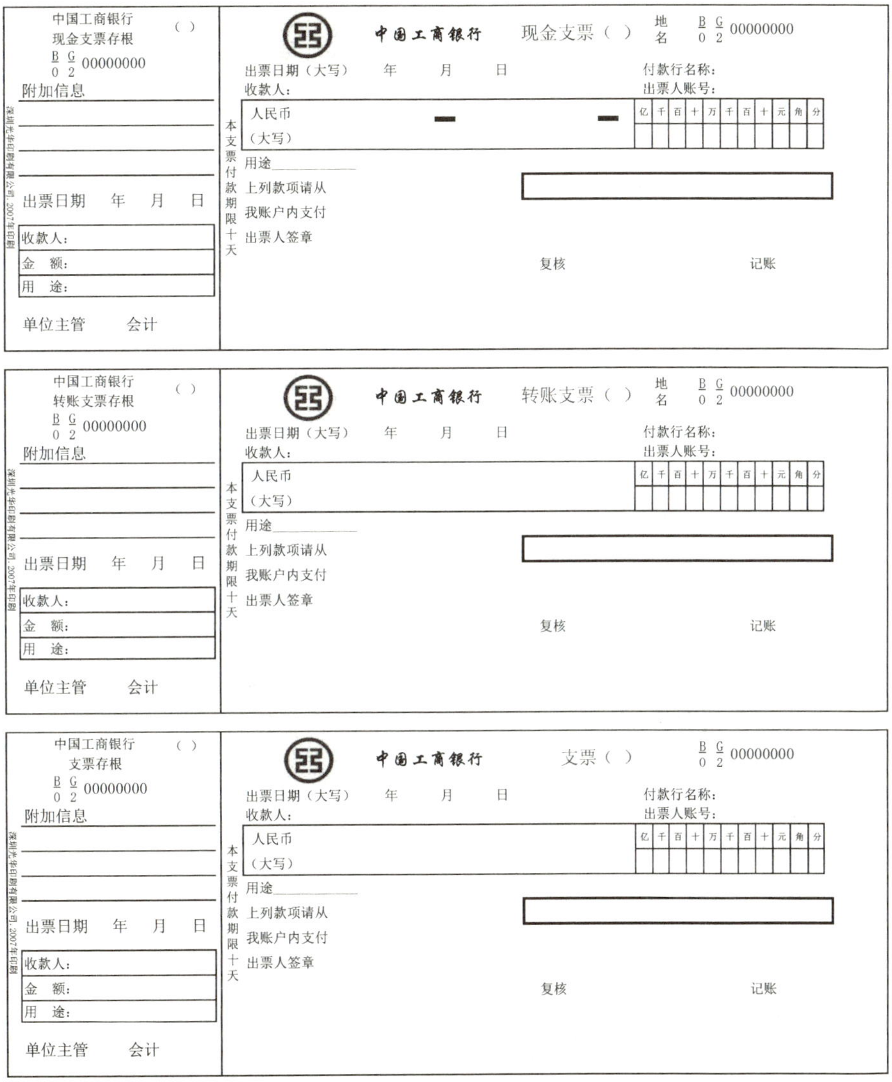

图 1-2　支票票样

2. 支票的管理

企业不得签发空头支票，不得签发与其预留银行签章不符的支票。支票的提示付款期自出票日起 10 日，超过提示付款期提示付款的，出票人开户行将不予受理。支票结算是同城结算中使用最为广泛的一种结算办法，用于转账的支票可以在同城票据交换区内背书转让。从 2007 年 6 月 25 日起，全国所有地区的支票可互通使用。为减少风险，异地使用支票金额上限为 50 万元。

（二）支票的核算与操作

付款单位开出支票,根据支票存根及有关原始凭证,应及时编制付款凭证,借记有关账户,贷记"银行存款"账户。收款单位对于收到的支票,应在收到支票的当日填制进账单,连同支票送交银行;根据银行盖章退回的进账单第一联和有关原始凭证编制收款凭证,借记"银行存款"账户,贷记有关账户。支票结算流程图见图 1-3。

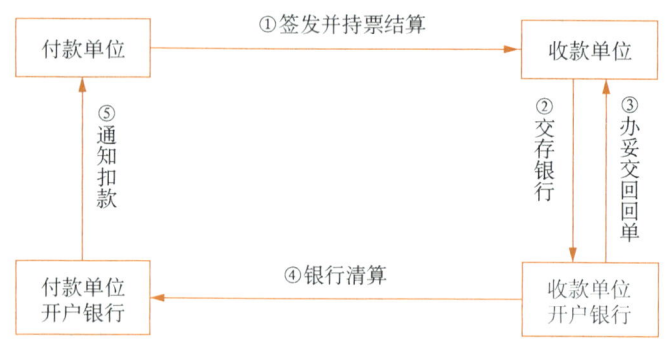

图 1-3　支票结算流程图

【操作 1.14】 南方有限责任公司签发转账支票 58 500 元,偿还前欠本市某单位货款。会计处理:

借:应付账款——某单位　　　　　　　　　　　　　　　　58 500
　　贷:银行存款　　　　　　　　　　　　　　　　　　　　　　58 500

请思考:需填制什么原始凭证?

【操作 1.15】 2022 年 7 月南方有限责任公司向同城丙企业销售 A 产品 30 000 元,增值税税额为 3 900 元,收到对方交来的转账支票 33 900 元。会计处理:

借:银行存款　　　　　　　　　　　　　　　　　　　　　33 900
　　贷:主营业务收入　　　　　　　　　　　　　　　　　　　30 000
　　　　应交税费——应交增值税(销项税额)　　　　　　　　　3 900

请思考:需填制什么原始凭证?

二、银行本票

（一）银行本票的认知与管理

银行本票是申请人将款项交存银行,由银行签发的承诺自己在见票时无条件支付确定金额给收款人或持票人的票据。银行本票按照其金额是否固定,可分为不定额和定额两种。不定额银行本票是指凭证上金额栏是空白的,签发时根据实际需要填写,并用压数机压印金额的银行本票;定额银行本票是指凭证上预先印有固定面额的银行本票,其面额为 1 000元、5 000 元、1 万元和 5 万元。单位和个人在同一票据交换区域需要支付各种款项,均可使用银行本票。银行本票的提示付款期限自出票日起最长不得超过 2 个月。申请人或收款人为单位的,不得申请签发现金银行本票,银行也不得为其签发现金银行本票。非现金银行本票可背书转让。现金银行本票可以申请挂失,失票人可凭法院出具的其享有票据权利的证明,向出票银行请求付款或退款。银行本票票样见图 1-4。

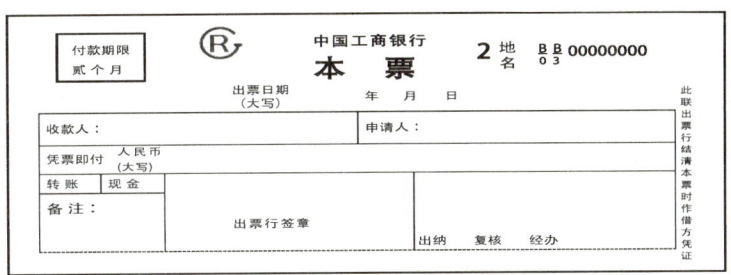

图 1-4　银行本票票样

（二）银行本票的核算与操作

付款单位填写"银行本票申请书"并将款项交存银行，取得银行本票时，应当根据银行盖章退回的申请书存根联，借记"其他货币资金——银行本票"账户，贷记"银行存款"账户；付款单位持票购货，收到有关发票账单时，借记"材料采购"或"在途物资"账户、"应交税费——应交增值税（进项税额）"账户等，贷记"其他货币资金——银行本票"账户；采购完毕收回剩余款项时，根据开户行转来的银行本票第四联，借记"银行存款"账户，贷记"其他货币资金——银行本票"账户；收款单位收到银行本票，填制进账单入账，根据银行盖章退回的进账单第一联及有关原始凭证编制收款凭证，借记"银行存款"账户，贷记"主营业务收入"账户、"应交税费——应交增值税（销项税额）"账户等。

【操作 1.16】 2022 年 7 月 15 日，南方有限责任公司到银行申请办理 100 000 元的银行本票，账户存款足额，取得本票。会计处理：

借：其他货币资金——银行本票 　　　　　　　　　　　　　100 000
　　贷：银行存款 　　　　　　　　　　　　　　　　　　　　　100 000

公司用银行本票支付 M 材料款 90 400 元，已收到销货方开具的增值税专用发票，其中货款为 80 000 元，增值税税额为 10 400 元。会计处理：

借：在途物资 M 材料 　　　　　　　　　　　　　　　　　80 000
　　应交税费——应交增值税（进项税额） 　　　　　　　　10 400
　　　贷：其他货币资金——银行汇票 　　　　　　　　　　　　90 400

公司收到开户银行转来的银行本票余额 9 600 元。会计处理：

借：银行存款 　　　　　　　　　　　　　　　　　　　　9 600
　　贷：其他货币资金——银行本票 　　　　　　　　　　　　9 600

请思考：以上业务需要哪些原始凭证？

三、银行汇票

（一）银行汇票的认知与管理

银行汇票是付款人将款项交存当地银行，由银行签发给付款人持往异地办理转账结算或支取现金的票据。银行汇票可以用于转账，填明"现金"字样的银行汇票也可支取现金。单位和个人各种款项的结算，均可使用银行汇票。银行汇票的金额起点为 500 元，付款期限为自出票日起 1 个月内。银行汇票一律记名，票随人到，兑现性强，可背书转让。银行汇票一式四联：卡片、汇票、解讫通知、多余款收账通知。银行汇票票样见图 1-5。

财 务 会 计

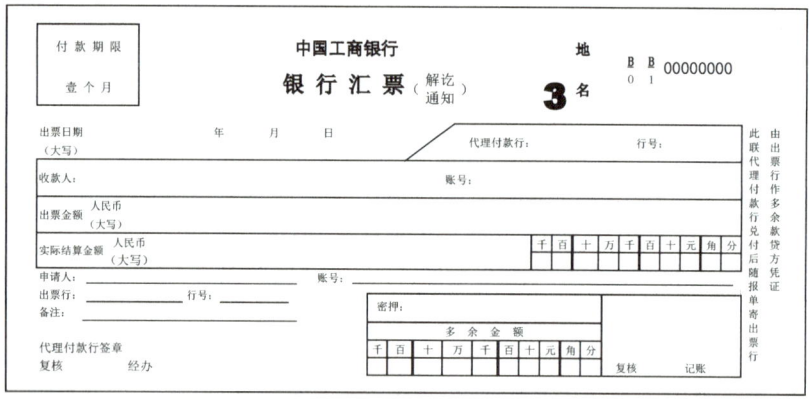

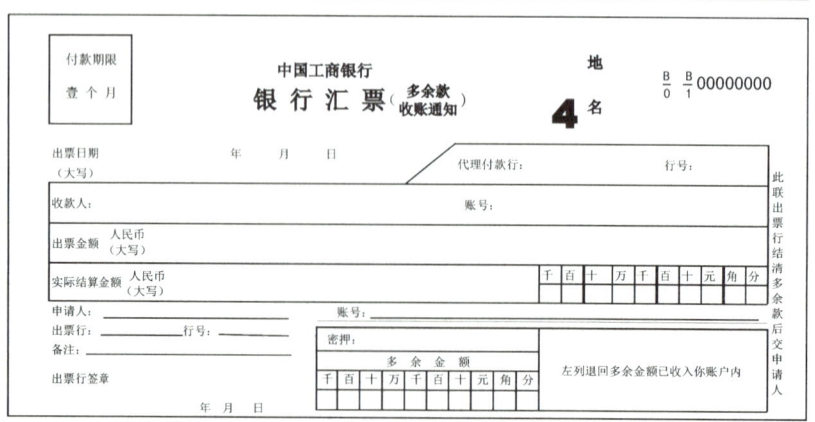

图 1-5 银行汇票票样

16

（二）银行汇票的核算与操作

付款单位填写"银行汇票申请书"，将款项交存开户行，收到银行签发的银行汇票后，根据申请书的存根，借记"其他货币资金——银行汇票"账户，贷记"银行存款"账户；付款单位持票购货，收到有关发票账单时，借记"材料采购"或"在途物资"账户、"应交税费——应交增值税（进项税额）"账户等，贷记"其他货币资金——银行汇票"账户；采购完毕收回剩余款项时，根据开户行转来的银行汇票第四联（多余款收账通知），借记"银行存款"账户，贷记"其他货币资金——银行汇票"账户；收款单位收到银行汇票，填制进账单入账，根据银行盖章退回的进账单第一联及有关原始凭证编制收款凭证，借记"银行存款"账户，贷记"主营业务收入"账户、"应交税费——应交增值税（销项税额）"账户等。银行汇票结算流程图见图1-6。

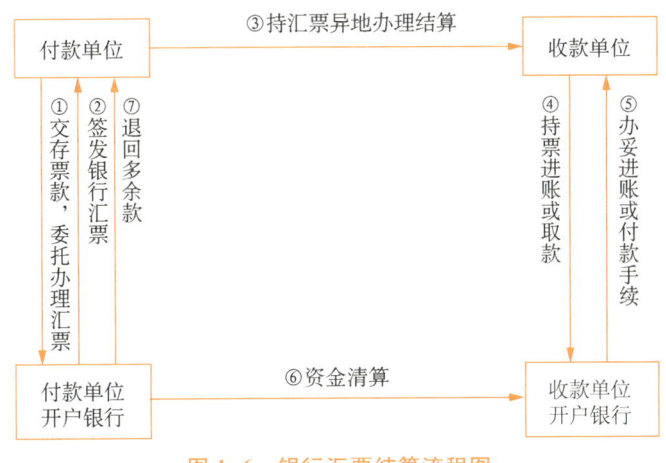

图1-6　银行汇票结算流程图

【操作 1.17】　2022年7月20日，南方有限责任公司到银行申请办理100 000元的银行汇票，账户存款足额，取得汇票。会计处理：

借：其他货币资金——银行汇票　　　　　　　　　　　　　　　100 000
　　贷：银行存款　　　　　　　　　　　　　　　　　　　　　　　100 000

公司用银行汇票支付M材料款90 400元，已收到销货方开具的增值税专用发票，其中货款为80 000元，增值税税额为10 400元。会计处理：

借：在途物资——M材料　　　　　　　　　　　　　　　　　　80 000
　　应交税费——应交增值税（进项税额）　　　　　　　　　　10 400
　　贷：其他货币资金——银行汇票　　　　　　　　　　　　　　90 400

公司收到开户银行转来的银行汇票余额9 600元。会计处理：

借：银行存款　　　　　　　　　　　　　　　　　　　　　　　9 600
　　贷：其他货币资金——银行汇票　　　　　　　　　　　　　　9 600

请思考：以上业务需要哪些原始凭证？

四、商业汇票

（一）商业汇票的认知与管理

商业汇票是出票人签发的，委托付款人在指定日期无条件支付确定的金额给收款人的

商业汇票核算

票据。在银行开立存款账户的法人以及其他组织之间须具有真实的交易关系或债权债务关系,才能使用商业汇票。商业汇票的付款期限由交易双方商定,但最长不得超过 6 个月。商业汇票的提示付款期限自汇票到期日起 10 日内。商业汇票一律记名,可以背书转让。符合条件的持票人可持未到期的商业汇票向银行申请贴现。根据票据是否带息,商业汇票分为带息商业汇票和不带息商业汇票。商业汇票根据承兑人不同分为商业承兑汇票和银行承兑汇票两种。

1. 商业承兑汇票

商业承兑汇票可由付款人签发并承兑,也可由收款人签发交由付款人承兑。商业承兑汇票的付款人在到期日无力支付票款,银行不必代付款项,只需将票据退回给收款人,由购销双方自行处理。商业承兑汇票一式三联:卡片、汇票、存根。商业承兑汇票票样见图 1-7。

图 1-7 商业承兑汇票票样

2. 银行承兑汇票

银行承兑汇票由银行承兑，由在承兑银行开立存款账户的存款人签发。如果在票据到期日，付款人无力支付票款，银行必须先兑付给持票人，再向付款人追回票款。银行承兑汇票一式三联：卡片、汇票、存根。银行承兑汇票票样见图1-8。

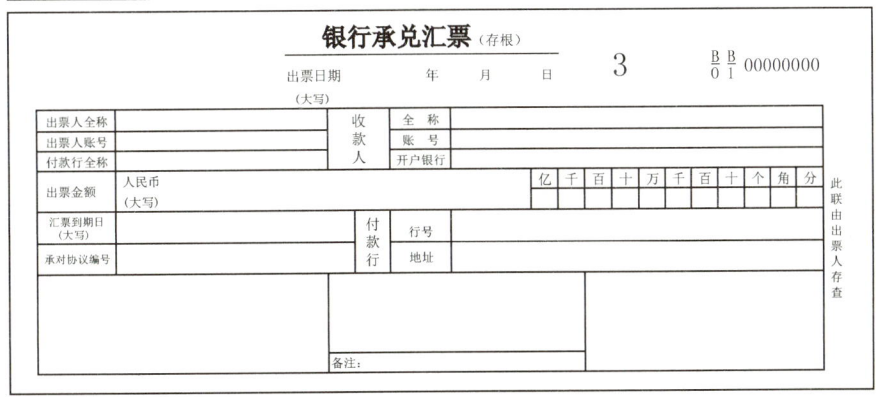

图1-8　银行承兑汇票票样

（二）商业汇票的核算与操作

付款人签发、承兑商业汇票并交付收款人，借记"材料采购""应付账款"等账户，贷记"应付票据"账户;如是银行承兑,按面额的 0.05%～0.1% 支付承兑手续费,借记"财务费用"账户,贷记"银行存款"账户。

收款方收到商业汇票,借记"应收票据"账户,贷记"主营业务收入""应收账款"等账户。

票据到期,付款方支付票款时,借记"应付票据"账户,贷记"银行存款"账户;若付款方无力支付时,商业承兑汇票转作"应付账款",银行承兑汇票转作"短期借款",借记"应付票据"账户,贷记"应付账款"或"短期借款"账户。

收款方收回票款,借记"银行存款"账户,贷记"应收票据"账户;若为商业承兑汇票,到期对方无力承兑的,转作"应收账款",借记"应收账款"账户,贷记"应收票据"账户。

商业承兑汇票结算流程图见图 1-9,银行承兑汇票结算流程图见图 1-10。

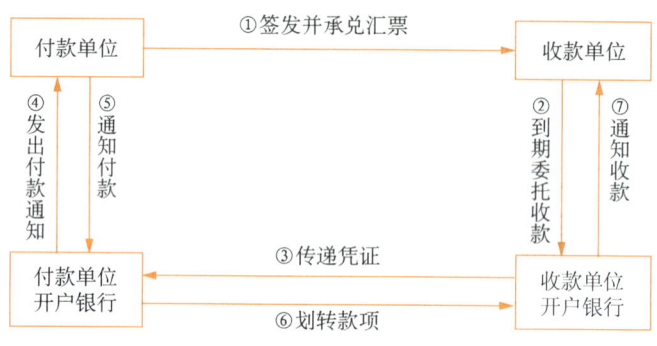

图 1-9　商业承兑汇票结算流程图

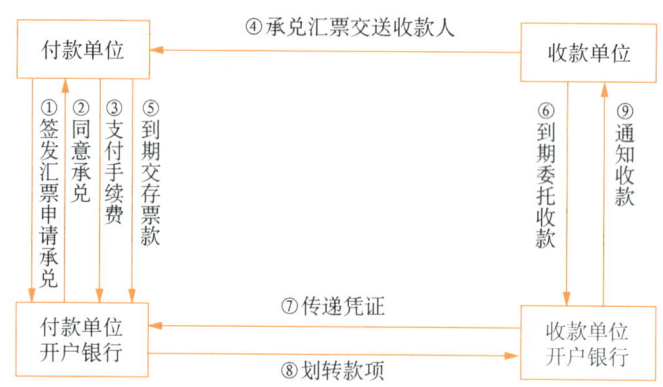

图 1-10　银行承兑汇票流程图

【操作 1.18】　2022 年 3 月 1 日,南方有限责任公司销售商品一批给甲企业,货款为 100 000 元,尚未收到,已办妥托收手续,适用的增值税税率为 13%。3 月 8 日,甲企业签发 5 个月期的商业承兑汇票 113 000 元,经承兑后交南方有限责任公司收执,以支付前欠货款。

① 3 月 1 日甲企业的会计处理:

借:库存商品 100 000

应交税费——应交增值税(进项税额) 13 000

贷:应付账款 113 000

南方有限责任公司的会计处理：

借：应收账款——甲企业　　　　　　　　　　　　　113 000

　　贷：主营业务收入　　　　　　　　　　　　　100 000

　　　　应交税费——应交增值税（销项税额）　　　13 000

②3月8日签发汇票时，甲企业的会计处理：

借：应付账款——南方有限责任公司　　　　　　　113 000

　　贷：应付票据——南方有限责任公司　　　　　113 000

南方有限责任公司的会计处理：

借：应收票据——甲企业　　　　　　　　　　　　113 000

　　贷：应收账款——甲企业　　　　　　　　　　113 000

③8月8日汇票到期，结算票款时，甲企业的会计处理：

借：应付票据——南方有限责任公司　　　　　　　113 000

　　贷：银行存款　　　　　　　　　　　　　　　113 000

南方有限责任公司的会计处理：

借：银行存款　　　　　　　　　　　　　　　　　113 000

　　贷：应收票据——甲企业　　　　　　　　　　113 000

小结：应收账款→应收票据→银行存款

　　　应付账款→应付票据→银行存款

请思考：以上业务需要什么凭证？

 思政园地

诚信者，遍行天下；失信者，寸步难行

最近，恒大集团商业承兑汇票到期拒付的事件让人们对恒大很失望，纷纷走上了维权的道路，恒大集团面临着被挤兑、倒闭风险。

诚信是企业生存和发展的奠基石，在现代经济社会中，诚信不仅仅是一种道德规范，也是一种能够为企业带来经济效益的重要资源，在一定程度上甚至比物质资源和人力资源更为重要。说起诚信的商家，不得不提到晋商。晋商，尤其是中国历史上首创票号的山西日升昌票号商人，商路迢迢，汇通天下，凭的就是诚信。日升昌票号经营者认为：一日耍奸，可以欺市；二日耍奸，可以愚民。但没有哪一家商号，可以数年、数十年靠耍奸混迹于世。以日升昌为代表的晋商称雄全国500年的成功之道靠的就是诚信。有的晋商父祖辈经商遇险破产，若干年后子孙经商再次发迹，对本来无须承担的陈年老债，也主动代先人偿还。诸如此类之事屡见不鲜。外国人曾就此事评论说：这种品德在其他地域从未见闻。梁启超也评论说："晋商笃守信用。"在经济迅猛发展的今天，任何背离或忽视诚信的行为最终都会将企业送上不归路。当前，我们面临的一个现实问题便是信用缺失，企业之间款项拖欠已成为一种普遍行为，在这种时代背景下，再效先人、重学晋商精神就显得尤为重要。

五、信用卡

（一）信用卡的认知与管理

信用卡是指商业银行向单位和个人发行的，凭以向特约单位购物、消费和向银行存取现金，且具有消费信用的特制载体卡片。信用卡按使用对象分为单位卡和个人卡；按信誉等级分为金卡和普通卡。单位卡不得用于 10 万元以上的商品交易、劳务供应款的结算。单位卡一律不得支取现金。

信用卡在规定的限额和期限内允许善意透支，不同信誉等级的卡透支额度不同，期限最长为 60 天；透支利息，自签单日或银行记账日起 15 日内按日息万分之五计算，超过 15 日按日息万分之十计算，超过 30 日或透支金额超过规定限额的按日息万分之十五计算。

（二）信用卡的核算与操作

企业为取得信用卡而将款项存入银行信用卡专户时，借记"其他货币资金——信用卡存款"账户，贷记"银行存款"账户；购物、消费后凭原始凭证借记"原材料"或"管理费用"等账户，贷记"其他货币资金——信用卡存款"账户。

【操作 1.19】 南方有限责任公司用龙卡信用卡支付业务招待费 1 500 元，又续存 20 000 元。

会计处理：

借：管理费用——业务招待费   1 500

    贷：其他货币资金——信用卡存款   1 500

借：其他货币资金——信用卡存款   20 000

    贷：银行存款   20 000

请思考：该业务需要什么凭证？

六、信用证

（一）信用证的认知与管理

信用证是开证银行应进口商的请求，开给出口方的一种保证付款的书面凭证。开证银行承担在信用证条款完全得到遵守的情况下向出口方付款的责任。在这种方式下，开证银行以自己的信用担保进口方在支付货款时一定可以取得货物的单证，同时也向出口方担保交出货物单证就一定可以得到货款。信用证是国际结算的一种主要方式，经批准信用证也可以用于办理国内企业之间商品交易结算。

（二）信用证的核算与操作

交纳保证金时，借记"其他货币资金——信用证保证金"账户，贷记"银行存款"账户；采购完毕，根据开证银行交来的信用证来单通知书及有关单据列明的金额，借记"材料采购"或"在途物资"账户、"应交税费——应交增值税（进项税额）"账户等，贷记"其他货币资金——信用证保证金"账户。

【操作 1.20】 2022 年 4 月 10 日，南方有限责任公司要求银行对境外供货单位开出信用证人民币 600 000 元。会计处理：

借：其他货币资金——信用证保证金   600 000

    贷：银行存款   600 000

南方有限责任公司收到境外供货单位信用证结算凭证及所附发票账单 565 000 元，审核无误。会计处理：

　借：在途物资——××品名　　　　　　　　　　　500 000
　　　应交税费——应交增值税(进项税额)　　　　 65 000
　　　贷：其他货币资金——信用证保证金　　　　　　　565 000

未用完的信用证保证金余额 35 000 元转回银行存款账户。会计处理：

　借：银行存款　　　　　　　　　　　　　　　　35 000
　　　贷：其他货币资金——信用证保证金　　　　　　 35 000

请思考：以上业务需要什么凭证？

七、托收承付

(一)托收承付的认知与管理

托收承付是根据购销合同,由收款人发货后委托银行向异地付款人收取款项,再由付款人向银行承认付款的结算方式。使用托收承付结算方式的收款单位和付款单位,必须是国有企业、供销合作社及经营管理较好并经开户银行审查同意的城乡集体所有制工业企业。办理托收承付结算的款项,必须是商品交易,以及因商品交易而产生的劳务供应的款项。

托收承付结算每笔的金额起点为 10 000 元,新华书店系统每笔结算金额起点为1 000 元。其承付货款的方式分为验单付款与验货付款两种,在双方签订合同时约定。验单付款的承付期为 3 天,验货付款的承付期为 10 天。付款单位经过验单或验货后,发现与合同不符,可在承付期内提出全部或部分拒付,并填写"拒付理由书"交银行办理。银行负责审核拒付理由,付款人拒付理由不足,银行应主动划款。

(二)托收承付的核算与操作

付款单位对于承付的款项,应于承付时根据托收承付结算凭证的承付支款通知和有关发票账单等原始凭证,编制付款凭证,借记"材料采购"或"在途物资"账户、"应交税费——应交增值税(进项税额)"账户等,贷记"银行存款"账户;如付款单位拒付,则企业不作账务处理。

收款单位对于托收款项,根据有关原始凭证借记"应收账款"账户,贷记"主营业务收入"账户、"应交税费——应交增值税(销项税额)"账户等;根据银行的收款通知,借记"银行存款"账户,贷记"应收账款"账户。托收承付结算流程图见图 1-11。

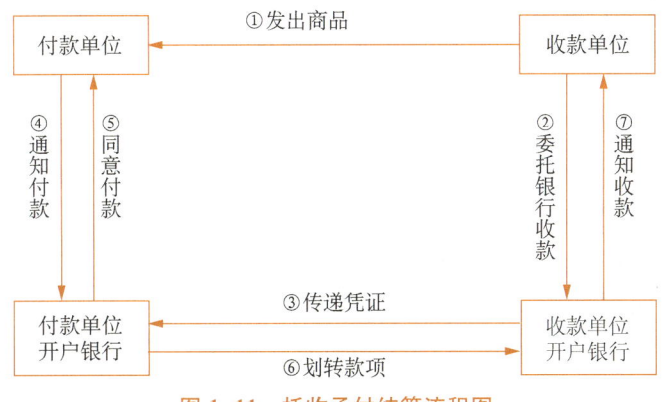

图 1-11　托收承付结算流程图

【操作 1.21】 2022 年 4 月 15 日,南方有限责任公司向外地甲企业发出产品 P 材料一批,售价为 80 000 元,增值税税额为 10 400 元,发货时以银行存款代对方垫付运杂费 3 270 元。南方有限责任公司会计处理:

借:应收账款——甲企业	93 670	
贷:主营业务收入		80 000
应交税费——应交增值税(销项税额)		10 400
银行存款		3 270

请思考:以上业务需要什么凭证?

6 日后接到银行转来的托收凭证收账通知联,会计处理:

借:银行存款	93 400	
贷:应收账款——甲企业		93 400

请查看:托收凭证收账通知联。

【操作 1.22】 2022 年 4 月 18 日,甲企业收到银行转来的外地南方有限责任公司托收承付结算凭证的付款通知联:P 材料价款为 80 000 元,增值税进项税额为 10 400 元,代垫含税运费 3 270 元(增值税税率为 9%),审核无误,予以承付。甲企业会计处理:

借:在途物资——P 材料	83 000	
应交税费——应交增值税(进项税额)	10 670	
贷:银行存款		936 70

请查看:托收承付结算凭证的付款通知联。

八、委托收款

(一)委托收款的认知与管理

委托收款是收款人委托银行向付款人收取款项的结算方式。无论是单位还是个人,都可凭已承兑商业汇票、债券、存单等付款人债务证明,采用该结算方式办理款项的结算。委托收款还适用于收取赊销商品款、电费、电话费等付款人众多、分散的费用等有关款项。委托收款结算款项的划回方式,分为邮寄和电报两种,由收款人选用。

付款单位收到委托收款的通知次日起 3 日内,审查其真实性,确认之后主动通知银行是否付款。如果不通知银行,银行视同企业同意付款,并在第 4 日从单位账户中付出此笔委托收款款项。付款人在 3 日内审查有关债务证明,认为债务证明或与此有关的事项符合拒绝付款的规定的,应出具拒绝付款理由书和相关凭证,向银行提出拒绝付款。

(二)委托收款的核算与操作

付款单位在收到银行转来的委托收款凭证后,根据委托收款凭证的付款通知和有关凭证,借记"应付账款"账户等,贷记"银行存款"账户,如拒付,则不作处理;收款单位收到银行收款通知后,借记"银行存款"账户,贷记"应收账款"账户等。

委托收款结算流程可参照托收承付结算流程。

【操作 1.23】 2022 年 5 月 10 日,南方有限责任公司收到银行转来供电局委托收款结算凭证的付款通知联,共计电费 5 000 元(增值税略),其中生产车间耗用 4 000 元,行政管理部门耗用 600 元,销售部门耗用 400 元。会计处理:

借：制造费用 4 000
　　管理费用——水电费 600
　　销售费用——水电费 400
　　贷：银行存款 5 000

请思考：该业务需什么原始凭证？

九、汇兑

(一)汇兑的认知与管理

汇兑是汇款单位委托银行将款项汇往异地收款单位的一种结算方式。单位和个人的各种款项的结算，均可使用汇兑结算方式。汇兑根据划转款项的方法以及传递方式的不同可以分为信汇和电汇两种，由汇款人自行选择。汇兑结算方式适用于异地之间的各种款项结算。

(二)汇兑的核算与操作

付款单位根据银行签发的汇款回单编制付款凭证，借记有关账户，贷记"银行存款"账户；收款单位根据银行转来的信汇凭证第四联(信汇)或联行电报划收款补充报单(电汇)编制银行存款收款凭证，借记"银行存款"账户，贷记相关账户。汇兑结算流程图见图1-12。

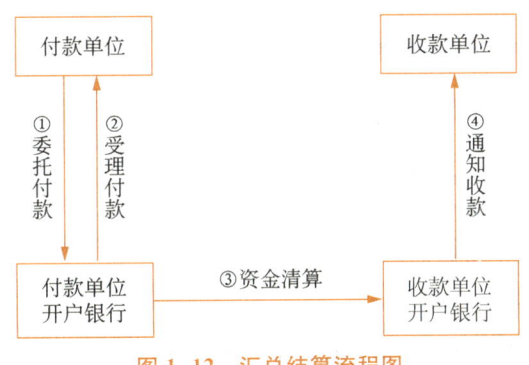

图1-12　汇兑结算流程图

【操作1.24】 南方有限责任公司收到银行转来的外地甲企业信汇凭证收账通知联，归还前欠货款60 000元。会计处理：

借：银行存款 60 000
　　贷：应收账款——甲企业 60 000

请查看：信汇凭证收账通知联。

十、外埠存款

(一)外埠存款的认知与管理

外埠存款是指企业到外地进行临时或零星采购时，汇往采购地银行开立采购专户的款项。临时采购账户的存款不计利息，只付不收，付完清户，除了采购人员可以从中提取少量现金外，一律采用转账结算。

(二)外埠存款的核算与操作

企业将款项汇往外地开立采购专用账户，根据汇出款项凭证编制付款凭证时，借记"其他货币资金——外埠存款"账户，贷记"银行存款"账户；收到采购人员转来供应单位发票账单等报销凭证时，借记"材料采购""原材料""应交税金——应交增值税(进项税额)"等账户，贷记"其他货币资金——外埠存款"账户;采购完毕收回剩余款项时,根据银行的收账通知,借记"银行存款"账户,贷记"其他货币资金——外埠存款"账户。

【操作 1.25】 南方有限责任公司委托当地开户银行汇 8 000 元给采购地银行开立专户。会计处理:

借:其他货币资金——外埠存款	8 000	
贷:银行存款		8 000

请思考:该业务需什么原始凭证?

2022 年 6 月 10 日,收到外地采购员采购发票,材料价款为 6 000 元,增值税税额为 780 元,以银行存款支付。会计处理:

借:在途物资	6 000	
应交税费——应交增值税(进项税额)	780	
贷:其他货币资金——外埠存款		6 780

请思考:该业务需什么原始凭证?

采购员完成采购任务将多余的外埠存款转回当地银行。会计处理:

借:银行存款	1 220	
贷:其他货币资金——外埠存款		1 220

请思考:该业务需什么原始凭证?

十一、存出投资款

(一)存出投资款的认知与管理

存出投资款是指企业为了以货币资金进行投资活动,而将部分资金存入证券公司的指定账户,但尚未进行交易性证券投资的现金。

(二)存出投资款的核算与操作

企业向证券公司划出资金时,应按实际划出的金额,借记"其他货币资金——存出投资款"账户,贷记"银行存款"账户;购买股票、债券时,按实际发生的金额,借记"交易性金融资产——股票、债券"账户,贷记"其他货币资金——存出投资款"账户。

【操作 1.26】 2022 年 6 月 20 日,南方有限责任公司将 300 000 元存入证券公司账户,准备进行交易性金融资产投资。1 个月后,该公司购入股票 10 000 股,每股市值为 25.8 元。会计处理:

借:其他货币资金——存出投资款	300 000	
贷:银行存款		300 000
借:交易性金融资产——股票	258 000	
贷:其他货币资金——存出投资款		258 000

请思考:该业务需什么原始凭证?

下面我们对以上票据、卡证内容进行归类总结,具体内容见表 1-2。

表 1-2 票据、卡证归类总结

种类	适用范围	同城异地	期限	分类	金额起点
支票	单位和个人	同城异地	10 天	现金、转账	

种类	适用范围	同城异地	期限	分类	金额起点
银行本票	单位和个人	同城	2 个月	定额、不定额	1 000 元,5 000 元,1 万元,5 万元
银行汇票	单位、个人商品交易	同城异地	1 个月		
商业汇票	单位交易	同城异地	小于 6 个月	银行承兑汇票、商业承兑汇票	
汇兑	单位和个人	异地			
委托收款	单位和个人	同城异地	3 天	邮寄、电报	
托收承付	商品交易	异地	验单 3 天、验货 10 天	验单、验货	一般为 1 万元,新华书店 1 000 元
信用卡	单位和个人			单位、个人	
信用证		国际(国内经批准也可用)			

本模块小结

```
          模块1 货币资金业务的管理与核算
                        │
            ┌───────────┴───────────┐
      知识技能1-1              知识技能1-2

   库存现金与银行存款         支付结算方式的认知、
     的管理与核算             核算与操作

  • 库存现金的管理与核算
  • 银行存款的管理与核算
```

考证知识训练

I　单项选择题

1. 下列各项支出中,允许使用现金的有(　　　)。

　　A. 大批量购入材料　　　　　　　　　　　B. 向税务部门交纳增值税

　　C. 出差人员必须携带的差旅费　　　　　　D. 向供电部门交纳电费

2. 企业一般不得从现金收入中直接支付现金,因特殊情况需要坐支现金的,应当事先报经(　　　)审查批准。

    A. 上级部门   B. 工商行政管理部门   C. 税务部门   D. 开户银行

3. 按照国家《人民币银行结算账户管理办法》规定,企业的工资、奖金等现金的支取,只能通过(　　)存款账户办理。

    A. 基本   B. 一般   C. 临时   D. 专用

4. 银行汇票付款期限为自出票日起(　　)个月。

    A. 1   B. 2   C. 3   D. 6

5. 银行承兑汇票承兑人是(　　)。

    A. 购货单位   B. 购货单位的开户银行

    C. 销货单位   D. 销货单位的开户银行

6. 下列支付结算方式中,需要签订购销合同才能使用的是(　　)。

    A. 银行汇票   B. 银行本票   C. 托收承付   D. 支票

7. 商业汇票按(　　)不同,分为商业承兑汇票和银行承兑汇票。

    A. 收款人   B. 付款人   C. 承兑人   D. 被背书人

8. 下列项目中,不通过“其他货币资金”账户核算的是(　　)。

    A. 银行汇票存款   B. 银行本票存款   C. 备用金   D. 存出投资款

9. 下列结算方式中,只能用于同城结算的是(　　)。

    A. 银行汇票   B. 银行本票   C. 委托收款   D. 托收承付

10. 现金日记账是一种(　　)。

    A. 明细分类账   B. 总分类账   C. 序时明细账   D. 备查账

11. 企业对无法查明原因的现金溢余,经批准后应转入(　　)账户。

    A.“主营业务收入”   B.“其他业务收入”   C.“其他应付款”   D.“营业外收入”

12. 对于银行已入账而企业尚未入账的未达账款,企业应当(　　)。

    A. 根据“银行对账单”入账

    B. 根据“银行存款余额调节表”入账

    C. 根据对账单和调节表自制凭证入账

    D. 待有关结算凭证到达后入账

Ⅱ　多项选择题

1. 下列存款中,应在“其他货币资金”账户核算的有(　　)。

    A. 外币存款   B. 银行汇票存款   C. 信用卡存款   D. 存出投资款

    E. 一般存款账户存款

2. 下列结算方式中,同时适用于同城和异地结算的方式有(　　)。

    A. 银行汇票结算方式   B. 银行本票结算方式

    C. 商业汇票结算方式   D. 委托收款结算方式

    E. 支票结算方式

3. 下列结算方式中,可用于异地结算的方式有(　　)。

    A. 银行汇票结算方式   B. 银行本票结算方式

    C. 商业汇票结算方式   D. 委托收款结算方式

    E. 支票结算方式

4. 下列结算方式中,可用于同城结算的方式有(　　)。

    A. 支票结算方式   B. 汇兑结算方式

    C. 银行本票结算方式   D. 委托收款结算方式

E. 托收承付结算方式

5. 货币资金管理和控制应遵循的原则是(　　)。

    A. 涉及货币资金的不相容职务分别由不同的人担任

    B. 现金支出业务和现金收入业务合并处理

    C. 实施内部稽核制度

    D. 实施定期轮岗制度

    E. 出纳人员无需每日对库存现金进行账款核对

6. 下列行为中,不符合结算有关规定的有(　　)。

    A. 用现金支付出差人员的差旅费

    B. 用现金支付向供销社采购的农副产品款

    C. 用信用卡结算 10 万元以上的商品交易款项

    D. 签发的支票金额超过企业的银行存款余额

    E. 从基本存款账户支取现金发放职工工资

7. 商业汇票的签发人可以为(　　)。

    A. 购货单位　　　　　　　　　　　　B. 销货单位

    C. 购货单位开户银行　　　　　　　　D. 销货单位开户银行

    E. 被背书人

8. 下列项目中,通过"其他货币资金"账户核算的有(　　)。

    A. 取得由本企业开户银行签发的银行本票

    B. 本企业签发并由开户银行承兑的商业汇票

    C. 取得由本企业开户银行签发的银行汇票

    D. 取得由购货单位签发并承兑的商业汇票

    E. 开出转账支票

9. 按照《支付结算办法》,采用托收承付结算方式时,购货企业承付期可能为(　　)天。

    A. 3　　　　　　　　B. 5　　　　　　　　C. 7　　　　　　　　D. 10

    E. 15

10. 下列票据可以背书转让的有(　　)。

    A. 现金支票　　　　B. 转账支票　　　　C. 银行汇票　　　　D. 银行本票

    E. 商业汇票

11. 下列做法中,不符合《企业会计制度》的是(　　)。

    A. 属于无法查明的其他原因导致现金溢余,经批准处理后冲减管理费用

    B. 属于无法查明的其他原因导致现金短缺,经批准处理后计入管理费用

    C. 现金短缺属于责任人赔偿的部分,计入其他应收款

    D. 购买股票或债券的银行存款,计入存出投资款

    E. 出纳无需每日进行库存现金账款核对,月末能结清就行

12. 企业银行存款日记账与银行对账单不符的主要原因有(　　)。

    A. 企业已付银行未付的账项　　　　　　B. 企业已收银行未收的账项

    C. 银行已付企业未付的账项　　　　　　D. 银行已收企业未收的账项

    E. 企业或银行记账错误

Ⅲ　判断题

1. 企业采用汇兑结算时,汇往外地的款项要先通过"其他货币资金——外埠存款"账户核算。　　　　　　　　　　(　　　)

2. 按货币资金的内部控制规范要求,出纳人员不得兼管稽核、会计档案保管、收入、支出、费用等账目登记

工作。 （　　）

3. 每日终了,企业必须将现金日记账的余额与现金总账的余额及现金的实际库存数进行核对,做到账账、账实相符。 （　　）

4. 每个企业只能在银行开立一个基本存款账户,企业的工资、奖金等现金的支取只能通过该账户办理。 （　　）

5. 银行汇票可以用于转账,也可以用于提现。 （　　）

6. 同城或异地的商品交易、劳务供应均可采用银行本票结算方式进行结算。 （　　）

7. 商业承兑汇票的承兑人是购货企业的开户银行。 （　　）

8. 银行规定的限额以下的零星支出可以使用现金。 （　　）

9. 普通支票左上角划两条平行线的,只能用于转账,不得支取现金。 （　　）

10. 收款单位收到付款单位交来的银行汇票可以不送交银行办理转账结算,而是背书转让给另一单位用以购买材料。 （　　）

11. 委托收款和托收承付结算方式,都受结算金额起点的限制。 （　　）

12. 商业承兑汇票到期日付款人账户余额不足支付时,其开户银行应代为付款。 （　　）

13. 采用托收承付结算方式办理结算的款项必须是商品交易以及因商品交易而产生的劳务供应的款项,包括代销、寄销、赊销商品的款项。 （　　）

14. 空头支票就是空白支票。 （　　）

模块 2   往来业务的管理与核算

业务引导

1. 企业需购买生产某种产品的原材料作为存货,你将用什么方法计算原材料的成本?

2. 企业购买 50 000 元的原材料,增值税税率为 13%,还需支付运输费 300 元、保险费 800 元、货物整理费 200 元,原材料在途或到达目的地,你将如何处理?

3. 企业生产某种产品,需领取原材料,你将用什么方法计算原材料的发出成本?

4. 企业销售产品,取得货款 100 000 元,增值税税率为 13%,代垫运输费 400 元,去银行办理托收手续,你将如何处理?

5. 在采购或销售产品时如有商业折扣,你将如何处理?

6. 企业对外提供某种技术服务所取得的收入,你将如何处理?

......

本模块将告诉我们这些业务(或更多不同业务)将如何处理,并告诉我们通过学习、实训操作将拥有什么样的技能和具备什么样的能力。

业务描述

本模块是以往来业务核算岗位为载体进行的教学内容设计,要求学生掌握企业往来业务会计与熟练操作以下业务:对企业的存货进行认知、核算与管理,对企业为了生产某种产品需购进的原材料进行核算与管理,对企业对外销售的产品进行核算与管理,对企业其他收入进行核算与管理,并通过采购与销售业务的核算熟练掌握相关税费的计算和缴纳。

岗位工作流程图

本模块在实际工作中主要涉及材料的采购、加工、使用,产品的销售等业务的核算。往来业务会计岗位与企业内、外部部门或单位会有什么业务联系? 其在工作过程中需完成什么具体的工作任务? 以下是往来业务工作的总体流程结构图。

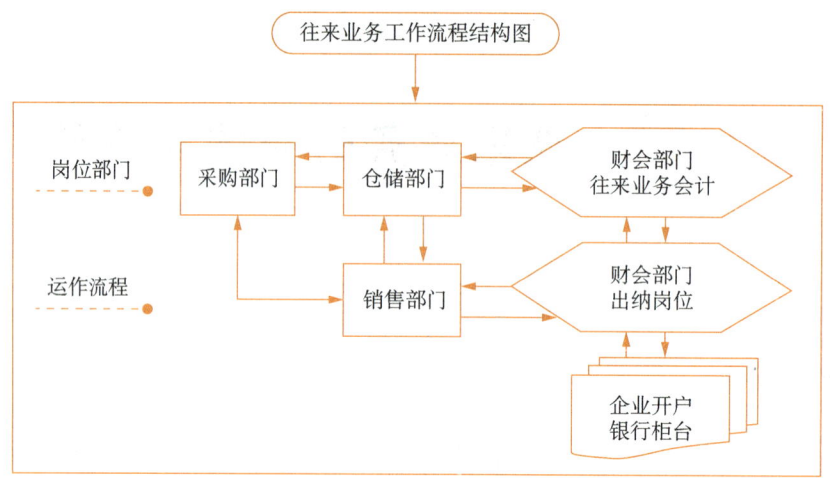

 能力目标

专业能力：明确往来业务管理与核算的步骤；熟悉往来业务管理的规章制度；熟练掌握凭证、账簿和工具的使用；熟练操作采购和销售往来业务完整的核算过程。

方法和学习能力：扩展、延伸相应的知识和技能及收集相关信息的能力。

个人和社会能力：提高制订和实施团队工作计划能力，提高学生整体组织和管理能力。

 技能要求

1. 能熟练操作采购和付款业务的核算与管理。
2. 能熟练操作销售和收款业务的核算与管理。

思政目标

1. 培育和践行社会主义核心价值观。
2. 培养具有奋斗精神、工匠精神以及现代企业管理意识的社会主义接班人。

知识技能 2-1　企业存货的管理与计价

为了完成往来业务核算岗位知识技能 2-1 的工作任务，我们需要学习和掌握哪些基本知识和技能？

知识技能 2-1-1　存货的认知与分类

一、存货的认知与确认

1. 存货的认知

存货是指企业在日常活动中持有的以备出售的产成品或商品、处在生产过程中的在产品、在生产过程或提供劳务过程中耗用的材料或物料等。其具体包括各类材料、商品、在产品、半成品、产成品、包装物、低值易耗品、委托代销商品等。

小贴士

判断一项资产是否属于存货,需要根据它在企业经营活动中的用途,而不是由该项资产自身的性质决定的。同样的资产在一个企业属于存货,在另一个企业则可能不属于。如机床厂生产的机床是机床厂的存货,而购买机床用于产品加工的企业就不能把该机床列为存货。即便在同一个企业,同样的资产也可能有的属于存货,有的不属于存货。如汽车厂生产的汽车是企业的存货,但汽车厂将其用于运输时,就不是企业的存货了。

2. 存货的确认

(1) 与该存货有关的经济利益很可能流入企业;

(2) 该存货的成本能够可靠地计量。

应同时满足以上两个条件,企业才可确认存货。

小贴士

企业存货的确认,一般是以是否拥有所有权为基本前提,而不是以存放地点为依据。凡是法定所有权归属企业的存货,不论存放何处,均作为企业的存货,包括库存待售的存货、库存待用的存货、生产经营过程中正在使用的存货、生产经营过程中正在加工的存货、已经购入正在运输途中的存货、委托其他单位加工的存货、委托其他单位代销的商品、出租出借的包装物等。反之,凡是法定所有权不属于企业的存货,即便存放在本企业,也不能作为本企业的存货,如已经开票售出但客户尚未提取的存货、受托加工的存货、受托代销的商品、租入借入的包装物等。对于存放在本企业但不属于本企业所有的存货,一般不做正式的会计处理,但要在备查簿中登记。

二、存货的分类

不同性质的企业,对存货的分类是不相同的。服务性企业,如会计师事务所、律师事务所等,既不制造产品,也不销售产品。这些企业一般只有各种办公用品、家具用具等存货供开展业务时使用。商业企业的经济活动是将商品购进再售出,因此,其存货主要是购进待售的商品。一般制造业企业的经济活动包含了供、产、销全过程,其拥有的存货种类最多,核算也最为复杂。

一般制造业企业存货的分类如图 2-1 所示。

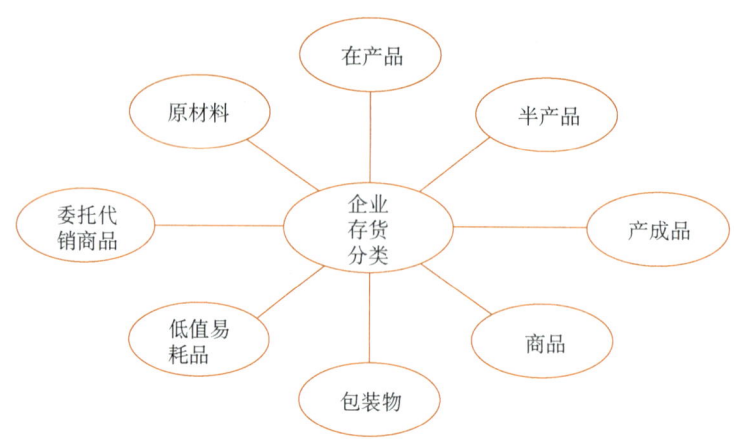

图 2-1　一般制造业企业存货的分类

在实际工作中,企业应根据自身的情况对各类存货进一步分类,以满足会计核算的需要。企业的存货具体通常包括以下内容。

1. 原材料

原材料是指企业在生产过程中经加工改变其形态或性质并构成产品主要实体的各种原料及主要材料、辅助材料、燃料、修理用备件(备品备件)、包装材料、外购半成品(外购件)等。

2. 在产品

在产品是指企业正在制造尚未完工的生产物。它包括正在各个生产工序加工的产品和已加工完毕但尚未检验或已检验但尚未办理入库手续的产品。

3. 半成品

半成品是指经过一定生产过程并已检验合格交付半成品仓库保管,但尚未制造完工成为产成品,仍需进一步加工的中间产品。

4. 产成品

产成品是指工业企业已经完成全部生产过程并已验收入库,可以按照合同规定的条件送交订货单位,或者可以作为商品对外销售的产品。企业接受来料加工制造的代制品和为外单位加工修理的代修品,制造和修理完成验收入库后,应视同企业的产成品。

5. 商品

商品是指商品流通企业外购或委托加工完成验收入库用于销售的各种商品。

6. 包装物

包装物是指为了包装本企业的商品而储备的各种包装容器,如桶、箱、瓶、坛、袋等。其主要作用是盛装、装潢产品或商品。

7. 低值易耗品

低值易耗品是指不能作为固定资产核算的各种用具物品,如工具、管理用具、玻璃器皿、劳动保护用品,以及在经营过程中周转使用的容器等。其特点是单位价值较低,或使用期限相对于固定资产较短,在使用过程中保持其原有实物形态基本不变。

8. 委托代销商品

委托代销商品是指企业委托其他单位代销的商品。

知识技能 2-1-2　存货的计价

一、收入存货的计价

存货的形成方式很多,可以自产,可以委托外企业加工生产,可以购进,还可以根据需要进行交换等。那么,对于存货的取得成本如何进行计价呢?存货的取得方式不同,其计价方法也有所差别,但基本计价原则是按照成本进行初始计量。存货成本包括采购成本、加工成本和其他成本。

1. 存货的采购成本

存货的采购成本包括购买价款、相关税费、运输费、装卸费、保险费以及其他可归属于存货采购成本的费用。

存货的购买价款是指企业购入的材料或商品的发票账单上列明的价款,但不包括按照规定可以抵扣的增值税额。

存货的相关税费是指企业购买存货发生的进口关税、消费税、资源税和不能抵扣的增值税进项税额以及相应的教育费附加等应计入存货采购成本的税费。

运输费、装卸费、保险费如果是商品流通企业在采购商品过程中发生的费用,应当计入存货采购成本,也可以先进行归集,期末根据所购商品的存销情况进行分摊。对于已售商品的进货费用,计入当期损益(主营业务成本);对于未售商品的进货费用,计入期末存货成本。商品流通企业采购商品的进货费用金额较小的,可以在发生时直接计入当期损益(销售费用)。

其他可归属于存货采购成本的费用是指采购成本中除了上述各项的可归属于存货采购的费用,如在存货采购过程中发生的仓储费、包装费,运输途中的合理损耗,入库前的挑选整理费用等。

2. 存货的加工成本

存货的加工成本泛指自产存货成本和委托外部企业加工过程中发生的追加费用。

自产存货成本包括直接材料、直接人工以及其他所有费用归集起来的制造费用。委托外部企业加工过程中发生的追加费用包括:材料费用、加工费用以及在运输途中发生的所有费用及税金。

直接材料是指企业在生产产品过程中发生的直接可以形成产品所耗用的材料。

直接人工是指企业在生产产品和提供劳务过程中发生的直接从事产品生产和劳务提供人员的职工薪酬。

加工费用是指委托外部企业在加工生产产品和提供劳务过程中发生的人工费用和其他相关费用。

3. 存货的其他成本

存货的其他成本是指除了采购成本、加工成本的,使存货达到目前场所和状态所发生的其他支出。

企业设计产品发生的设计费用通常应计入当期损益,但是为特定客户设计产品所发生的、可直接确定的设计费用应计入存货的成本。

存货的来源不同,其成本的构成内容也不同。原材料、商品、低值易耗品等通过购买而取得的存货,其成本由采购成本构成;产成品、在产品、半成品等自制或需委托外部企业加工完成的存货,其成本由采购成本、加工成本以及使存货达到目前场所和状态所发生的其他支出构成。

下面将实务中各种收入存货成本的构成进行归纳,如表2-1所示。

表2-1　实务中各种收入存货成本的构成

存货来源	成本构成
购入的存货	买价、运杂费(包括运输费、装卸费、保险费、包装费、仓储费等)、运输途中的合理损耗、入库前的挑选整理费用(包括挑选整理中发生的人工费支出和数量损耗,并扣除回收的下脚废料价值)以及按规定应计入成本的税费和其他费用
自制的存货	直接材料、直接人工和制造费用等的各项实际支出(自制原材料、自制包装物、自制低值易耗品、自制半成品及库存商品等为自制的存货)
委托外部企业加工完成的存货	实际耗用的原材料或者半成品、加工费、装卸费、保险费、委托加工的往返运输费等费用以及按规定应计入成本的税费(委托外单位加工完成的存货,是指加工后的原材料、包装物、低值易耗品、半成品、产成品等)

但是,存货发生的相关费用也有例外:

(1)由于自然灾害等而发生的,非正常消耗的直接材料、直接人工和制造费用,这些费用的发生无助于使该存货达到目前场所和状态,不应计入存货成本,而应确认为当期损益。

(2)仓储费用,是指企业在存货采购入库后发生的储存费用,应在发生时计入当期损益。但是,在生产过程中为达到下一个生产阶段所必需的仓储费用应计入存货成本。

(3)不能归属于使存货达到目前场所和状态的其他支出,应在发生时计入当期损益。

(4)企业采购用于广告营销活动的特定商品,向客户预付货款未取得商品时,应作为预付账款进行会计处理,待取得相关商品时计入当期损益(销售费用)。企业取得广告营销性质的服务比照该原则进行处理。

二、发出存货的计价

在实际工作中,企业发出的存货,可以按实际成本核算,也可以按计划成本核算。如发出的存货采用计划成本核算,会计期末应调整为实际成本。

在实际成本核算方式下,企业发出存货成本的计价方法可以采用个别计价法、先进先出法、月末一次加权平均法和移动加权平均法等。

1. 个别计价法

个别计价法亦称个别认定法、具体辨认法、分批实际法,是指按照存货的实物流转方式来确定存货的成本流转,即发出存货的成本按所发存货收入时的单位成本进行计价的一种方法。这种方法适用于一般不能替代使用的存货、为特定项目专门购入或制造的存货以及提供的劳务,如珠宝、名画等贵重物品。采用这种方法必须对每种(批)存货作出详细的记录,以掌握存货收、发、结存的具体情况。

2. 先进先出法

先进先出法是指假设先收到的存货先发出,并根据这种假设的成本流转顺序对发出存货和期末存货进行计价的一种方法。企业采用这种方法,每次发出存货时,按先收到的存货的单位成本计价,据此确定发出存货和结存存货的成本。

3. 月末一次加权平均法

月末一次加权平均法是指以本月收入存货数量加上月初库存存货数量作为权数,去除本月收入存货的实际成本加上月初库存存货的实际成本,计算出存货的加权平均单位成本,以此为基础计算本月发出存货的成本和月末存货成本的一种方法。计算公式如下:

$$存货单位成本=\frac{月初库存存货的实际成本+本月收入存货的实际成本}{月初库存存货数量+本月收入存货数量}$$

本月发出存货的实际成本＝本月发出存货的数量×存货单位成本

月末结存存货成本＝月末结存存货的数量×存货单位成本

本月月末库存存货成本＝月初库存存货的实际成本＋本月收入存货的实际成本－本月发出存货的实际成本

该方法只在月末一次计算加权平均单价,比较简单,有利于简化成本计算工作,但由于平时无法从账上提供发出和结存存货的单价及金额,因此不利于存货成本的日常管理与控制。

4. 移动加权平均法

移动加权平均法是指在每次收入存货后便计算存货新的加权平均单位成本,并以此作为该次结存存货和下次发出存货的单位成本的一种方法。计算公式如下:

$$存货单位成本=\frac{原有库存存货的实际成本+本次进货的实际成本}{原有库存存货数量+本次进货数量}$$

本次发出存货的成本＝本次发出存货的数量×本次发货前存货的实际成本

本月月末库存存货成本＝月末库存存货的数量×本月月末存货的单位成本

移动加权平均法能够使企业管理者及时了解存货的结存情况,但由于每次收货都要计算一次平均单价,计算工作量较大,对收发货较频繁的企业不适用。

三、期末存货的计价

会计期末,存货账面上一般反映的是存货的历史成本,但是,由于存货毁损、陈旧过时或销售价格降低等原因,会使存货的价值下跌至历史成本以下,在此情况下,如果仍以历史成本计价,就会虚夸存货的价值,因此,按照谨慎性的会计信息质量要求,期末存货应当按照成本与可变现净值孰低计价。

小贴士

成本是指存货的历史成本,即最初购进存货时入账的价值,也就是账面价值。

可变现净值是指在正常生产经营过程中,以估计售价减去预计完工成本(达到可销售状态的追加加工成本)以及销售所必需的估计费用后的净值。

案例

在讨论存货的类别时,公司员工黎明认为,存货可分为原材料、在产品、半成品、产成品、商品、包装物、低值易耗品、委托代销商品8种。

问题 这种看法是否妥当?为什么?

分析:

这种看法不够妥当,因为在不同行业的企业,存货的内容和分类有所不同。存货一般依据企业的性质、经营范围,并结合存货的用途进行分类,通常分为以下三种:

(1)制造业企业存货。其特点是在出售前需要经过生产加工过程,改变其原有的实物形态或使用功能。制造业企业存货具体分为原材料、在产品、半成品、产成品、包装物、低值易耗品、委托代销商品。

(2)商品流通企业存货。其主要分为商品、材料物资、低值易耗品、包装物等。其中,商品存货是商品流通企业存货的主要组成部分,是指企业为销售而购入的物品。商品在其销售以前,保持其原有实物形态。

(3)其他服务性企业存货。如旅行社、饭店、宾馆、美容美发店、照相馆、修理店、中介机构等服务性企业,既不生产产品也不经销产品。这些企业一般存有各种少量物料用品、办公用品、家具用具等,供业务活动时使用,这些用品也作为存货处理。

 思政园地

会计人员是会计工作的直接承担者,对单位经济业务的记录、反映和控制起着重要的作用。会计人员业务素质的高低,直接影响着会计工作的质量。有的会计人员职业判断能力不强,对政策法规的运用和业务处理不够准确,导致业务处理的估计、判断偏差较大,会计信息失真;有的会计人员不认真钻研业务知识,对岗位工作敷衍了事,不能履行会计人员的职责,使得单位实有财产物资与账面数字相差较大。

21世纪是世界经济从工业经济向知识经济转变的时代,也是高科技大发展和经济管理大提高的时代。会计在经济、社会运行中扮演着愈来愈重要的角色;同时,知识经济时代也对会计人员的素质提出了更高的要求。会计人员要认真学习理论和专业知识,紧跟时代前进的步伐,及时更新知识;同时,要将学习与实际工作相结合,不断提高职业判断能力和解决实际问题的能力,使自身素质与知识经济时代的要求相适应。

知识技能 2-2 采购和付款业务的核算与操作

为了完成往来业务核算岗位知识技能2-2的工作任务,我们需要学习和掌握哪些基本知识和技能?

在实际工作中,企业的采购业务涉及的主要部门有采购部门、仓储部门、财务部门等;同时,还涉及企业的开户银行。在采购过程中,涉及的资金结算工作主要由财务部门的会计和出纳来完成,会计和出纳工作任务的完成通常要借助企业的开户银行的职能共同执行。但有的企业的原材料不仅仅是以采购为主,还可委托其他企业进行加工。采购和付款业务工作流程如图 2-2 所示。

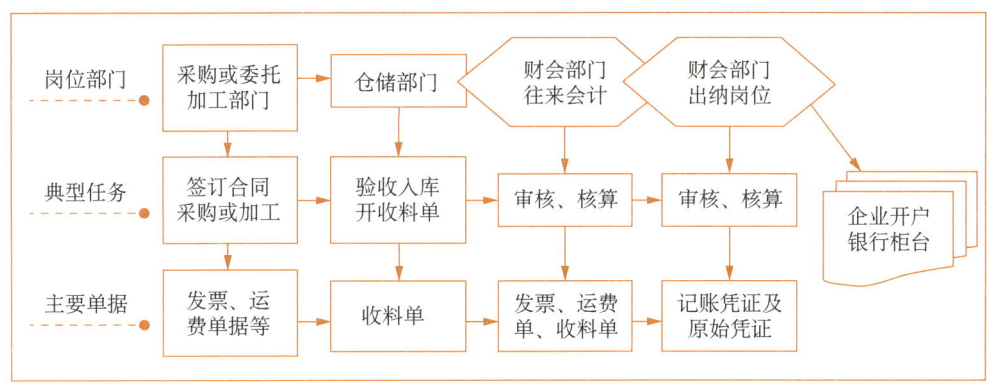

图 2-2　采购和付款业务工作流程

知识技能 2-2-1　原材料和付款业务的核算与操作

一、原材料核算的内容

原材料是指企业在生产过程中经过加工改变其形态或性质并构成产品主要实体的各种原料、主要材料和外购半成品,以及不构成产品实体但有助于产品形成的辅助材料。原材料具体包括原料及主要材料、辅助材料、外购半成品(外购件)、修理用备件(备品备件)、包装材料、燃料等。

原材料的日常收发及结存,可以采用实际成本核算,也可以采用计划成本核算。

二、原材料核算需要的收发凭证

在企业的生产经营过程中,仓库会不断发出各种存货,仓库发出任何存货都要使用相关凭证,办理必要的手续。发出存货的主要凭证有领料单、限额领料单和发货单。

领料单由领料部门按存货的名称及规格填制,属一次性的凭证,经领料部门的负责人审核签章后,向仓库领料。领料单通常为一式三联,一联由仓库登记明细账,一联由领用部门保存备查,一联交会计部门记账。领料单格式见表 2-2。

限额领料单是累计领料凭证,可累计使用。限额领料单通常是一式两联,一联交给仓库作为发料依据,另一联交给领料部门作为领料凭证。月末,领料部门将其持有的一联限额领料单与仓库留存的另一联核对,并计算出全月的累计领料数量和金额,交给会计部门记账。限额领料单的格式见表 2-3。

財 务 会 计

表 2-2 领 料 单

领料单位：   年 月 日   仓库：

材料编号	材料名称单位规格	计量单位	请领数	实发数	计划单价	实际单价	金额

领料单位负责人：   领料人：   发料人：

表 2-3 限额领料单

产品名称：   年 月 日   计划产量：
材料名称规格：   单位消耗定额：   领用限额：

日期	计量单位	请领数	实发数	累计实发数	收料人	发料人
合计						

计划部门：   领用部门：   仓库：

发货单也是一种发出存货的凭证，主要用于商品销售。发货单一般由销售部门填制，一式三联，一联通知仓库发货，并据以登记明细账，一联销售部门留存，一联交会计部门记账。发货单格式见表 2-4。

表 2-4 发 货 单

                                                                              合同编号：
购货单位：   年 月 日   运输方式：

产品名称	型号	规格	单位	单价	数量	金额

销售部门：   提货人：   发货人：

销售发出的商品，如因规格、质量等原因产生退货的，应由销售部门填写退货单，或用红字填写发货单，办理退库手续。

三、原材料按实际成本计价的核算与操作

原材料按实际成本计价核算时，材料的收入、发出及结存，无论是总分类核算还是明细分类核算，均按照实际成本计价。

1. 核算原材料需设置的账户

企业核算原材料时需设置的会计账户有"原材料""在途物资""应付账款""预付账款"等。实际成本法通常适用于材料收发业务较少的企业。

（1）"原材料"账户。本账户用于核算库存各种材料的收发与结存情况。在原材料按实际成本核算时，本账户的借方登记入库材料的实际成本，贷方登记发出材料的实际成本，期

末余额在借方,反映企业库存材料的实际成本。

(2)"在途物资"账户。本账户用于企业采用实际成本(进价)进行材料、商品等物资的日常核算。对于货款已付但尚未验收入库的各种物资(即在途物资)的采购成本,本账户应按供应单位和物资品种进行明细核算。本账户的借方登记企业购入的在途物资的实际成本,贷方登记验收入库的在途物资的实际成本,期末余额在借方,反映企业在途物资的采购成本。

(3)"应付账款"账户。本账户用于核算企业因购买材料、商品和接受劳务等经营活动发生的应付而未付的款项。本账户的贷方登记企业因购入材料、商品和接受劳务等尚未支付的款项,借方登记偿还的应付账款,期末余额一般在贷方,反映企业尚未支付的应付账款。

(4)"预付账款"账户。本账户用于核算企业按照合同规定预付的款项。本账户的借方登记预付的款项及补付的款项,贷方登记收到所购物资时冲销或结转的金额及收回多付款项的金额。如期末余额在借方,反映企业实际预付的款项;如期末余额在贷方,则反映企业尚未预付的款项。预付款项情况不多的企业,可以不设置"预付账款"账户,而将此业务在"应付账款"账户中核算。

2. 购入材料的核算

企业购入未验收入库的材料,按实际成本,借记"在途物资""应交税费"等账户,贷记"银行存款""应付账款"等账户;验收入库时,按实际成本,借记"原材料"账户,贷记"在途物资"账户。

实际成本法下购入材料的核算与操作

具体核算方法由于支付方式不同,原材料入库的时间与付款时间可能一致,也可能不一致,在会计处理上也有所不同。

(1)货款已经支付或开出商业承兑汇票,同时材料已验收入库。

【操作2.1】 南方有限责任公司购入 M 材料一批,增值税专用发票上记载的货款为 500 000 元,增值税税额为 65 000 元,另由对方代垫包装费 1 000 元,全部款项已用转账支票付讫,材料已验收入库。会计处理:

借:原材料——M 材料	501 000
应交税费——应交增值税(进项税额)	65 000
贷:银行存款	566 000

请思考:该业务需要什么相关凭据?

【操作2.2】 南方有限责任公司持银行汇票 1 874 000 元,购入 M 材料一批,增值税专用发票上记载的货款为 1 600 000 元,增值税税额为 208 000 元,对方代垫包装费 2 000 元,材料已验收入库。会计处理:

借:原材料——M 材料	1 602 000
应交税费——应交增值税(进项税额)	208 000
贷:其他货币资金——银行汇票	1 810 000

请思考:该业务需要什么相关凭据?

(2)货款已经支付或已开出商业承兑汇票,材料尚未到达或尚未验收入库。

【操作2.3】 南方有限责任公司采用汇兑结算方式购入 M 材料一批,发票及账单已收到,增值税专用发票上记载的货款为 20 000 元,增值税税额为 2 600 元,支付保险费 1 000 元,材料尚未到达。会计处理:

```
借：在途物资——M材料                                        21 000
    应交税费——应交增值税（进项税额）                         2 600
    贷：银行存款                                                  23 600
```

请思考：该业务需要什么相关凭据？

【操作2.4】 承［操作2.3］，上述购入的M材料已收到，并验收入库。会计处理：

```
借：原材料——M材料                                          21 000
    贷：在途物资——M材料                                          21 000
```

请思考：该业务需要什么相关凭据？

（3）货款尚未支付，材料已经验收入库。

【操作2.5】 南方有限责任公司采用托收承付结算方式购入M材料一批，增值税专用发票上记载的货款为50 000元，增值税税额为6 500元，对方代垫包装费1 000元，银行转来的结算凭证已到，款项尚未支付，材料已验收入库。会计处理：

```
借：原材料——M材料                                          51 000
    应交税费——应交增值税（进项税额）                         6 500
    贷：应付账款                                                  57 500
```

请思考：该业务需要什么相关凭据？

【操作2.6】 南方有限责任公司采用委托收款结算方式购入M材料一批，材料已验收入库，月末发票账单尚未收到，也无法确定其实际成本，暂估价值为30 000元。会计处理：

```
借：原材料——M材料                                          30 000
    贷：应付账款——暂估账款                                       30 000
```

下月初用红字做相同的会计分录予以冲回：

```
借：原材料——M材料                                          30 000 *

    贷：应付账款——暂估账款                                       30 000
```

请思考：该业务需要什么相关凭据？

小贴士

如果货到发票账单未到，则无法确定实际成本，期末应按照暂估价值先入账，下月初用红字做相同的会计分录予以冲回，收到发票账单付款时再按照实际金额记账，即：借记"原材料""应交税费——应交增值税（进项税额）"账户，贷记"银行存款"或"应付票据"等账户。

【操作2.7】 承［操作2.6］，上述购入的M材料于次月收到发票账单，增值税专用发票上记载的货款为31 000元，增值税税额为4 030元，对方代垫保险费2 000元，已用银行存款付讫。会计处理：

```
借：原材料——M材料                                          33 000
    应交税费——应交增值税（进项税额）                         4 030
    贷：银行存款                                                  37 030
```

---

* 标 * 处表示会计分录中以红字冲销的金额，在手工账中用红色字体表示。

请思考:该业务需要什么相关凭据?

（4）货款已经预付,材料尚未验收入库。

【操作 2.8】 根据与某钢厂的购销合同规定,南方有限责任公司为购买 M 材料向该钢厂预付 100 000 元货款的 80%,计 80 000 元,已通过汇兑方式汇出。会计处理:

借:预付账款——某钢厂   80 000

  贷:银行存款   80 000

请思考:该业务需要什么相关凭据?

【操作 2.9】 承[操作 2.8],南方有限责任公司收到该钢厂发运来的 M 材料,已验收入库。有关发票账单记载,该批货物的货款 100 000 元,增值税税额为 13 000 元,对方代垫包装费 3 000 元,所欠款项以银行存款付讫。会计处理:

材料入库时:

借:原材料——M 材料   103 000

  应交税费——应交增值税(进项税额)   13 000

   贷:预付账款——某钢厂   116 000

补付货款时:

借:预付账款——某钢厂   36 000

  贷:银行存款   36 000

请思考:该业务需要什么相关凭据?

3.发出材料的核算

【操作 2.10】 南方有限责任公司 2022 年 3 月 1 日结存 M 材料 3 000 千克,每千克实际成本为 10 元;3 月 5 日和 3 月 20 日分别购入该材料 9 000 千克和 6 000 千克,每千克实际成本分别为 11 元和 12 元;3 月 10 日和 3 月 25 日分别发出该材料 10 500 千克和 6 000 千克。按先进先出法核算时,发出和结存材料的成本见表 2-5。

表 2-5 材料发出、结存表

金额单位:元

202×年		凭证号	摘要	收入			发出			结存		
月	日			数量	单价	金额	数量	单价	金额	数量	单价	金额
3	1	(略)	期初结存							3 000	10	30 000
	5		购入	9 000	11	99 000				3 000 9 000	10 11	30 000 99 000
	10		发出				3 000 7 500	10 11	30 000 82 500	1 500	11	16 500
	20		购入	6 000	12	72 000				1 500 6 000	11 12	16 500 72 000
	25		发出				1 500 4 500	11 12	16 500 54 000	1 500	12	18 000
	31		合计	15 000		171 000	16 500		183 000	1 500	12	18 000

财 务 会 计

【操作 2.11】 承[操作 2.10]，采用月末一次加权平均法计算 M 材料的成本如下：

M 材料平均单位成本＝(30 000＋171 000)÷(3 000＋15 000)＝11.17(元)

本月发出存货的成本＝16 500×11.17＝184 305(元)

月末库存存货的成本＝30 000＋171 000－184 305＝16 695(元)

【操作 2.12】 承[操作 2.10]，采用移动加权平均法计算 M 材料的成本如下：

第一批收货后的平均单位成本＝(30 000＋99 000)÷(3 000＋9 000)＝10.75(元)

第一批发货后的存货成本＝1 500×10.75＝16 125(元)

第二批收货后的平均单位成本＝(16 125＋72 000)÷(1 500＋6 000)＝11.75(元)

第二批发货后的存货成本＝1 500×11.75＝17 625(元)

当时结存的存货成本＝1 500×11.75＝17 625(元)

M 材料月末结存 1 500 千克，月末库存存货成本为 17 625 元；本月发出存货成本合计为 183 375 元(112 875＋70 500)。

> **小贴士**
>
> 企业各生产单位及有关部门领用的材料具有种类多、业务频繁等特点。为了简化核算，企业可以在月末根据"领料单"或"限额领料单"中有关领料的单位、部门及材料的甲、乙等归类，编制"发料凭证汇总表"，据以编制记账凭证、登记入账。
>
> 计价方法一经确定，不得随意变更，如需变更，企业应在附注中予以说明。

【操作 2.13】 南方有限责任公司根据"发料凭证汇总表"的记录，1 月份基本生产车间领用 M 材料 500 000 元，辅助生产车间领用 M 材料 40 000 元，车间管理部门领用 M 材料 5 000 元，企业行政管理部门领用 M 材料 4 000 元，计 549 000 元。会计处理：

借：生产成本——基本生产成本 500 000
　　　　　　——辅助生产成本 40 000
　制造费用 5 000
　管理费用 4 000
　贷：原材料——M 材料 549 000

请思考：该业务需要什么相关凭据？

四、原材料按计划成本计价的核算与操作

材料采用计划成本核算时，材料的收入、发出及结存，无论是总分类核算还是明细分类核算，均按照计划成本计价。

1. 核算原材料需设置的账户

原材料核算需设置的会计账户有"原材料""材料采购""材料成本差异"等。材料实际成本与计划成本的差异，通过"材料成本差异"账户核算。月末，财务需计算本月发出材料应负担的成本差异并进行分摊，根据领用材料的用途计入相关资产的成本或者当期损益，从而将发出材料的计划成本调整为实际成本。

(1)"原材料"账户。本账户用于核算库存各种材料的收入、发出与结存情况。在材料

采用计划成本核算时,本账户的借方登记入库材料的计划成本,贷方登记发出材料的计划成本,期末余额在借方,反映企业库存材料的计划成本。

(2)"材料采购"账户。本账户借方登记采购材料的实际成本,贷方登记入库材料的计划成本。借方大于贷方,表示超支,需将差额从本账户贷方转入"材料成本差异"账户的借方;贷方大于借方,表示节约,需将差额从本账户借方转入"材料成本差异"账户的贷方。本账户期末余额一般为借方余额,反映企业在途材料的采购成本。本账户按照供应单位和物资品种设置明细账,进行明细核算。

(3)"材料成本差异"账户。本账户反映企业已入库各种材料的实际成本与计划成本的差异,借方登记超支差异及发出材料应负担的节约差异,贷方登记节约差异及发出材料应负担的超支差异。期末如为借方余额,反映企业库存材料的实际成本大于计划成本的差异(即超支差异);如为贷方余额,反映企业库存材料的实际成本小于计划成本的差异(即节约差异)。本账户可按材料类别或按全部材料合并设置明细账,进行明细核算。

2. 购入材料的核算

企业购入并验收入库的材料,按计划成本,借记"原材料""应交税费"等账户,按实际成本,贷记"材料采购"账户。如实际成本大于计划成本的差异,借记"材料成本差异"账户,贷记"材料采购"账户;实际成本小于计划成本的差异,借记"材料采购"账户,贷记"材料成本差异"账户。

具体核算方法由于支付方式不同,原材料入库的时间与付款时间可能一致,也可能不一致,在会计处理上有所不同。

(1)货款已经支付,同时材料验收入库。

【操作 2.14】 南方有限责任公司购入 M 材料一批,增值税专用发票上记载的货款为 3 000 000 元,增值税税额为 390 000 元,发票账单已收到,计划成本为 3 200 000 元,已验收入库,全部款项以银行存款支付。会计处理:

借:材料采购——M 材料	3 000 000	
应交税费——应交增值税(进项税额)	390 000	
贷:银行存款		3 390 000
借:原材料——M 材料	3 200 000	
贷:材料采购——M 材料		3 200 000
借:材料采购——M 材料	200 000	
贷:材料成本差异——M 材料		200 000

请思考:该业务的处理方法是在什么情况下进行的? 该业务需要什么相关凭据?

小贴士

在计划成本法下,取得的材料先要通过"材料采购"账户进行核算,企业支付材料价款和运杂费等构成存货实际成本的,记入"材料采购"账户。

（2）货款已经支付，材料尚未验收入库。

【操作 2.15】 南方有限责任公司采用汇兑结算方式购入 N 材料一批，增值税专用发票上记载的货款为 200 000 元，增值税税额为 26 000 元，发票账单已收到，计划成本为 180 000 元，材料尚未入库。会计处理：

借：材料采购——N 材料   200 000

    应交税费——应交增值税（进项税额）   26 000

      贷：银行存款   226 000

请思考：该业务需要什么相关凭据？

（3）货款尚未支付，材料已验收入库。

【操作 2.16】 南方有限责任公司采用商业承兑汇票支付方式购入 N 材料一批，增值税专用发票上记载的货款为 500 000 元，增值税税额为 65 000 元，发票账单已收到，款项尚未支付，计划成本为 520 000 元，材料已验收入库。会计处理：

借：材料采购——N 材料   500 000

    应交税费——应交增值税（进项税额）   65 000

      贷：应付票据   565 000

借：原材料——N 材料   520 000

      贷：材料采购——N 材料   520 000

借：材料采购——N 材料   20 000

      贷：材料成本差异——N 材料   20 000

请思考：该业务需要什么相关凭据？

【操作 2.17】 南方有限责任公司购入 N 材料一批，材料已验收入库，发票账单未到，月末按照计划成本 600 000 元估价入账。会计处理：

借：原材料——N 材料   600 000

      贷：应付账款——暂估账款   600 000

下月初用红字做相同的会计分录予以冲回：

借：原材料——N 材料   600 000

      贷：应付账款——暂估账款   600 000

请思考：该业务需要什么相关凭据？

小贴士

企业对于尚未收到发票账单的收料凭证，月末先按计划成本暂估入账，借记"原材料"等账户，贷记"应付账款——暂估账款"账户，下月初用红字做相同的会计分录予以冲回，待收到发票账单后按正常采购处理。

假设企业平时收料时并不计算材料成本差异，而待月末根据收料凭证，按实际成本和计划成本分别汇总，计算材料成本差异。

【操作 2.18】 承［操作 2.14］和［操作 2.16］，月末，南方有限责任公司汇总本月已付款或已开出并承兑商业汇票的入库材料的计划成本 3 720 000 元(3 200 000＋520 000)。会计处理：

借：原材料——M 材料　　　　　　　　　　　　　　　　　3 200 000
　　　　　——N 材料　　　　　　　　　　　　　　　　　　520 000
　　贷：材料采购——M 材料　　　　　　　　　　　　　　　　　3 200 000
　　　　　——N 材料　　　　　　　　　　　　　　　　　　　520 000

请思考：该业务需要什么相关凭据？

上述入库材料的实际成本为 3 500 000 元(3 000 000＋500 000)，入库材料的成本差异为节约 220 000 元(3 500 000－3 720 000)。会计处理：

借：材料采购——M 材料　　　　　　　　　　　　　　　　　200 000
　　　　　——N 材料　　　　　　　　　　　　　　　　　　20 000
　　贷：材料成本差异——M 材料　　　　　　　　　　　　　　　200 000
　　　　　——N 材料　　　　　　　　　　　　　　　　　　　20 000

请思考：该业务需要什么相关凭据？

3. 发出材料的核算

月末，企业根据领料单等编制"发料凭证汇总表"结转发出材料的计划成本，应当根据所发出材料的用途，按计划成本分别记入"生产成本""制造费用""销售费用""管理费用"等账户。

【操作 2.19】　南方有限责任公司根据"发料凭证汇总表"记录 M 材料的消耗(计划成本)，如表 2-6 所示。

表 2-6　发料凭证汇总表

单位：元

项目	基本生产车间	辅助生产车间	车间管理部门	企业行政管理部门	合计
M 材料	2 000 000	600 000	250 000	50 000	2 900 000
合计	2 000 000	600 000	250 000	50 000	2 900 000

会计处理：

借：生产成本——基本生产成本　　　　　　　　　　　　　　2 000 000
　　　　　——辅助生产成本　　　　　　　　　　　　　　　600 000
　　制造费用——材料耗用　　　　　　　　　　　　　　　　250 000
　　管理费用——材料耗用　　　　　　　　　　　　　　　　50 000
　　贷：原材料——M 材料　　　　　　　　　　　　　　　　　2 900 000

请思考：汇总发料总量的依据是什么？

> **小贴士**
>
> 　　根据《企业会计准则第1号——存货》的规定，企业日常采用计划成本核算的，发出的材料成本应由计划成本调整为实际成本，通过"材料成本差异"账户进行结转，按照所发出材料的用途，分别记入"生产成本""制造费用""销售费用""管理费用"等账户，发出材料应负担的成本差异应当按期（月）分摊，不得在季末或年末一次计算。
>
> 　　具体计算公式如下：
>
> $$本期材料成本差异率=\left(\begin{matrix}期初结存材料\\的成本差异\end{matrix}+\begin{matrix}本期验收入库\\材料的成本差异\end{matrix}\right)\div$$
>
> $$\left(\begin{matrix}期初结存材料\\的计划成本\end{matrix}+\begin{matrix}本期验收入库\\材料的计划成本\end{matrix}\right)\times100\%$$
>
> 　　发出材料应负担的成本差异＝发出材料的计划成本×材料成本差异率

【操作2.20】 承[操作2.14]和[操作2.19]，南方有限责任公司某月初结存M材料的计划成本为1 000 000元，成本差异为超支30 740元；当月入库M材料的计划成本3 200 000元，成本差异为节约200 000元。则：

借：生产成本——基本生产成本	80 600
——辅助生产成本	24 180
制造费用	10 075
管理费用	2 015
贷：材料成本差异——M材料	116 870

　　材料成本差异率＝（30 740－200 000）÷（1 000 000＋3 200 000）×100%＝－4.03%

　　发出材料应负担的成本差异＝2 900 000×（－4.03%）＝－116 870（元）

 案例

南方有限责任公司购进原材料的业务流程如下：

（1）由采购部负责采购。

（2）货品进厂后先由隶属于采购部的验收部门负责验收，验收合格后在采购单上盖"货已验讫"印章，然后交会计部门付款；如不合格直接退给供应商，验收部门不负责开验收报告单。

（3）验收后的货品直接堆放在机器旁准备加工。

（4）生产的产品采用永续盘存制，只计算数量不计算金额；产品交由制造部门的储藏室保管。

问题　该公司进货业务内部控制程序有何缺点？其应如何做？

分析：

（1）没有建立完善的申请采购审批制度，随意实施采购方案，缺少计划性。

（2）验收部不能归属采购部，采购职能与验收职能必须分开；验收部门未编制验收报告单,随意在采购单上加盖"货已验讫",不符合验收制度,验收部门必须编制验收报告单,说明产品合格与否,是否拒收并说明理由。

（3）不合格产品不能草率退给供应商,应以验收报告作为退货依据,并由供应商签名、盖章认可。

（4）产品管理不善,随意堆放。该公司应办理原材料出、入库手续,制定严格的出入库管理制度。

（5）产成品采用永续盘存制清查存货,既要计算数量,也要计算金额。

知识技能 2-2-2　委托加工物资和付款业务的核算与操作

一、委托加工物资的内容

1. 委托加工物资的概念

委托加工物资是指企业委托外部企业加工的各种材料、商品等物资。

2. 委托加工物资的计价

委托加工业务的核算主要包括以下环节:①发出委托加工物资;②支付运杂费、加工费等;③加工完毕收回委托加工物资。企业委托外单位加工完成并已验收入库的原材料,其实际成本包括:①加工中所消耗材料物资的实际成本;②支付的加工费以及按规定应计入材料成本的税金(包括委托加工物资所应负担的消费税、小规模纳税人和未取得增值税专用发票的一般纳税人的增值税,以及委托加工物资用于非应税项目的增值税);③支付的往返运费和装卸费等各项杂费。

二、委托加工物资的核算与操作

1. 核算委托加工物资需设置的账户

企业应设置"委托加工物资"账户及相关的会计核算账户如"银行存款""应付账款""原材料"等账户。

2. 委托加工物资的核算

"委托加工物资"账户借方登记委托加工过程中所发生的实际成本(采用计划成本进行核算的企业,应将发出材料的计划成本调整为实际成本),贷方登记加工完成验收入库物资的实际成本和收回的余料,余额在借方,反映企业尚未完工的委托加工物资的实际成本和发出物资的运杂费等。该账户按受托加工单位设置明细账,进行明细分类核算。

委托加工物资的核算与操作

（1）发出委托加工物资的核算。企业发出委托加工物资时,按发出物资的实际成本,借记"委托加工物资"账户,贷记"原材料"等账户。如果发出物资采用计划成本核算的,企业还应同时结转成本差异。

【操作 2.21】　南方有限责任公司委托丁企业将 M 材料加工成 N 材料,发出 M 材料的计划成本为 10 000 元,材料成本差异率为 1%。会计处理:

借:委托加工物资——丁企业　　　　　　　　　　　　　　10 000
　　贷:原材料——M 材料　　　　　　　　　　　　　　　　　　　　　10 000

借：委托加工物资——丁企业   100
  贷：材料成本差异   100

请思考：该业务需要什么相关凭据？

（2）支付加工费、运杂费等的核算。企业支付的加工费、增值税、运杂费等，借记"委托加工物资""应交税费——应交增值税（进项税额）"账户，贷记"银行存款"账户。

企业负担的由受托方代扣代缴的消费税，有两种处理方法：①委托加工物资收回后直接用于销售的，应将消费税计入加工物资成本，借记"委托加工物资"账户，贷记"银行存款"等账户；②收回后用于连续生产应税消费品，按规定准予抵扣的，借记"应交税费——应交消费税"账户，贷记"银行存款"等账户。

【操作 2.22】 承［操作 2.21］，该企业以现金支付运杂费 500 元，签发转账支票，用于支付加工费 2 000 元、增值税税额 260 元。会计处理：

借：委托加工物资——丁企业   2 500
  应交税费——应交增值税（进项税额） 260
  贷：库存现金   500
    银行存款   2 260

请思考：该业务需要什么相关凭据？

（3）加工完毕验收入库的核算。材料加工完毕，收回入库时，按其实际加工成本，借记"原材料"账户，贷记"委托加工物资"账户。如果企业按计划成本核算原材料，还应同时反映材料成本差异。

【操作 2.23】 承［操作 2.21］和［操作 2.22］，该企业收回委托加工的物资，该物资已验收入库，其计划成本为 13 000 元。会计处理：

借：原材料——N 材料   13 000
  贷：委托加工物资——丁企业   12 600
    材料成本差异   400

请思考：该业务需要什么相关凭据？

知识技能 2-2-3　周转材料和付款业务的核算与操作

周转材料包括低值易耗品和包装物两类。

一、低值易耗品的核算与操作

1. 低值易耗品的内容

（1）低值易耗品的含义。低值易耗品是指单位价值较低或使用期限较短的劳动资料，如工具、管理用具、玻璃器皿以及在企业内部周转使用的包装容器等。

（2）低值易耗品的分类。低值易耗品按其用途，可以分为如图 2-3 所示几类。其中：①一般工具包括刀具、量具、模具和各种辅助工具。②专用工具指为制造某种产品所专用的模具、钢印等。③替换设备指容易磨损，或者为制造不同产品所替换使用的机器上的装备和零件。④管理用具指在管理活动中使用的各种家具和办公用具等。⑤劳保用品指为了保障劳动安全或改善劳动条件而发给工人使用的工作服、工作鞋、防毒面具等。⑥其他用具指除了以上易耗品的其他耗材。

图 2-3　低值易耗品的分类

低值易耗品在生产经营过程中多次使用，使用期限较短，实物形态保持不变，其价值逐渐转移到成本费用中去。会计上将其作为消耗性物资处理。

2. 低值易耗品的核算

低值易耗品的采购、入库、保管、领发、盘存等业务的会计核算与原材料等存货的处理基本相同。低值易耗品可以按实际成本核算，也可以按计划成本核算，其实际成本的构成内容与原材料的成本构成内容完全相同。实际成本与计划成本的差异在形成和分配程序上也和原材料的计划成本法一致。

两者的区别是价值的转移。原材料等存货的价值在使用上一次转移到成本费用中，而低值易耗品的价值是在使用过程中逐渐转移的。

（1）核算低值易耗品需设置的账户。企业应设置"周转材料——低值易耗品"账户，借方登记低值易耗品的增加，贷方登记低值易耗品的减少，期末余额在借方，通常反映企业期末结存低值易耗品的金额。

（2）低值易耗品的核算。低值易耗品的价值转移一般被称为低值易耗品摊销，由于其价值的转移是在使用过程中逐渐进行的，所以其摊销可采用一次转销法或五五摊销法。

5分钟学会
"一次转销法"
和"五五摊销法"

一次转销法是在领用低值易耗品时，将其账面价值一次冲销，转入有关成本费用的方法。企业领用低值易耗品时，借记"制造费用""管理费用"等账户，贷记"周转材料——低值易耗品"账户。低值易耗品报废时的残值收入，应冲减有关的成本费用，借记"原材料"等账户，贷记"制造费用""管理费用"等账户。

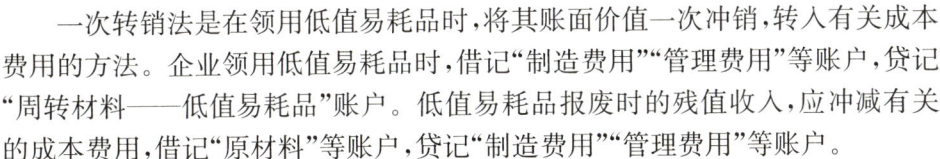

小贴士

　　一次转销法手续简便，但不能反映低值易耗品的损耗程度。低值易耗品尚在使用，账上却已消失，不利于实物管理。这种方法适用于价值较低或极易损坏的管理用具、小型工具、玻璃器皿及单件小批量生产下为制造某种产品专用的工具等。

【操作 2.24】 南方有限责任公司生产车间领用小型工具 2 000 元,管理部门领用管理用具 3 000 元;同时,车间报废小型工具一批,残料估价 100 元。会计处理:

① 领用低值易耗品时:

借:制造费用   2 000
  管理费用   3 000
   贷:周转材料——低值易耗品   5 000

② 报废低值易耗品时:

借:原材料   100
   贷:制造费用   100

请思考:该业务需要什么相关凭据?

五五摊销法是在领用低值易耗品时先摊销其价值的一半,在报废时再摊销其价值的另一半的方法。

采用五五摊销法,企业需要单独设置"周转材料——低值易耗品(在用)""周转材料——低值易耗品(在库)"和"周转材料——低值易耗品(摊销)"三个明细账户进行核算。

小贴士

低值易耗品的摊销只在领用和报废时各做一次,并且在低值易耗品的使用期间一直有账面记录,因此,这种方法的核算手续比较简便,也有利于低值易耗品的实物管理。五五摊销法适用于价值较低、使用期限较短的低值易耗品。

【操作 2.25】 南方有限责任公司生产车间领用专用工具一批,实际成本为 10 000 元,采用五五摊销法进行摊销。会计处理:

① 领用低值易耗品时:

借:周转材料——低值易耗品(在用)   10 000
   贷:周转材料——低值易耗品(在库)   10 000

② 领用时摊销其价值的一半:

借:制造费用   5 000
   贷:周转材料——低值易耗品(摊销)   5 000

③ 报废时摊销其价值的一半:

借:制造费用   5 000
   贷:周转材料——低值易耗品(摊销)   5 000
借:周转材料——低值易耗品(摊销)   10 000
   贷:周转材料——低值易耗品(在用)   10 000

请思考:该业务需要什么相关凭据?

案例

按照现行会计制度规定,低值易耗品的核算摊销方法有两种,即一次转销法和五五摊销法。

采用一次转销法时,企业一般将低值易耗品的摊销价值直接冲减低值易耗品的账面价值,转入有关的成本费用。领用时,借记"管理费用""制造费用"等账户,贷记"周转材料——低值易耗品"账户。

问题 一次转销法有何缺陷?

分析:

在一次转销法下,低值易耗品一旦进入使用过程,其账面余额不复存在,实际上这时低值易耗品仍有使用价值,这样形成了账外资产,造成账实不符的后果。

有的上市公司利用长期积累下来的大量的账外低值易耗品类资产来调控股票价格。前几年,某公司股票上市时发行内部职工股,有关领导、包装上市的注册会计师及内部职工都可持有内部股票。该公司通过上市时忽略账外的低值易耗品这一块资产,上市一两年后的财产清查重估,使长期积累下来的大量的账外资产(低值易耗品)浮出账面,该公司以盘盈的办法使其资产增值,再加之利用调增利润等其他办法,以达到调控股票价格的目的。

二、包装物的核算与操作

1. 包装物的内容

包装物是指为了包装本企业商品而储备的各种包装容器,如桶、箱、瓶、坛、袋等。

包装物按其用途,可以分为如图 2-4 所示几类。

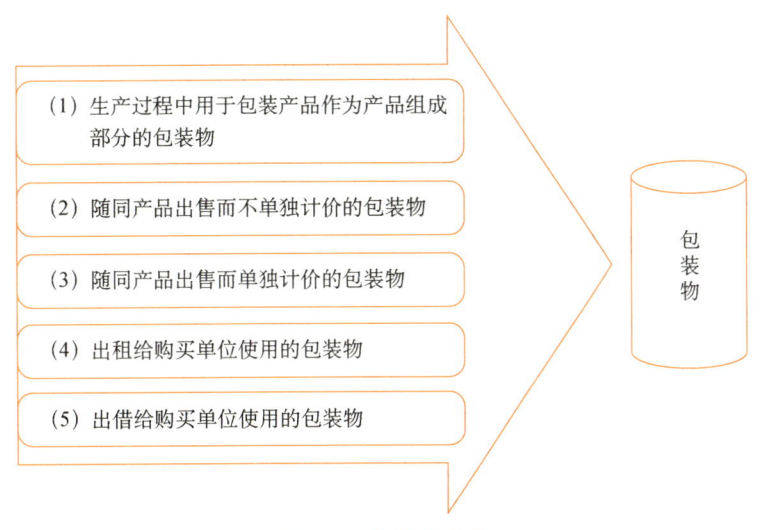

(1) 生产过程中用于包装产品作为产品组成部分的包装物

(2) 随同产品出售而不单独计价的包装物

(3) 随同产品出售而单独计价的包装物

(4) 出租给购买单位使用的包装物

(5) 出借给购买单位使用的包装物

包装物

图 2-4 包装物分类

2. 包装物的核算

为了反映和监督包装物的增减变化及其价值损耗、结存等情况,企业应设置"周转材料——包装物"账户进行核算。

(1) 生产领用包装物的核算。有些包装物在生产过程中用于包装本企业的产品或商品,并成为产品或商品的组成部分,如啤酒瓶、墨水瓶等。企业在领用这类包装物时,借记"生产成本"账户,贷记"周转材料——包装物"账户。如包装物采用计划成本核算,还应按其差额借记或贷记"材料成本差异"账户。

【操作 2.26】 南方有限责任公司对包装物采用计划成本核算,某月生产产品领用包装物的计划成本为 100 000 元,材料成本差异率为－3%。会计处理:

借:生产成本 97 000
　　贷:周转材料——包装物 100 000
　　　　材料成本差异 $\boxed{3\,000}$

请思考:该业务需要什么相关凭据?

(2)随同产品出售不单独计价的包装物。随同产品出售不单独计价的包装物,由于没有独立的收入与包装物的成本相配比,一般将这类包装物按其实际成本,借记"销售费用"账户,按其计划成本,贷记"周转材料——包装物"账户,按其差额,贷记"材料成本差异"(红字或蓝字)账户。

【操作 2.27】 南方有限责任公司某月销售商品领用不单独计价包装物的计划成本为 100 000 元,材料成本差异率为－2%。会计处理:

借:销售费用 98 000
　　贷:周转材料——包装物 100 000
　　　　材料成本差异 $\boxed{2\,000}$

请思考:该业务需要什么相关凭据?

(3)随同产品出售单独计价的包装物。包装物随同产品出售单独计价时,实际上就是包装物的销售业务。这时包装物有独立的收入与其成本相配比,会计核算上将所取得的收入作为其他业务收入,相应的成本则作为其他业务成本。

【操作 2.28】 南方有限责任公司某月销售商品领用单独计价包装物的计划成本为 80 000 元,销售收入为 100 000 元,增值税税额为 13 000 元,款项已存入银行。该包装物的材料成本差异为 3%。会计处理:

① 出售单独计价包装物时:

借:银行存款 113 000
　　贷:其他业务收入 100 000
　　　　应交税费——应交增值税(销项税额) 13 000

② 结转所售单独计价包装物成本时:

借:其他业务成本 82 400
　　贷:周转材料——包装物 80 000
　　　　材料成本差异 2 400

请思考:该业务需要什么相关凭据?

(4)出租包装物的核算。包装物出租期间,企业要向使用单位收取一定的押金,出租结束收取的租金作为其他业务收入;包装物在出租期间损耗的价值以及由企业负担的维修费用等支出,则作为其他业务成本。

出租的包装物在使用过程中,价值逐渐减少直至报废,其价值的转移过程称为摊销。出租包装物的价值摊销方法有一次转销法和五五摊销法两种。

【操作 2.29】 南方有限责任公司在销售产品的过程中出租包装物。出租的包装物每件成本为 100 元,出租时每件收取押金 120 元。包装物在 30 天内归还,每件租金为 20 元;逾期不归还的,没收押金。该公司包装物以实际成本核算,采用五五摊销法。会计处理:

① 出租包装物 30 件,其中 10 件新的,20 件旧的:

借:周转材料——包装物(在用) 　　　　　　　　　　　　　1 000
　　贷:周转材料——包装物(在库) 　　　　　　　　　　　　　　　1 000
借:周转材料——包装物(出租) 　　　　　　　　　　　　　3 000
　　贷:周转材料——包装物(在用) 　　　　　　　　　　　　　　　3 000

② 收到出租包装物的押金:

借:银行存款 　　　　　　　　　　　　　　　　　　　　　3 600
　　贷:其他应付款——保证金 　　　　　　　　　　　　　　　　　3 600

③ 第一次领用的包装物,摊销其价值的一半:

借:其他业务成本 　　　　　　　　　　　　　　　　　　　500
　　贷:周转材料——包装物(摊销) 　　　　　　　　　　　　　　　500

④ 30 天内收回出租的包装物 25 件:

借:周转材料——包装物(在用) 　　　　　　　　　　　　　2 500
　　贷:周转材料——包装物(出租) 　　　　　　　　　　　　　　　2 500

⑤ 收取租金并退还押金:

借:其他应付款——保证金 　　　　　　　　　　　　　　　3 000
　　贷:银行存款 　　　　　　　　　　　　　　　　　　　　　2 500
　　　　其他业务收入 　　　　　　　　　　　　　　　　　　　　500

⑥ 辅助生产车间维修包装物,发生修理费 80 元:

借:生产成本——辅助生产车间 　　　　　　　　　　　　　80
　　贷:应付职工薪酬——工资 　　　　　　　　　　　　　　　　　80
借:其他业务成本 　　　　　　　　　　　　　　　　　　　80
　　贷:生产成本——辅助生产车间 　　　　　　　　　　　　　　　80

⑦ 转销不能继续使用的 2 件包装物的成本(摊销另 50%):

借:其他业务成本 　　　　　　　　　　　　　　　　　　　100
　　周转材料——包装物(摊销) 　　　　　　　　　　　　　100
　　贷:周转材料——包装物(在用) 　　　　　　　　　　　　　　　200

⑧ 报废的包装物残值收入 10 元:

借:库存现金 　　　　　　　　　　　　　　　　　　　　　10
　　贷:其他业务收入 　　　　　　　　　　　　　　　　　　　　10

⑨ 转销逾期未收回的 5 只包装物的成本(摊销另 50%):

借:其他业务成本 　　　　　　　　　　　　　　　　　　　250
　　周转材料——包装物(摊销) 　　　　　　　　　　　　　250
　　贷:周转材料——包装物(出租) 　　　　　　　　　　　　　　　500

⑩ 没收逾期未收回的 5 只包装物的押金:

借：其他应付款——单位保证金   600
　　贷：其他业务收入   600
请思考:该业务需要什么相关凭据?

（5）出借包装物的核算。企业以出借的方式发出包装物时,应根据收到的押金借记"银行存款"等账户,贷记"其他应付款"账户;同时,根据包装物价值的不同摊销方式对包装物进行相应的预计使用期账务处理。

出借的包装物在使用过程中,价值逐渐减少直至报废,摊销方法有一次转销法和五五摊销法两种。

小贴士

　　包装物的出借是企业在销售产品或商品时,将包装物无偿提供给购货单位暂时使用。出借包装物是企业的一种促销手段,而不是一项经营活动。包装物在出借期间的损耗和修理费用等支出,作为企业的销售费用核算。

【操作 2.30】　南方有限责任公司在销售产品的过程中出借包装物给某购货单位无偿使用。出借的包装物每件成本为 120 元,出借时每件收取押金 150 元。包装物在 30 天内归还,每件按 150 元退回押金;逾期不归还,没收押金。该公司包装物以实际成本核算,采用一次摊销法。会计处理:

① 出借包装物 30 件:
借：销售费用   3 600
　　贷：周转材料——包装物   3 600

② 收到出借包装物的押金:
借：银行存款   4 500
　　贷：其他应付款——某单位   4 500

③ 30 天内收回出借的包装物 28 件,退还押金:
借：其他应付款——某单位   4 200
　　贷：银行存款   4 200

④ 辅助生产车间维修包装物,发生修理费 80 元:
借：销售费用   80
　　贷：生产成本——辅助生产成本   80

⑤ 报废 3 件包装物,残值收入为 12 元:
借：库存现金   12
　　贷：销售费用   12

⑥ 没收逾期未收回的 2 件包装物的押金:
借：其他应付款——某单位   300
　　贷：其他业务收入   300
请思考:该业务需要什么相关凭据?

知识技能 2-2-4 存货清查的核算与操作

一、存货清查的认知与管理

1. 存货清查的认知

存货清查是指通过对存货的实地盘点，确定存货的实有数量，并与账面结存数核对，从而确定存货实存数与账面结存数是否相符的一种专门方法。

由于企业的存货种类繁多、收发频繁，在日常收发过程中可能发生计量错误、计算错误、自然损耗，还可能发生损坏变质以及贪污、盗窃等情况，造成账实不符的后果，形成存货的盘盈盘亏。

2. 存货清查的管理

对于存货的盘盈、盘亏，为了及时查明原因，企业应按照规定程序报批处理，应填写存货盘点盈亏报告单，如表 2-7 所示。

表 2-7 存货盘点盈亏报告单

仓库：　　　　　　　　　　　　年　　月　　日

存货编号	存货名称	计量单位	数量		单价	盘盈		盘亏		盘盈盘亏原因
			账存	实存		数量	金额	数量	金额	

为了反映企业在财产清查中查明的各种存货的盘盈、盘亏和毁损情况，企业应设置"待处理财产损溢"账户。该账户借方登记存货的盘亏、毁损金额及盘盈的转销金额，贷方登记存货的盘盈金额及盘亏的转销金额。企业清查的各种存货损溢，应在期末结账前处理完毕，期末处理后，该账户应无余额。

二、存货清查的核算与操作

1. 存货盘盈的核算与操作

存货盘盈是存货的实际盘存数量大于存货的账面记录。企业发生存货盘盈时，借记"原材料""库存商品"等账户，贷记"待处理财产损溢"账户。待查明盘盈原因后，企业再根据不同的情况进行处理：属于少发多收的，应退还给对方单位；属于计量误差或原因不明的，经企业有关部门负责人批准后，冲减管理费用。盘盈存货的入账价值，可以按照同类存货的实际成本计价；没有同类存货的，可以按照同类存货的市价或重置成本计价。

存货清查与核算

【操作 2.31】 南方有限责任公司期末盘点材料仓库，根据发生的有关原材料盘盈情况进行会计处理：盘盈 M 材料一批，按相同材料的实际成本计价为 800 元；盘盈 N 材料一批，

往来业务的管理与核算

N 材料的账面结存数为 0,按市价计算为 700 元。会计处理:

```
借:原材料——M 材料                                            800
        ——N 材料                                            700
    贷:待处理财产损溢——待处理流动资产损溢                          1 500
```

经查,M 材料盘盈系供货单位多发,N 材料盘盈的原因不明且已经过负责人审批。

```
借:待处理财产损溢——待处理流动资产损溢                          1 500
    贷:其他应付款(或原材料——M 材料)                            800
        管理费用                                              700
```

请思考:该业务需要什么凭据?

2. 存货盘亏的核算与操作

存货盘亏是指存货的实际盘存数量小于存货的账面记录。企业发生存货盘亏时,借记"待处理财产损溢"账户,贷记"原材料""库存商品"等账户。待查明盘亏原因后,企业再根据不同的情况进行处理:属于自然损耗的短缺以及日常收发计量上的差错,经企业有关部门负责人批准后,记入"管理费用"账户;属于管理不善造成的短缺,能确定过失人的,由过失人和保险公司赔偿,记入"其他应收款"账户,不能确定过失人或过失人无力赔偿的非常损失部分,经企业有关部门负责人批准后,记入"营业外支出"账户。

【操作 2.32】 南方有限责任公司年末盘点原材料,发现 M、N 两种材料的实有数小于账面数,短缺的 M 材料计划成本为 500 元,短缺的 N 材料计划成本为 300 元,材料成本差异率为 -2%。会计处理:

```
借:待处理财产损溢——待处理流动资产损溢                          800
    贷:原材料——M 材料                                        500
        ——N 材料                                            300
```

结转盘亏材料应分摊的成本差异:

```
借:待处理财产损溢——待处理流动资产损溢                          16
    贷:材料成本差异                                            16
```

经查,M 材料的盘亏系管理不善造成短缺,保管员负有一定的责任,酌情赔偿 200 元;N 材料的盘亏系自然损耗。会计处理:

```
借:其他应收款——保管员                                        200
    管理费用                                                  584
    贷:待处理财产损溢——待处理流动资产损溢                          784
```

请思考:该业务需要什么凭据?

【操作 2.33】 南方有限责任公司年末盘点原材料,发现 M1 材料的实有数小于账面数,M1 材料的实际成本为 70 000 元。经查明,M1 材料的毁损系台风造成的,根据保险责任及保险合同规定,应由保险公司赔偿 50 000 元,另外残料估价为 1 000 元。会计处理:

① 批准处理前:

```
借:待处理财产损溢——待处理流动资产损溢                          70 000
    贷:原材料——M1 材料                                       70 000
```

② 批准处理后：

借：其他应收款——保险公司	50 000	
原材料——M1 材料	1 000	
营业外支出——非常损失	19 000	
贷：待处理财产损溢——待处理流动资产损溢		70 000

请思考：该业务需要什么凭据？

 **思政园地**

存货的管理是现代企业管理的重要组成部分

《企业会计准则》把存货放在了其具体会计准则的第 1 号进行定义，可见存货对于企业的重要性。随着现代企业管理制度的日趋完善，存货管理也成为现代企业管理的重要组成部分，是企业内部控制的重要环节。加强存货管理既是保证企业生产经营正常进行的物质基础，又是维护流动资产安全，保证财务收支合法可靠、会计信息真实完整的一种内部自我制约和监督的控制系统。存货管理的好坏已成为衡量企业管理支付是否完善、存货储备是否合理、流动资产占用是否最佳的重要标志。

为了提高存货管理效果，企业应该通过以下几个措施建立好的存货管理制度。

1. 建立、健全内部控制制度

企业应结合自身的生产经营特点，从严规范存货采购、消耗、领用环节，进一步明确各职能部门的岗位职责，严格执行不相容岗位相分离原则，发挥存货内部控制制度的相互牵制作用。同时，企业还应选取一套合适的控制软件，建立计算机内部网络系统，实现存货采购、入库、出库、保管等各方面数据的共享，并根据各部门性质设定相应的权限，以方便各部门根据自己的需要及时查阅信息。

2. 设置科学的库存管理流程

企业应设置科学的库存管理流程，如：加强对存货采购、入库、计量、出库、结存等各个环节的控制和监督，明确分工，落实责任，定期或不定期对存货内部控制的执行情况进行检查，以防止存货业务的差错和舞弊行为的发生。

3. 订立科学合理的采购计划、控制库存量

企业为了保证企业不间断的生产经营对原材料的需求，应有一定的存储量；同时，为了降低存货对资金的占用，需要确定合理的最低库存量。

4. 加强仓库管理人员的业务培训

仓库管理人员应当熟悉与所任岗位相关的从业知识与专业技能，遵纪守法，客观公正。企业应定期对相关人员进行不同层面的培训，包括法律法规、存货管理理论和业务方面的培训，不断提高他们的业务素质和职业技能。

知识技能 2-2-5　存货期末计量与减值的核算与操作

期末存货按成本与可变现净值孰低计价，应当采用备抵法进行账务处理，设置"存货跌

价准备"账户。"存货跌价准备"账户是存货类账户的备抵账户,其余额用于抵减存货的账面余额,以求得存货的净额即账面价值,可直接列入资产负债表。

期末比较存货成本与可变现净值,存货的可变现净值低于成本的,应按其差额确认减值损失,计提跌价准备,借记"资产减值损失"账户,贷记"存货跌价准备"账户;若"存货跌价准备"账户有余额,则应当按可变现净值低于成本的金额对"存货跌价准备"账户的余额进行调整,追加计提跌价准备或冲减原已计提的跌价准备。冲减已计提的跌价准备时,借记"存货跌价准备"账户,贷记"资产减值损失"账户。期末存货的可变现净值高于成本的,企业应将原已计提的跌价准备全部冲销,使"存货跌价准备"账户为零。"存货跌价准备"账户不会出现借方余额。

【操作 2.34】 南方有限责任公司按照成本与可变现净值孰低对期末存货进行计价。假设 2021 年年末 N 材料的账面成本为 100 000 元,由于市场价格下跌,预计可变现净值为 80 000 元,由此应计提的存货跌价准备为 20 000 元,已知"存货跌价准备"账户期初账面余额为 0。会计处理:

  借:资产减值损失——存货减值损失   20 000
    贷:存货跌价准备   20 000

请思考:该业务需要什么凭据?

【操作 2.35】 承[操作 2.34],2022 年 3 月 31 日,该材料的账面金额为 100 000 元,由于市场价格有所上升,材料的预计可变现净值为 95 000 元。会计处理:

  借:存货跌价准备   15 000
    贷:资产减值损失——存货减值损失   15 000

请思考:该业务需要什么凭据?

【操作 2.36】 承[操作 2.35],到 2022 年 4 月末,该材料的账面金额为 100 000 元,由于市场价格进一步上升,预计可变现净值为 111 000 元。会计处理:

  借:存货跌价准备   5 000
    贷:资产减值损失——存货减值损失   5 000

注意:当期应转回的存货跌价准备为 5 000 元而不是 11 000 元(即将该材料已计提的"存货跌价准备"账户余额冲减至零为限)。

请思考:该业务需要什么凭据?

知识技能 2-3 销售和收款业务的核算与操作

为了完成往来业务核算岗位知识技能 2-3 的工作任务,我们需要学习和掌握哪些基本知识和技能?

销售和收款业务在运行过程中的主要工作流程如图 2-5 所示。

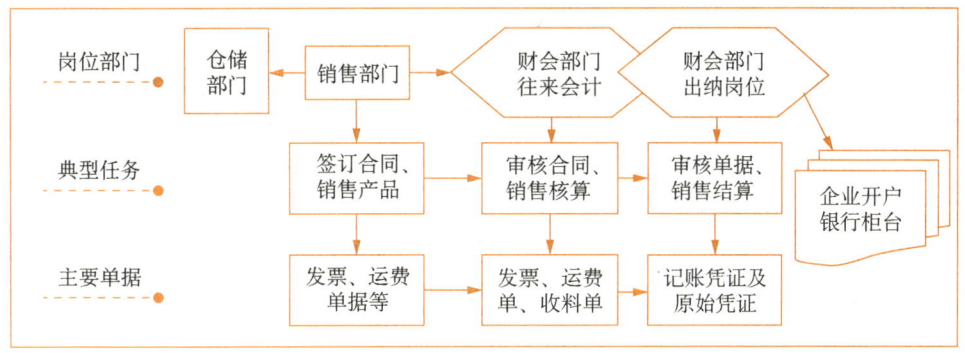

图 2-5　销售和收款业务工作流程

知识技能 2-3-1　商品销售和收款业务的核算与操作

一、商品销售收入的确认与计量

1.收入的概念、分类和特点

收入是指企业在日常活动中所形成的、会导致所有者权益增加的、与投入资本无关的经济利益的总流入。比如,制造业企业制造并销售产品、商品流通企业销售商品、保险公司签发保单、咨询公司提供咨询服务、软件企业为客户开发软件、安装公司提供安装服务、商业银行对外贷款、租赁公司出租资产等,均属于企业为完成其经营目标所从事的经常性活动,由此产生的经济利益的总流入构成收入。

企业转让无形资产使用权、出售原材料、销售可以单独计价的包装物等,属于与经常性活动相关的活动,由此产生的经济利益的总流入也构成收入。

收入按性质不同,可以分为销售商品收入和提供劳务收入。

收入按经济业务不同,分为主营业务收入和其他业务收入。

小贴士

企业处置固定资产、无形资产、收取罚款等活动形成的经济利益的总流入属于企业的利得而不是收入,利得通常不经过经营活动过程就能取得。

收入具有以下特点:

(1) 收入是企业在日常经营活动中形成的经济利益的总流入。

(2) 收入会导致企业所有者权益增加。

(3) 收入与所有者投入资本无关。

2.收入确认的原则

企业应当在履行了合同中的履约义务,即在客户取得相关商品控制权时确认收入。取得相关商品控制权,是指客户能够主导该商品的使用并从中获得几乎全部的经济利益,也包括有能力阻止其他方主导该商品的使用并从中获得经济利益。

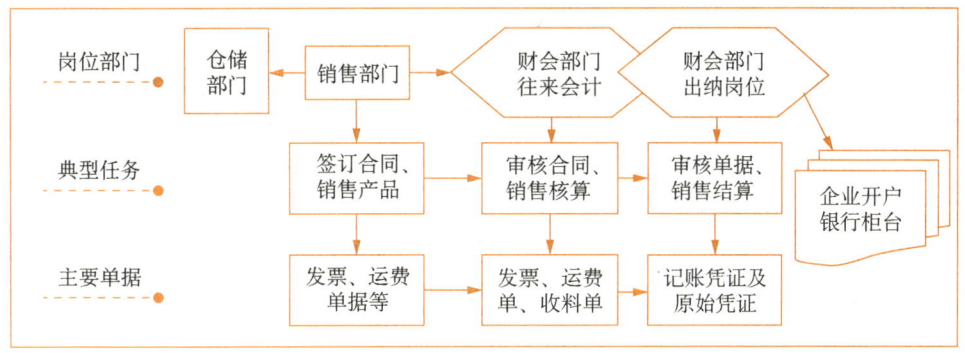（右侧竖排）往来业务的管理与核算

（右上角）模块 2

取得商品控制权包括以下三个要素：

（1）客户必须拥有现时权利能够主导该商品的使用并从中获得几乎全部经济利益。如果客户只能在未来的某一期间主导该商品的使用并从中获益，则表明其尚未取得该商品的控制权。

（2）客户有能力主导该商品的使用，即客户在其活动中有权使用该商品，或者能够允许或阻止其他方使用该商品。

（3）客户能够获得商品几乎全部的经济利益。商品的经济利益是指商品的潜在现金流量，既包括现金流入的增加，也包括现金流出的减少。客户可以通过使用、消耗、出售、处置、交换、抵押或持有等多种方式直接或间接地获得商品的经济利益。

小贴士

需要说明的是，知识技能2-3所说的客户是指与企业订立合同以向该企业购买其日常活动产出的商品并支付对价的一方；所称的商品包括商品和服务。

3. 收入确认的前提条件

企业与客户之间的合同同时满足下列条件的，企业应当在客户取得相关商品控制权时确认收入：

（1）合同各方已批准该合同并承诺将履行各自义务。

（2）该合同明确了合同各方与所转让的商品（或提供的服务，以下简称"转让的商品"）相关的权利和义务。

（3）该合同有明确的与所转让的商品相关的支付条款。

（4）该合同具有商业实质，即履行该合同将改变企业未来现金流量的风险、时间分布或金额。

（5）企业因向客户转让商品而有权取得的对价很可能收回。

4. 收入确认和计量的步骤

表 2-8　收入确认和计量的步骤

步骤	内容	本质
第一步	识别与客户订立的合同	收入确认
第二步	识别合同中的单项履约义务	
第三步	确定交易价格	收入计量
第四步	将交易价格分摊至各单项履约义务	
第五步	履行各单项履约义务时确认收入	收入确认

如表2-8所示，根据《企业会计准则14号——收入》，收入确认和计量大致分为五步：

第一步，识别与客户订立的合同。合同是指双方或者多方之间订立有法律约束力的权利义务的协议。合同有书面形式、口头形式以及其他可验证的形式。合同的存在是企业确认客户合同收入的前提。企业与客户之间的合同一经签订，企业即享有从客户取得与转移商品和服务对价的权利,同时负有向客户转移商品和服务的履约义务。

第二步,识别合同中的单项履约义务。履约义务是指合同中企业向客户转让可明确区分商品的承诺。企业应当将向客户转让可明确区分商品(或者商品或服务的组合)的承诺以及向客户转让一系列实质相同且转让模式相同的、可明确区分商品的承诺作为单项履约义务。例如,企业与客户签订合同,向其销售商品并提供安装服务。若该安装服务简单,除了该企业,其他供应商也可以提供此类安装服务,则该合同中销售商品和提供安装服务为两项单项履约义务。若该安装服务复杂且商品需要按客户定制要求修改,则合同中销售商品和提供安装服务合并为单项履约义务。

第三步,确定交易价格。交易价格是指企业因向客户转让商品而预期有权收取的对价金额,不包括企业代第三方收取的款项(如增值税)以及企业预期将退还给客户的款项。合同条款所承诺的对价,可能是固定金额、可变金额或两者兼有。例如,甲公司与客户签订合同为其建造一栋厂房,约定的价款为100万元,4个月完工,交易价格就是固定金额100万元;假如合同中约定若提前1个月完工,客户将额外奖励甲公司10万元,甲公司对合同估计工程提前1个月完工的概率为95%,则甲公司预计有权收取的对价为110万元,即交易价格包括固定金额100万元和可变金额10万元,总计为110万元。

第四步,将交易价格分摊至各单项履约义务。当合同中包含两项或多项履约义务时,需要将交易价格分摊至各单项履约义务,分摊的方法是在合同开始日,按照各单项履约义务所承诺商品的单独售价(企业向客户单独销售商品的价格)的相对比例,将交易价格分摊至各单项履约义务,通过分摊交易价格,使企业分摊至各单项履约义务的交易价格能够反映其因向客户转让已承诺的相关商品而有权收取的对价金额。例如,企业与客户签订合同,向其销售A、B、C三件产品,不含增值税的合同总价款为10 000元。A、B、C产品的不含增值税单独售价分别为5 000元、3 500元和7 500元,合计16 000元。按照交易价格分摊原则,A产品应当分摊的交易价格为3 125元(5 000÷16 000×10 000),B产品应当分摊的交易价格为2 187.5元(3 500÷16 000×10 000),C产品应当分摊的交易价格为4 687.5元(7 500÷16 000×10 000)。

第五步,履行各单项履约义务时确认收入。当企业将商品转移给客户,客户取得了相关商品的控制权,意味着企业履行了合同履约义务,此时,企业应确认收入。企业将商品控制权转移给客户,可能是在某一时段内(即履行履约义务的过程中)发生,也可能在某一时点(即履约义务完成时)发生。企业应当根据实际情况,先判断履约义务是否满足在某一时段内履行的条件,如不满足,则该履约义务属于在某一时点履行的履约义务。

二、某一时点履行履约义务的核算与操作

1. 核算收入应设置的账户

企业应设置"主营业务收入""主营业务成本"等账户进行商品销售业务的核算。

"主营业务收入"账户属损益类账户。本账户核算企业确认的销售商品、提供劳务等主营业务的收入。

"主营业务成本"账户属损益类账户。本账户核算企业确认销售商品、提供劳务等主营业务收入时应结转的成本。

2. 在某一时点履行履约义务确认收入

对于在某一时点履行的履约义务,企业应当在客户取得相关商品控制权时点确认收入。

在判断客户是否已取得商品控制权时,企业应当考虑下列迹象:

(1)企业就该商品享有现时收款权利,即客户就该商品负有现时付款义务。如果企业就该商品享有现时的收款权利,则可能表明客户已经有能力主导该商品的使用并从中获得几乎全部的经济利益。

(2)企业已将该商品的法定所有权转移给客户,即客户已拥有该商品的法定所有权。客户如果取得了商品的法定所有权,则可能表明其已经有能力主导该商品的使用并从中获得几乎全部的经济利益,或者能够阻止其他企业获得这些经济利益。如果企业仅仅是为了确保到期收回货款而保留商品的法定所有权,那么企业所保留的这项权利通常不会对客户取得对该商品的控制权构成障碍。

(3)企业已将该商品实物转移给客户,即客户已占有该商品实物。客户如果已经占有商品实物,则可能表明其有能力主导该商品的使用并从中获得其几乎全部的经济利益,或者使其他企业无法获得这些利益。需要说明的是,客户占有了某项商品的实物并不意味着其就一定取得了该商品的控制权,反之亦然。

(4)企业已将该商品所有权上的主要风险和报酬转移给客户,即客户已取得该商品所有权上的主要风险和报酬。

(5)客户已接受该商品。企业在判断是否已经将商品的控制权转移给客户时,应当考虑客户是否已接受该商品,特别是客户的验收是否仅仅是一个形式。

(6)其他表明客户已取得商品控制权的迹象。

小贴士

上述迹象中,并没有哪一个或哪几个迹象是决定性的,企业应当根据合同条款和交易实质进行分析,综合判断其是否以及何时将商品的控制权转移给客户,从而确定收入确认的时点。

3. 一般商品销售收入的核算

【操作 2.37】 甲公司向乙公司销售商品一批,开具的增值税专用发票上注明的售价为400 000元,增值税税额为52 000元;甲公司收到乙公司开出的不带息银行承兑汇票一张,票面金额为452 000元,期限为2个月;甲公司以银行存款支付代垫运费,增值税专用发票上注明的运输费为2 000元,增值税税额为180元,所垫运费尚未收到;该批商品成本为320 000元;乙公司收到商品并验收入库。

本例中,甲公司已经收到乙公司开出的不带息银行承兑汇票,客户乙公司收到商品并验收入库,因此,销售商品为单项履约义务且属于在某一时点履行的履约义务。甲公司应编制如下会计分录:

① 确认收入时:

借:应收票据   452 000
    贷:主营业务收入   400 000
        应交税费——应交增值税(销项税额)   52 000

借：主营业务成本	320 000	
贷：库存商品		320 000

② 代垫运费时：

借：应收账款	2 180	
贷：银行存款		2180

4. 已经发出商品但不能确认收入的账务处理

　　企业按合同发出商品，合同约定客户只有在商品售出取得价款后才支付货款。企业向客户转让商品的对价未达到"很可能收回"收入确认条件。在发出商品时，企业不应确认收入，将发出商品的成本记入"发出商品"账户，借记"发出商品"账户，贷记"库存商品"账户。如已发出的商品被客户退回，应编制相反的会计分录。"发出商品"账户核算企业商品已发出但客户没有取得商品的控制权的商品成本。当企业收到货款或取得收取货款权利时，确认收入，借记"银行存款""应收账款"账户，贷记"主营业务收入""应交税费——应交增值税（销项税额）"账户；同时，结转已销商品成本，借记"主营业务成本"账户，贷记"发出商品"账户。

　　【操作 2.38】　甲公司与乙公司均为增值税一般纳税人。2022 年 6 月 3 日，甲公司与乙公司签订委托代销合同，甲公司委托乙公司销售 W 商品 1 000 件，W 商品已经发出，每件商品成本为 70 元。合同约定，乙公司应按每件 100 元的价格对外销售，甲公司按不含增值税的销售价格的 10% 向乙公司支付手续费。除非这些商品在乙公司存放期间内由于乙公司的责任发生毁损或丢失，否则在 W 商品对外销售之前，乙公司没有义务向甲公司支付货款。乙公司不承担包销责任，没有售出的 W 商品须退回给甲公司，同时，甲公司也有权要求收回 W 商品或将其销售给其他的客户。至 2022 年 6 月 30 日，乙公司实际对外销售 1 000 件，开出的增值税专用发票上注明的销售价款为 100 000 元，增值税税额为 13 000 元。

　　本例中，甲公司将 W 商品发送至乙公司后，乙公司虽然已经承担 W 商品的实物保管责任，但仅为接受甲公司的委托销售 W 商品，并根据实际销售的数量赚取一定比例的手续费。甲公司有权要求收回 W 商品或将其销售给其他的客户，乙公司并不能主导这些商品的销售，这些商品对外销售与否、是否获利以及获利多少等不由乙公司控制，乙公司没有取得这些商品的控制权。因此，甲公司将 W 商品发送至乙公司时，不应确认收入，而应当在乙公司将 W 商品销售给最终客户时确认收入。

① 2022 年 6 月 3 日，甲公司按合同约定发出商品时，应编制如下会计分录：

借：发出商品——乙公司	70 000	
贷：库存商品——W 商品		70 000

② 2022 年 6 月 30 日，甲公司收到乙公司开具的代销清单时，应编制如下会计分录：

借：应收账款	113 000	
贷：主营业务收入		100 000
应交税费——应交增值税（销项税额）		13 000
借：主营业务成本	70 000	
贷：发出商品		70 000

借：销售费用 10 000
    应交税费——应交增值税（进项税额） 600
      货：应收账款 10 600
③ 收到乙公司支付的货款时：
借：银行存款 102 400
      贷：应收账款 102 400

5. 商业折扣的核算

销售折扣

商业折扣是指企业为促进销售而在商品标价上给予的扣除。发生商业折扣时，收入按折扣后的净值入账，不反映折扣额。

【操作 2.39】 南方有限责任公司于 2022 年 3 月 5 日向甲企业以委托收款方式销售商品 400 件，价目表上标明的价格为 200 元/件，单位销售成本为 120 元，该批商品的售价金额为 80 000 元，经双方商定，该企业同意给予 10% 的商业折扣，适用的增值税税率为 13%。该项销售业务属于在某一时点履行的履约业务。会计处理：

① 商品销售时：
借：应收账款——甲企业 81 360
      贷：主营业务收入 72 000
          应交税费——应交增值税（销项税额） 9 360
② 结转销售成本时：
借：主营业务成本 48 000
      贷：库存商品 48 000
③ 收到货款时：
借：银行存款 81 360
      贷：应收账款——甲企业 81 360

请思考：该业务需要什么相关凭据？

6. 现金折扣的核算

现金折扣是指债权人为鼓励债务人在规定的期限内付款而向债务人提供的债务扣除。现金折扣一般用符号"折扣率/付款期限"表示，例如，"2/10,1/20,n/30"表示：销货方允许客户最长的付款期限为 30 天，如果客户在 10 天内付款，销货方可按商品售价给予客户 2% 的折扣；如果客户在 11～20 天内付款，销货方可按商品售价给予客户 1% 的折扣；如果客户在 21～30 天内付款，将不能享受现金折扣。

现金折扣发生在商品销售之后，是否发生以及发生多少要视客户的付款情况而定，企业在确认销售商品收入时不能确定现金折扣金额。因此，企业销售商品涉及现金折扣的，应当按照扣除现金折扣前的金额确定销售商品收入金额。现金折扣实际上是企业为了尽快回笼资金而发生的理财费用，应在实际发生时计入当期财务费用。

在计算现金折扣时，企业还应注意是按不含增值税的价款计算确定，还是按含增值税的价款计算确定，两种情况下客户享有的折扣金额不同。例如，销售价格为 1 000 元的商品，增值税税额为 130 元，如计算现金折扣不考虑增值税，按 1% 折扣率计算，客户享有的现金折扣金额为 10 元；如果企业与客户约定计算现金折扣时一并考虑增值税，则客户享有的现金折扣金额为 11.3 元。

【操作 2.40】 2022 年 3 月 5 日，南方有限责任公司向丙企业销售商品一批，开出的增值税专用发票上注明的售价总额为 60 000 元，增值税税额为 7 800 元。该批商品成本为 40 000 元。南方有限责任公司为了及早收回货款，在合同中规定的现金折扣条件为"2/10，1/20，n/30"。该项销售业务属于在某一时点履行的履约业务。假定计算现金折扣时不考虑增值税。会计处理：

① 确认收入实现时：

借：应收账款——丙企业	67 800
贷：主营业务收入	60 000
应交税费——应交增值税（销项税额）	7 800

② 结转销售成本时：

借：主营业务成本	40 000
贷：库存商品	40 000

③ 假如丙企业在 10 日内付款，则给予 2% 的现金折扣：

借：银行存款	66 600
财务费用	1 200
贷：应收账款——丙企业	67 800

假如丙企业在 10～20 日内付款，则给予 1% 的现金折扣：

借：银行存款	67 200
财务费用	600
贷：应收账款——丙企业	67 800

假如丙企业在 20 日后付款，则：

借：银行存款	67 800
贷：应收账款——丙企业	67 800

请思考：该业务需要什么相关凭据？

7. 销售折让的核算

销售折让是指企业因售出商品的质量不合格等原因而在售价上给予的减让。

企业本期发生的销售折让，按应冲减的销售商品收入，借记"主营业务收入"账户，按实际支付或应退还的价款，贷记"银行存款""应收账款"等账户，如按规定允许扣减当期销项税额，应同时用红字冲减"应交税费——应交增值税（销项税额）"账户。

销售折让的
会计核算

【操作 2.41】 承[操作 2.39]，若甲企业因发现商品质量有问题，要求在南方有限责任公司在价格上给予 5% 的折让，会计处理：

① 发生销售折让时：

借：主营业务收入	3 600
贷：应收账款——甲企业	4 068
应交税费——应交增值税（销项税额）	468

② 实际收到款项时：

借：银行存款　　　　　　　　　　　　　　　　　　　　　77 292
　　贷：应收账款——甲企业　　　　　　　　　　　　　　　　　　　77 292

请思考：该业务需要什么相关凭据？

8. 销售退回的核算

销售退回是指企业售出的商品由于质量、品种不符合要求等原因而发生的退货。

企业本期发生的销售退回，按应冲减的销售商品收入，借记"主营业务收入"账户，按实际支付或应退还的价款，贷记"银行存款""应收账款"等账户，如按规定允许扣减当期销项税额，应同时用红字冲减"应交税费——应交增值税（销项税额）"账户。如该项销售已经发生现金折扣或销售折让的，应在退回当月一并调整。

企业本期发生的销售退回，一般可以直接从本月的销售商品数量中减去，也可以单独计算本月销售退回商品成本，借记"库存商品"等账户，贷记"主营业务成本"账户。

【操作 2.42】　承[操作 2.39]，该批商品因质量问题于 2022 年 4 月 6 日被退回 200 件，货款已经退回。会计处理：

① 2022 年 4 月 6 日退回时：

借：主营业务收入　　　　　　　　　　　　　　　　　　　36 000
　　贷：银行存款　　　　　　　　　　　　　　　　　　　　　　　40 680
　　　　应交税费——应交增值税（销项税额）　　　　　　　　　　4 680

② 同时，冲减当月商品销售成本：

借：库存商品　　　　　　　　　　　　　　　　　　　　　24 000
　　贷：主营业务成本　　　　　　　　　　　　　　　　　　　　　24 000

请思考：该业务需要什么相关凭据？

知识技能 2-3-2　提供劳务和收款业务的核算与操作

一、提供劳务收入的确认与计量

1. 核算提供劳务收入应设置的账户

"合同取得成本"账户核算企业取得合同发生的、预计能够收回的增量成本。该账户借方登记发生的合同取得成本，贷方登记摊销的合同取得成本，期末借方余额反映企业尚未结转的合同取得成本。该账户可按合同进行明细核算。

"合同履约成本"账户核算企业为履行当前或预期取得的合同所发生的、不属于其他企业会计准则规范范围且按照收入准则应当确认为一项资产的成本。该账户借方登记发生的合同履约成本，贷方登记摊销的合同履约成本，期末借方余额反映企业尚未结转的合同履约成本。该账户可按合同分别对"服务成本""工程施工"等进行明细核算。

"合同资产"账户核算企业已向客户转让商品而有权收取对价的权利，且该权利取决于时间流逝之外的其他因素（如履行合同中的其他履约义务）。该账户借方登记因已转让商品而有权收取的对价金额，贷方登记取得无条件收款权的金额，期末借方余额反映企业已向客户转让商品而有权收取的对价金额。该账户按合同进行明细核算。

"合同负债"账户核算企业已收或应收客户对价而应向客户转让商品的义务。该账户贷方登记企业在向客户转让商品之前,已经收到或已经取得无条件收取合同对价权利的金额;借方登记企业向客户转让商品时冲销的金额;期末贷方余额反映企业在向客户转让商品之前,已经收到的合同对价或已经取得的无条件收取合同对价权利的金额。该账户按合同进行明细核算。

此外,合同取得成本、合同履约成本、合同资产等发生减值的,还应当设置"合同履约成本减值准备""合同取得成本减值准备""合同资产减值准备"等账户进行核算。

2. 在某一时段内履行履约义务的确认与计量

对于在某一时段内履行的履约义务,企业应当在该段时间内按照履约进度确认收入,履约进度不能合理确定的除外。满足下列条件之一的,属于在某一时内履行的履约义务:①客户在企业履约的同时即取得并消耗企业履约所带来的经济利益。②客户能够控制企业履约过程中在建的商品。③企业履约过程中所产出的商品具有不可替代用途,且该企业在整个合同期间内有权就累计至今已完成的履约部分收取款项。

企业应当考虑商品的性质,采用实际测量的完工进度、评估已实现的结果、时间进度、已完工或交付的产品等产出指标,或采用投入的材料数量、花费的人工工时、机器工时、发生的成本和时间进度等投入指标确定恰当的履约进度,并且在确定履约进度时,应当扣除那些控制权尚未转移给客户的商品和服务。资产负债表日,企业按照合同的交易价格总额乘以履约进度,再扣除以前会计期间累计已确认的收入后的金额,确认当期收入。

二、提供劳务收入的核算与操作

【操作 2.43】 甲公司为增值税一般纳税人,装修服务适用增值税税率为 9%。2021 年 12 月 1 日,甲公司与乙公司签订一项为期 3 个月的装修合同,合同约定,装修价款为 500 000 元,增值税税额为 45 000 元,装修费用每月末按完工进度支付。2021 年 12 月 31 日,专业测量师经测量后确定该项劳务的完工程度为 25%;乙公司按完工进度支付价款及相应的增值税款。截至 2021 年 12 月 31 日,甲公司为完成该合同累计发生劳务成本 100 000 元(假定均为装修人员薪酬),估计还将发生劳务成本 300 000 元。

假定该业务属于甲公司的主营业务,全部由其自行完成;该装修服务构成单项履约义务,并属于在某一时段内履行的履约义务;甲公司按照实际测量的完工进度确定履约进度。

甲公司应编制如下会计分录:

① 实际发生劳务成本 100 000 元:

借:合同履约成本	100 000	
贷:应付职工薪酬		100 000

② 2021 年 12 月 31 日确认劳务收入并结转劳务成本:

2021 年 12 月 31 日确认的劳务收入 = 500 000×25% - 0 = 125 000(元)

借:银行存款	136 250	
贷:主营业务收入		125 000
应交税费——应交增值税(销项税额)		11 250

借：主营业务成本   100 000

    贷：合同履约成本   100 000

2022年1月31日，经专业测量师测量后，确定该项劳务的完工程度为70%；乙公司按完工进度支付价款同时支付对应的增值税款。2022年1月，甲公司为完成该合同发生劳务成本180 000元(假定均为装修人员薪酬)，为完成该合同估计还将发生劳务成本120 000元。甲公司应编制如下会计分录：

① 实际发生劳务成本180 000元：

借：合同履约成本   180 000

    贷：应付职工薪酬   180 000

② 2022年1月31日确认劳务收入并结转劳务成本：

2022年1月31日确认的劳务收入＝500 000×70%－125 000＝225 000(元)

借：银行存款   245 250

    贷：主营业务收入   225 000

        应交税费——应交增值税(销项税额)   20 250

借：主营业务成本   180 000

    贷：合同履约成本   180 000

2022年2月28日，装修完工；乙公司验收合格，按完工进度支付价款，同时支付对应的增值税款。2022年2月，为完成该合同发生劳务成本120 000元(假定均为装修人员薪酬)。甲公司应编制如下会计分录：

① 实际发生劳务成本120 000元：

借：合同履约成本   120 000

    贷：应付职工薪酬   120 000

② 2022年2月28日确认劳务收入并结转劳务成本：

2022年2月28日确认的劳务收入＝500 000－125 000－225 000＝150 000(元)

借：银行存款   163 500

    贷：主营业务收入   150 000

        应交税费——应交增值税(销项税额)   13 500

借：主营业务成本   120 000

    贷：合同履约成本   120 000

【操作2.44】 甲公司经营一家健身俱乐部。2022年7月1日，某客户与甲公司签订合同，成为甲公司的会员，并向甲公司支付会员费3 600元(不含税价)，可在未来的12个月内在该俱乐部健身，且没有次数的限制。该业务适用的增值税税率为6%。

本例中，客户在会籍期间可随时来俱乐部健身，且没有次数限制，客户已使用俱乐部健身的次数不会影响其未来继续使用的次数，甲公司在该合同下的履约义务是承诺随时准备在客户需要时为其提供健身服务，因此，该履约义务属于在某一时段内履行的履约义务，并且该履约义务在会员的会籍期间内随时间的流逝而被履行。因此，甲公司按照直线法确认收入，每月应当确认的收入为300元(3 600÷12)。甲公司应编制如下会计分录：

① 2022年7月1日收到会员费时：

借：银行存款　　　　　　　　　　　　　　　　　　　3 600
　　贷：合同负债　　　　　　　　　　　　　　　　　　　　　3 600

本例中，客户签订合同时支付了合同对价，可在未来的 12 个月内在该俱乐部进行健身消费，且没有次数的限制，甲公司在向客户转让商品之前已经产生一项负债，即合同负债。

② 2022 年 7 月 31 日确认收入，开具增值税专用发票并收到税款时：

借：合同负债　　　　　　　　　　　　　　　　　　　　300
　　银行存款　　　　　　　　　　　　　　　　　　　　　18
　　贷：主营业务收入　　　　　　　　　　　　　　　　　　　300
　　　　应交税费——应交增值税（销项税额）　　　　　　　　 18

2022 年 8 月至 2023 年 6 月，每月确认收入方法同上。

当履约进度不能合理确定时，甲公司已经发生的成本预计能够得到补偿的，应当按照已经发生的成本金额确认收入，直到履约进度能够合理确定为止。

知识技能 2-3-3　销售材料、包装物、转让无形资产使用权等其他收款业务的核算与操作

一、制造业企业销售材料、包装物、转让无形资产使用权等其他收款业务的确认与计量

1. 企业销售材料、包装物等其他收款业务的认知。

企业在日常活动中会发生对外销售不需用的原材料、随同商品对外销售单独计价的包装物等业务。企业销售原材料、包装物等存货取得收入的确认和计量原则比照商品销售。企业销售原材料、包装物等存货确认的收入作为其他业务收入处理，结转的相关成本作为其他业务成本处理。

企业应设置"其他业务收入""其他业务成本"等账户进行其他业务收入的核算。

出租无形资产取得租金收入时：借记"银行存款"账户，贷记"其他业务收入"等账户；摊销无形资产价值时：借记"其他业务成本"账户，贷记"累计摊销"账户。

2. "其他业务收入"账户的计量

"其他业务收入"账户属损益类账户。本账户核算企业除主营业务以外取得的其他经营活动实现的收入，包括出租固定资产、出租无形资产、出租包装物和商品、销售材料、用材料进行非货币性交换或债务重组等实现的收入。

本账户贷方登记企业其他业务活动实现的收入，借方登记期末转入"本年利润"账户的企业业务收入，结转后本账户应无余额。

本账户可按照其他业务的种类进行明细核算。企业确认的其他业务收入，借记"银行存款""应收账款"等账户，贷记"其他业务收入""应交税费——应交增值税（销项税额）"等账户。

企业以原材料进行非货币性资产交换或债务重组，应按照该用于交换或抵债的原材料的公允价值，借记有关资产账户或"应付账款"等账户，贷记"其他业务收入"等账户。期末，应将本账户余额转入"本年利润"账户，结转后本账户应无余额。

3."其他业务成本"账户的计量

"其他业务成本"账户属损益类账户。本账户核算企业除主营业务活动以外的其他经营活动所发生的支出,包括销售材料的成本、出租固定资产的累计折旧、出租无形资产的累计摊销、出租包装物的成本或摊销额、采用成本模式计量的投资性房地产的累计折旧或累计摊销等。

企业发生的其他业务成本,借记"其他业务成本"账户,贷记"原材料""周转材料——包装物或低值易耗品""累计折旧""累计摊销""应付职工薪酬""银行存款"等账户。

企业以材料进行非货币性资产交换或债务重组,应按照该用于交换或抵债的原材料的账面余额,借记"其他业务成本"账户,贷记"原材料"账户。已计提存货跌价准备的,还应同时结转已计提的存货跌价准备。期末应将本账户余额转入"本年利润"账户,结转后本账户应无余额。

小贴士

出售原材料等同于销售商品,只不过属于"其他业务"范畴,应采用"其他业务收入"账户和"其他业务成本"账户。

包装物随同产品出售单独计价时,就是包装物的销售业务。取得的收入作为其他业务收入,相应的成本则作为其他业务支出。

二、制造业企业销售材料、包装物、转让无形资产使用权等其他收款业务的核算与操作

【操作 2.45】 甲公司向乙公司销售一批原材料,开具的增值税专用发票上注明的售价为 100 000 元,增值税税额为 13 000 元;甲公司收到乙公司支付的款项存入银行;该批原材料的实际成本为 90 000 元;乙公司收到原材料并验收入库。

本例中,甲公司已经收到乙公司支付的货款,客户乙公司收到原材料并验收入库,因此,该项业务为单项履约义务且属于在某一时点履行的履约义务。甲公司应编制如下会计分录:

① 确认收入时:

借:银行存款 113 000
　　贷:其他业务收入 100 000
　　　　应交税费——应交增值税(销项税额) 13 000

② 结转原材料成本:

借:其他业务成本 90 000
　　贷:原材料 90 000

【操作 2.46】 甲公司为增值税一般纳税人,对包装物采用计划成本核算,某月销售商品领用单独计价包装物的计划成本为 80 000 元,销售收入为 100 000 元,取得的增值税专用发票上注明的增值税税额为 13 000 元,款项已存入银行。该包装物的材料成本差异率为 —3%。甲公司应编制如下会计分录:

实际成本=80 000+80 000×(—3%)=77 600(元)

① 出售时：

借：银行存款　113 000

　　贷：其他业务收入　100 000

　　　　应交税费——应交增值税（销项税额）　13 000

② 结转成本：

借：其他业务成本　77 600

　　材料成本差异　2 400

　　贷：周转材料——包装物　80 000

【操作 2.47】 2022 年 1 月 1 日，甲公司将其一项专利技术出租，每月不含税租金为 10 万元，租赁期为 2 年。该无形资产是 2018 年 3 月 31 日研发成功并达到预定可使用状态，成本为 300 万元，预计使用年限为 10 年，预计净残值为零。不考虑其他因素，试确定该项业务对甲公司 2022 年度损益的影响金额。

甲公司会计处理：

① 每月租金收入：

借：银行存款　106 000

　　贷：其他业务收入　100 000

　　　　应交税费——应交增值税（销项税额）　6 000

② 每月计提摊销：

借：其他业务成本　25 000

　　贷：累计摊销　25 000

甲公司对该项无形资产每月计提的摊销金额＝300÷10÷12＝2.5（万元）

对甲公司 2022 年度损益的影响金额＝10×12－2.5×12＝90（万元）

知识技能 2-3-4　坏账损失的核算与操作

一、坏账的认知与确认

1. 坏账的认知

坏账是指企业无法收回的应收款项。由于坏账而导致的经济损失则为坏账损失。运用商业信用进行销售活动难免会发生收不回的款项，所以坏账损失也可以被视为坏账费用。

企业应于期末或定期地检查其所拥有的应收款项，预计应收款项收回的可能性，确认不能够收回的坏账，即应确认坏账损失。

2. 坏账的确认

在一般情况下，企业可以根据以往的经验或选用一定的方法确认坏账损失，并进行坏账准备核算。企业一旦选定了坏账准备核算方法后，就不能够随意变动，如需变动，则需经有关人员批准，且须在会计报表附注中说明。

以下情况企业可以对其计提全额坏账准备：

（1）债务单位撤销、破产；

（2）债务单位资不抵债或现金流量严重不足；

（3）发生严重的自然灾害等导致债务单位停产而在短期内无法偿付债务；

（4）应收款项逾期3年以上。

以下情况一般不能全额计提坏账准备：

（1）当年发生的应收款项；

（2）计划对应收款项进行重组；

（3）与关联方发生的应收款项；

（4）其他已逾期，但无确凿证据证明不能收回的应收款项。

 思政园地

新冠肺炎疫情期间，中小企业应收账款有所上升，清理拖欠账款需双管齐下①

2021年疫情以及汛情带来了一些不确定因素，导致原材料价格上涨，使得中小企业应收账款有所上升。当前，预防新增拖欠中小企业账款仍面临不少困难和挑战。按照国务院部署，各地将继续开展清理拖欠中小微企业账款专项行动，减轻中小微企业资金压力。业内人士表示，清理拖欠中小微企业账款应双管齐下，既要清理旧账款，又要防止新欠账款。

数据显示，自2018年11月份部署清理政府部门和国有企业拖欠民营企业中小企业账款专项行动以来，工信部督促指导各地区各部门扎实推进清欠工作，总体效果显著，到2020年年底已经累计清偿中小企业逾期欠款8 500多亿元。清欠工作取得进展离不开法规制度的不断完善。《政府投资条例》《优化营商环境条例》《保障中小企业款项支付条例》相继出台，为治理拖欠问题提供了坚实的法治保障。

中国中小企业协会发布的报告显示，2021年8月份部分行业中小微企业应收账款上升，流动资金紧张加剧。中国中小企业协会专职副会长马彬告诉记者，不少中小企业为保住业务，不得不接受应收账款被长期压占，导致企业流动资金紧张，负债率上升。

马彬认为，应充分发挥法律对拖欠行为的惩戒和约束作用，同时探索互联网和区块链等技术，以及比较可靠的承兑方式，缩短承兑期限。

二、坏账损失的核算与操作

1. 坏账核算应设置的账户

企业应当设置"坏账准备"账户，核算应收款项的坏账准备计提、转销等情况。企业当期计提的坏账准备应当计入信用减值损失。

"坏账准备"账户的贷方登记当期计提的坏账准备金额，借方登记实际发生的坏账损失金额和冲减的坏账准备金额，期末余额一般在贷方，反映企业已计提但尚未转销的坏账准备。

坏账准备可按以下计算公式计算：

当期应计提的坏账准备＝当期按应收款项计算应提坏账准备金额＋（或－）

"坏账准备"账户的借方（或贷方）余额

---

① 祝君壁.中小企业应收账款有所上升 清理拖欠账款需双管齐下[EB/OL].(2021-09-15)[2022-01-17]. https://baijiahao.baidu.com/s?id=1710914945033426289&wfr=spider&for=pc.

企业计提坏账准备时通常会遇到以下几种情况:

(1)期末按应收款项计算的应提取坏账准备的金额大于"坏账准备"账户的贷方余额,应按其差额提取坏账准备。

(2)期末按应收款项计算的应提取坏账准备的金额小于"坏账准备"账户的贷方余额,应按其差额冲减已计提的坏账准备。

(3)期末如"坏账准备"账户为借方余额,应按计算的应计提的坏账准备的金额,加上"坏账准备"账户的借方余额计提坏账准备。

(4)期末按应收款项计算的应提取坏账准备的金额等于"坏账准备"账户的贷方余额,则不再计提坏账准备。

2. 坏账损失的核算

企业计提坏账准备时,按应减记的金额,借记"信用减值损失——计提的坏账准备"账户,贷记"坏账准备"账户。冲减多计提的坏账准备时,借记"坏账准备"账户,贷记"信用减值损失——计提的坏账准备"账户。

坏账准备核算

【操作 2.48】 2021 年 12 月 31 日,南方有限责任公司对应收乙企业的账款进行减值测试。应收账款余额合计为 1 000 000 元,南方有限责任公司根据乙企业的资信情况确定按 10%计提坏账准备。2021 年年末计提坏账准备的会计处理:

借:信用减值损失——计提的坏账准备　　　　　　　　　　100 000
　　贷:坏账准备　　　　　　　　　　　　　　　　　　　　　100 000

请思考:该业务需要什么凭据?

企业发生坏账损失时,借记"坏账准备"账户,贷记"应收账款""其他应收款"等账户。

【操作 2.49】 南方有限责任公司 2021 年对乙企业的应收账款实际发生坏账损失30 000 元。确认坏账损失时,会计处理:

借:坏账准备　　　　　　　　　　　　　　　　　　　　　30 000
　　贷:应收账款——乙企业　　　　　　　　　　　　　　　　30 000

请思考:该业务需要什么凭据?

【操作 2.50】 承[操作 2.48]和[操作 2.49],南方有限责任公司 2021 年年末应收乙企业的账款余额为 1 200 000 元,经减值测试,南方有限责任公司决定仍按 10%计提坏账准备。南方有限责任公司会计处理:

借:信用减值损失——计提的坏账准备　　　　　　　　　　　　　　50 000
　　贷:坏账准备　　　　　　　　　　　　　　　　　　　　　　　　　　50 000

请思考:该业务需要什么凭据?

注意:根据南方有限责任公司坏账核算方法,其"坏账准备"账户应保持的贷方余额为120 000元(1 200 000×10%);计提坏账准备前,"坏账准备"账户的实际余额为贷方70 000元(100 000－30 000),因此2022年年末应计提的坏账准备金额为50 000元(120 000－70 000)。

小贴士

　　已确认并转销的应收款项以后又收回的,企业应当按照实际收到的金额增加坏账准备的账面余额。

已确认并转销的应收款项以后又收回时,借记"应收账款""其他应收款"等账户,贷记"坏账准备"账户;同时,借记"银行存款"账户,贷记"应收账款""其他应收款"等账户,也可以按照实际收回的金额,借记"银行存款"账户,贷记"坏账准备"账户。

【操作2.51】 承[操作2.50],南方有限责任公司于2022年4月20日收到2021年已转销的乙企业坏账20 000元,已存入银行。南方有限责任公司会计处理:

借:应收账款——乙企业　　　　　　　　　　　　　　　　　　　　20 000
　　贷:坏账准备　　　　　　　　　　　　　　　　　　　　　　　　　　20 000
借:银行存款　　　　　　　　　　　　　　　　　　　　　　　　　　20 000
　　贷:应收账款——乙企业　　　　　　　　　　　　　　　　　　　　　20 000

请思考:该业务需要什么凭据?

3. 坏账损失的估算

在计提坏账时,企业需要根据特定的情况和所选用的方法估计一个坏账损失的数据,因此,坏账准备的核算还需根据不同的坏账损失估计方法而有所区别。估计坏账损失的方法有以下几种:

(1)应收款项余额百分比法。应收款项余额百分比法是指企业在会计期末根据应收款项的余额和估计的坏账损失率计算当期应确认的坏账损失金额,并作为坏账准备的期末余额的方法。其中,坏账损失率是根据以往的经验确定的。

【操作2.52】 南方有限责任公司2021年年底应收款项余额为200 000元,坏账准备计提比率为0.3%,则应提坏账准备600元。会计处理:

① 2021年年末计提坏账准备:

借:信用减值损失——计提的坏账准备　　　　　　　　　　　　　　600
　　贷:坏账准备　　　　　　　　　　　　　　　　　　　　　　　　　　600

② 假设2022年确认坏账损失400元:

借:坏账准备　　　　　　　　　　　　　　　　　　　　　　　　　　400
　　贷:应收账款　　　　　　　　　　　　　　　　　　　　　　　　　　400

③ 假设上述已确认坏账损失后又收回300元,同时:

借：应收账款   300
  贷：坏账准备   300
借：银行存款   300
  贷：应收账款   300

④ 又设 2022 年年底，甲企业应收账款余额为 300 000 元，坏账准备计提率为 0.3%：

借：信用减值损失——计提的坏账准备   400
  贷：坏账准备(300 000×0.3%−500)   400

请思考：该业务需要什么凭据？

（2）销货百分比法。销货百分比法是指企业根据当期或预测期的赊销额和估计的计提坏账损失的百分比计算应计提的坏账准备和应确认的坏账损失的方法。

【操作 2.53】 南方有限责任公司当期实现销售 1 000 000 元，其中赊销 800 000 元，估计计提坏账准备的比例是 0.4%。会计处理：

借：信用减值损失——计提的坏账准备   3 200
  贷：坏账准备(800 000×0.4%)   3 200

请思考：该业务需要什么凭据？

（3）账龄分析法。账龄分析法是指企业根据应收款项欠款时间的长短分别确定不同的坏账损失计提比例，并确认当期的坏账损失和坏账准备的方法。由于一般来说欠款时间越长，收回的可能性就越小，即发生坏账的可能性就越大。这样，企业就可以在以往经验的基础上，根据不同的账龄及相对应的坏账损失计提比例计算坏账损失，并进行会计核算。

【操作 2.54】 南方有限责任公司 2022 年应收账款账龄及其分析见表 2-9。

表 2-9 应收账款账龄分析表

金额单位：元

期限（天）	金额	估计坏账百分比	估计坏账金额
$n\leq 60$	120 000	0.5%	600
$60<n\leq 120$	80 000	1%	800
$120<n\leq 180$	60 000	2%	1 200
$180<n\leq 360$	40 000	3%	1 200
$n>360$	20 000	5%	1 000
合　计	320 000	—	4 800

假设南方有限责任公司在估计坏账损失前坏账准备账户贷方余额为 6 000 元，则结合表 2-9，该企业 2022 年应冲销坏账准备 1 200 元。会计处理：

借：坏账准备   1 200
  贷：信用减值损失——计提的坏账准备   1 200

又设南方有限责任公司在估计坏账损失前"坏账准备"账户借方余额为 1 200 元,则该公司当期应确认坏账损失并计提坏账准备 6 000 元。会计处理:

借:信用减值损失——计提的坏账准备　　　　　　　　　　　6 000
　　贷:坏账准备　　　　　　　　　　　　　　　　　　　　　　　　6 000

请思考:该业务需要什么凭据?

本模块小结

```
模块2 往来业务的管理与核算
```

知识技能2-1	知识技能2-2	知识技能2-3
企业存货的管理与计价	采购和付款业务的核算与操作	销售和收款业务的核算与操作
• 存货的认知与分类 • 存货的计价	• 原材料和付款业务的核算与操作 • 委托加工物资和付款业务的核算与操作 • 周转材料和付款业务的核算与操作 • 存货清查的核算与操作 • 存货期末计量与减值的核算与操作	• 商品销售和收款业务的核算与操作 • 提供劳务和收款业务的核算与操作 • 销售材料、包装物、转让无形资产使用权等其他收款业务的核算与操作 • 坏账损失的核算与操作

考证知识训练

I　单项选择题

1. 某企业月初结存材料的计划成本为 100 000 元,成本差异为节约 1 000 元;本月入库材料的计划成本为 100 000 元,成本差异为超支 400 元。当月生产车间领用材料的计划成本为 150 000 元。假定该企业按月末计算的材料成本差异率分配和结转材料成本差异,则当月生产车间领用材料应负担的材料成本差异为(　　)元。

A. 450　　　　　　　　B. −450　　　　　　　　C. 1 050　　　　　　　　D. −1 050

2. 某企业月初结存材料的计划成本为 30 000 元,成本差异为超支 200 元;本月入库材料的计划成本为 70 000 元,成本差异为节约 700 元。当月生产车间领用材料的计划成本为 60 000 元。当月生产车间领用材料应负担的材料成本差异为(　　)元。

A. −300　　　　　　　　B. 300　　　　　　　　C. −540　　　　　　　　D. 540

3. 企业对于已记入"待处理财产损溢"账户的存货盘亏及毁损事项进行会计处理时,应记入"管理费用"账户的是(　　)。

A. 管理不善造成的存货净损失　　　　　B. 自然灾害造成的存货净损失

C. 应由保险公司赔偿的存货损失　　　　D. 应由过失人赔偿的存货损失

4. 企业对随同商品出售而不单独计价的包装物进行会计处理时,该包装物的实际成本应结转到(　　)账户。

A. "制造费用"　　　　　　　　　　　B. "销售费用"

C. "管理费用"　　　　　　　　　　　D. "其他业务成本"

5. 企业委托外单位加工的物资,不应计入其实际成本的税金为(　　)。

A. 用于应交增值税项目并取得了增值税专用发票的一般纳税企业的加工物资所应负担的增值税

B. 用于非应纳增值税项目或免征增值税项目,以及未取得增值税专用发票的一般纳税企业应负担的增值税

C. 小规模纳税企业的加工物资

D. 收回后直接用于销售的加工物资所负担的消费税

6. 不包括在企业库存商品的产品为(　　)。

A. 存放在门市部准备出售的商品

B. 接受外来原材料加工制造的代制品

C. 已完成销售手续但购买单位在月末未提取的产品

D. 为外单位加工修理的代修品等

7. 在物价持续上涨的情况下,下列存货计价方法中,能使企业计算出来的当期利润最大的计价方法是(　　)。

A. 先进先出法　　　　　　　　　　　B. 个别计价法

C. 月末一次加权平均法　　　　　　　D. 移动加权平均法

8. 某企业材料采用计划成本计价,某日外购一批原材料,实际成本为 5 万元,该批原材料计划成本为5.3 万元。"原材料"账户借方应记录的金额为(　　)万元。

A. 5.3　　　　　　B. 5　　　　　　C. 0.3　　　　　　D. −0.3

9. 下列存货发出的计价方法中,不利于存货成本日常管理与控制的方法是(　　)。

A. 先进先出法　　　　　　　　　　　B. 移动加权平均法

C. 月末一次加权平均法　　　　　　　D. 个别计价法

10. 企业进行存货清查盘点中盘亏的存货,经查实确认应当由保险公司赔偿的金额,在报经批准后应该作为(　　)处理。

A. 主营业务成本　　　　　　　　　　B. 营业外支出

C. 管理费用　　　　　　　　　　　　D. 其他应收款

11. 下列各项中,属于一般制造业企业主营业务收入的是(　　)。

A. 出租固定资产取得的收入　　　　　B. 出售固定资产取得的收入

C. 转让无形资产使用权取得的收入　　D. 工业性劳务收入

12. 在采用预收货款方式销售商品时,其商品销售收入的确认时点是(　　)。

A. 向购买方发出商品时　　　　　　　B. 收到购买方预付款时

C. 所售商品生产完工时　　　　　　　D. 购买方收到商品时

13. 一般制造业企业对外销售生产用材料时,下列会计处理中,正确的做法是(　　)。

A. 将材料销售收入计入主营业务收入,并将其成本结转至销售成本

B. 将材料销售收入计入其他业务收入,并将其成本结转至其他业务成本

    C. 将材料销售收入扣除其成本后计入营业外收入

    D. 将材料销售收入扣除其成本后冲减管理费用

14. 对于劳务的开始和完成分属不同会计期间的劳务收入,在提供劳务交易的结果能够可靠估计的情况下,下列收入确认中,正确的是(　　)。

    A. 按完成合同法确认收入

    B. 按完工百分比法确认收入

    C. 按收款情况确认收入

    D. 按照实际发生的成本确认收入

15. 某企业销售商品 1 000 件,每件商品的售价为 50 元(不含增值税),增值税税率为 13%;企业为购货方提供的商业折扣为 10%,提供的现金折扣条件为"2/10、1/20、n/30",并代垫运杂费 200 元。该企业这项交易中应确认的收入金额为(　　)。

    A. 50 000　　　　　　　　B. 45 000　　　　　　　　C. 52 650　　　　　　　　D. 45 200

16. 下列各项中,不应计入"营业外收入"账户的是(　　)。

    A. 出租固定资产取得的收入　　　　　　　　B. 取得客户违反合同的罚款

    C. 出售无形资产取得的收入　　　　　　　　D. 处置固定资产取得的收入

17. 某制造业企业本月出售商品取得收入 20 000 元;出售固定资产变价收入 25 000 元;接受捐赠收入 10 000 元;提供工业劳务收入 1 600 元。则本月营业收入为(　　)元。

    A. 60 000　　　　　　　　B. 21 600　　　　　　　　C. 20 000　　　　　　　　D. 46 600

18. 企业发生以前年度的销售退回时(非资产负债表日后事项),其冲减的销售收入应在退回当期记入(　　)账户。

    A. "以前年度损益调整"　　　　　　　　B. "营业外收入"

    C. "营业外支出"　　　　　　　　D. "主营业务收入"

19. 下列项目中,按照现行会计制度的规定,销售企业应当作为财务费用处理的是(　　)。

    A. 购货方获得的现金折扣　　　　　　　　B. 购货方获得的商业折扣

    C. 购货方获得的销售折扣　　　　　　　　D. 购货方放弃的现金折扣

20. 下列项目中,属于工业企业其他业务收入的是(　　)。

    A. 罚款收入　　　　　　　　B. 出售固定资产收入

    C. 销售材料收入　　　　　　　　D. 出售无形资产收入

21. 某企业"坏账准备"账户的年初贷方余额为 4 000 元,"应收账款"账户和"其他应收款"账户的年初余额分别为 30 000 元和 10 000 元。当年,不能收回的应收账款 2 000 元确认为坏账损失。"应收账款"账户和"其他应收款"账户的年末余额分别为 50 000 元和 20 000 元。假定该企业年末确定的坏账提取比例为 10%。该企业年末应提取的坏账准备为(　　)元。

    A. 1 000　　　　　　　　B. 3 000　　　　　　　　C. 5 000　　　　　　　　D. 7 000

22. 预付账款不多的企业,可以不设"预付账款"账户,而将预付的款项记入(　　)。

    A. "应付账款"账户的借方　　　　　　　　B. "应收账款"账户的借方

    C. "应付账款"账户的贷方　　　　　　　　D. "应收账款"账户的贷方

23. 某企业年末应收账款余额为 100 000 元,"坏账准备"账户贷方余额为 1 000 元,按 5% 提取坏账准备,则应补提的坏账准备为(　　)元。

    A. 4 000　　　　　　　　B. 2 000　　　　　　　　C. 5 000　　　　　　　　D. 3 500

24. 企业在 2022 年 6 月 30 日,应收账款余额为 240 000 元,其他应收款余额为 30 000 元,应收票据余额为 150 000 元,预付账款余额为 40 000 元,则该企业计提坏账基数为(　　)元。

    A. 240 000　　　　　　　　B. 270 000　　　　　　　　C. 420 000　　　　　　　　D. 460 000

25. 企业提取坏账准备应编制的会计分录是( )。

    A. 借：应收账款
           贷：坏账准备

    B. 借：坏账准备
           贷：信用减值损失——计提的坏账准备

    C. 借：坏账准备
           贷：应收账款

    D. 借：信用减值损失——计提的坏账的准备
           贷：坏账准备

26. 企业对应收款项计提的坏账准备应计入当期损益，并通过( )账户进行核算。

    A. "管理费用"

    B. "信用减值损失"

    C. "财务费用"

    D. "主营业务成本"

27. 某企业采用账龄分析法估计坏账损失。2022 年 12 月 31 日，计提坏账准备前"坏账准备"账户贷方余额 26 000 万元。当日，应收账款余额 1 800 000 元。其中，未到期的应收账款 800 000 元，估计损失率 0.5%；过期 6 个月以内的应收账款 600 000 元，估计损失率 2%；过期 6 个月以上的应收账款 400 000 元，估计损失率 3%。则该企业 2022 年 12 月 31 日应补提坏账准备的金额为( )元。

    A. 2 000
    B. 26 000
    C. 28 000
    D. 54 000

Ⅱ 多项选择题

1. 企业进行清查时，对于盘亏的存货，应先记入"待处理财产损溢"账户，报经批准后根据不同的原因可以分别转入( )账户。

    A. "管理费用"
    B. "销售费用"
    C. "营业外支出"
    D. "其他应收款"

2. 下列各项中，构成一般制造业企业外购存货入账价值的有( )。

    A. 买价
    B. 运杂费
    C. 运输途中的合理损耗
    D. 入库前的挑选整理费用

3. 原材料按实际成本计价核算的情况下，涉及的会计账户有( )。

    A. "原材料"
    B. "材料采购"
    C. "在途物资"
    D. "材料成本差异"

4. 商品流通企业存货的采购成本由( )等构成。

    A. 采购价格
    B. 进口关税和其他税金
    C. 运输费
    D. 装卸费

5. 一般制造业企业的库存商品包括( )。

    A. 企业自行加工制造的商品
    B. 接受外来原材料加工制造的代制品
    C. 为外部单位加工修理的代修品
    D. 已完成销售手续，购货单位尚未提走的商品

6. 下列各项中，构成外购存货实际成本的有( )。

    A. 买价
    B. 运输途中的各项损耗
    C. 入库前的挑选整理费用
    D. 委托加工物资的运杂费

7. 下列各项中，属于包装物核算范围的有( )。

    A. 生产过程中用于包装产品作为产品组成部分的包装物
    B. 随同商品出售而不单独计价的包装物
    C. 随同商品出售而单独计价的包装物
    D. 出租或出借给购买单位使用的包装物

8. 企业发出材料的核算，可以采用的方法有( )。

    A. 先进先出法
    B. 后进先出法
    C. 移动加权平均法
    D. 个别计价法

9. 企业购进材料一批，已验收入库，但结算凭证未到，货款尚未支付，会计处理为( )。

    A. 材料验收入库时，即入账
    B. 材料验收入库时，先不入账
    C. 月末暂估入账
    D. 下月初用红字冲回

10. "材料成本差异"账户借方核算的内容有(　　　)。

　　A. 入库材料成本超支差异

　　B. 发出材料应负担的节约差异

　　C. 入库材料成本节约差异

　　D. 调整库存材料计划成本时,调整减少的计划成本

11. 下列各项中,属于企业日常活动中取得的收入有(　　　)。

　　A. 销售商品的收入　　　　　　　　　　B. 提供劳务的收入

　　C. 让渡资产使用权的收入　　　　　　　D. 销售固定资产所取得的价款

12. 销售商品收入确认的条件包括(　　　)。

　　A. 企业已将商品所有权上的主要风险和报酬转移给购货方

　　B. 企业既没有保留通常与所有权相联系的继续管理权,也没有对已售出的商品实施控制

　　C. 与交易相关的经济利益能够流入企业

　　D. 相关的收入和成本能够可靠计量

13. 下列有关折扣的表述中,正确的有(　　　)。

　　A. 商品销售收入应当以扣除商业折扣后的价格乘以销售数量计算

　　B. 在计算确认商品销售收入时不需要考虑现金折扣

　　C. 商品销售收入应当扣除购货人可能享受的最大现金折扣的金额确认

　　D. 在计算确认商品销售收入时不需要考虑商业折扣

14. 确认商品销售收入时所指的商品所有权上的主要风险包括(　　　)。

　　A. 商品被盗

　　B. 在零售交易中,顾客对购买的商品不满意可以退货

　　C. 商品报废

　　D. 卖方仅仅为了到期收款而保留商品的法定产权

15. 下列各项中,应记入"坏账准备"账户贷方的有(　　　)。

　　A. 年末按应收账款余额的一定比例计提的坏账准备

　　B. 收回过去已经确认并转销的坏账

　　C. 经批准转销的坏账

　　D. 确实无法支付的应付账款

16. 企业收回已转销的坏账时,应编制的会计分录有(　　　)。

　　A. 借:应收账款　　　　　　　　　　　　B. 借:银行存款

　　　　　贷:坏账准备　　　　　　　　　　　　　贷:坏账准备

　　C. 借:应收账款　　　　　　　　　　　　D. 借:银行存款

　　　　　贷:信用减值损失　　　　　　　　　　　贷:应收账款

17. 下列各项中,会引起期末应收账款账面价值发生变化的有(　　　)。

　　A. 收回应收账款　　　　　　　　　　　B. 收回已转销的坏账

　　C. 计提应收账款坏账准备　　　　　　　D. 结转到期不能收回的应收票据

Ⅲ　判断题

1. 为执行销售合同或者劳务合同而持有的存货,其可变现净值应当以估计售价减去估计的销售费用和相关税费等的金额确定。　　　　　　　　　　　　　　　　　　　　　　　　　　　　　　　　　(　　　)

2. 企业采用先进先出法计算发出存货的成本如果本期发出存货的数量超过本期第一次购进存货的数量(假定本期期初无库存),超过部分仍应按本期第一次购进存货的单位成本计算发出存货的成本。　　(　　　)

3. 一般制造业企业购进原材料时,运输途中发生的所有损耗,都应计入购进材料的实际成本。　　(　　　)

4. 企业在存货采购入库后发生的所有储存费用,应在发生时计入当期损益。（   ）

5. 存货计价方法的选择不仅影响着资产负债中资产总额的多少,而且也影响利润表中的净利润。（   ）

6. 在成本与可变现净值孰低法下,对成本与可变现净值进行比较确定当期存货跌价准备金额时,一般应当分别单个存货项目进行比较。

7. 企业对存货无论是采用实际成本法核算,还是采用计划成本法核算,资产负债表上的存货项目反映的都是存货的实际成本。（   ）

8. 自然灾害或意外事故以外的原因造成的存货毁损发生的净损失,均应计入管理费用。（   ）

9. 对于企业库存的材料,应当以材料的市场价格减去估计的销售费用和相关税费后的金额作为其可变现净值。（   ）

10. 企业采用"成本与可变现净值孰低法"确定存货的期末价值时,当存货的成本低于其可变现净值时,期末存货应按其成本计价。（   ）

11. 进行以旧换新销售时,销售的商品应按新旧商品的市场价格的差额确认收入。（   ）

12. 营业外收入、管理费用和销售费用都会影响企业的营业利润。（   ）

13. 企业发生的销售折让应作为财务费用处理。（   ）

14. 收入一定表现为企业资产的增加。（   ）

15. 同一会计期间内开始并完成的劳务,应在劳务完成时确认收入。（   ）

16. 增值税是企业销售收入的抵减项目。（   ）

17. 企业存在确实无法收回的应收款项,应当按管理权限报经批准后作为坏账损失处理,并直接确认损失。（   ）

18. 企业按年末应收款余额的一定比例计算的坏账准备金额,应等于年末结账后"坏账准备"账户余额。（   ）

19. 如果当期按应收款项计算应提坏账准备金额为零,应将"坏账准备"账户的余额全部冲回。（   ）

20. 企业计提坏账准备的方法由企业自行确定。但是坏账准备计提方法一经确定,不得随意变更。如需变更,应在会计报表附注中予以说明。（   ）

21. 企业对有确凿证据表明确实无法收回的应收款项,报经主管财政部门批准后作为坏账损失处理。（   ）

模块 3　投资业务的管理与核算

业务引导

1. 企业想持有能够在近期内出售或回购,以短期获利为目的的投资,你如何选择并进行会计处理?

2. 企业为了获得另一企业的控制权,或对其实施重大影响,你认为选择什么投资最好?

3. 企业为了扩大生产规模,将投资筹建一座厂房,你会进行会计处理吗?

4. 企业购买了一套需安装的现代流水线生产设备,你将如何进行会计处理?

5. 企业投资研发某项技术专利,并取得了成果,你会进行会计处理吗?

......

本模块将告诉我们这些投资业务(或更多不同业务)将如何处理,并告诉我们通过学习、进行实训操作后将拥有什么样的技能和具备什么样的能力。

业务描述

本模块是以投资业务岗位为载体进行的教学内容设计,要求企业的投资业务岗位会计掌握并熟练操作以下业务:对企业的各种交易性投资、权益性投资等进行认知、核算与管理;对固定资产和无形资产的投资进行认知、核算与管理;通过对各种投资的核算和完成相关工作任务的操作,熟练掌握投资业务岗位的工作流程和工作内容。

岗位工作流程图

本模块在实际工作中主要涉及企业对外进行多种方式的投资活动,包括投资的取得、持有和出售全过程的核算;固定资产和无形资产的购建、研发、使用和管理以及处置的全过程核算。投资业务岗位与企业内部、企业外部的什么部门和单位会有业务联系? 以下是投资业务岗位与企业内部的相关部门以及企业外部的相关单位工作关系结构图。

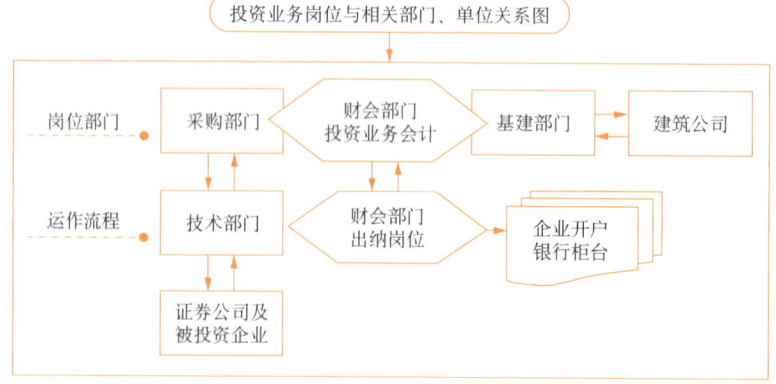

能力目标

专业能力：明确各类投资业务管理和核算的步骤；熟悉投资业务岗位业务管理的规章制度；熟练掌握凭证、账簿和工具的使用；熟练操作投资业务完整的核算过程。

方法和学习能力：扩展、延伸相应的知识和技能，并学习具备收集相关信息的能力。

个人和社会能力：提高制定和实施团队工作计划能力，提高整体组织和管理能力。

 技能要求

1. 能熟练操作各类短期投资和长期投资业务的核算与管理。
2. 能熟练操作固定资产投资业务的核算与管理。
3. 能熟练操作无形资产投资业务的核算与管理。

思政目标

1. 培育和践行社会主义核心价值观。
2. 培养具有宏观视野、懂法守法、有爱国情怀和奋斗精神的社会主义接班人。

知识技能 3-1 短期投资和长期投资的管理与核算

为了完成投资业务核算岗位知识技能 3-1 的工作任务，我们需要学习和掌握哪些基本知识和技能？

知识技能 3-1-1 投资的认知与分类

一、投资的认知

投资是企业为增加财富，或谋求其他利益，而将资产让渡给其他单位所获得的另一项资产。企业的投资有广义和狭义之分。广义的投资包括债权性投资、权益性投资、期货投资、房地产投资、固定资产投资、无形资产投资等；狭义的投资一般仅包括债权性投资和权益性投资。

投资具有以下特点：

（1）投资是以让渡其他资产而换取的另一项资产，能为投资者带来未来的经济利益。

（2）投资所获得的经济利益非企业直接生产经营所得，而是由于被投资单位使用了投资者投入的资产创造了利益后分配的利得。

二、投资的分类

根据现行《企业会计准则》的规定,投资一般分为如图 3-1 所示几类。

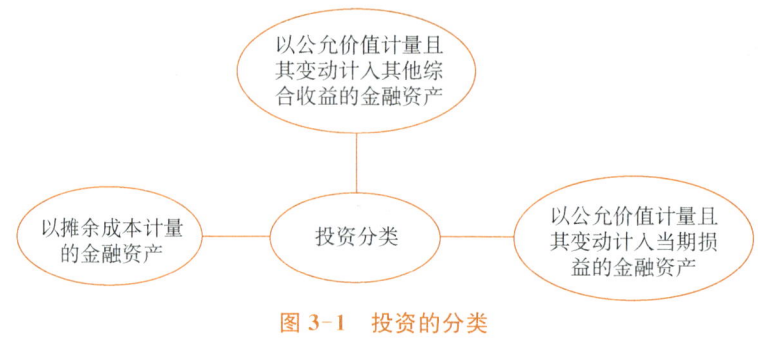

图 3-1　投资的分类

投资分为广义和狭义的投资,这些对外的投资为狭义的投资。

1. 交易性金融资产

以公允价值计量且其变动计入当期损益的金融资产称为交易性金融资产。它是企业为了近期内出售而持有的金融资产,如企业以赚取差价为目的从二级市场购入的股票、债券、基金等;或者是在初始确认时属于集中管理的可辨认金融工具组合的一部分,且有客观证据表明近期实际存在短期获利模式的金融资产等;或者是企业管理的以公允价值进行业绩考核的某项投资组合。

2. 债权投资

以摊余成本计量的金融资产称为债权投资。它是企业以收取合同现金流量为目标而持有的金融资产,且其在特定日期产生的现金流量,仅为对本金和以未偿付本金金额为基础的利息的支付。如银行向企业客户发放的固定利率贷款,在没有其他特殊安排的情况下,贷款通常可能符合本金加利息的合同现金流量特征。

3. 其他债权投资

以公允价值计量且其变动计入其他综合收益的金融资产称为其他债权投资。它是企业既以收取合同现金流量为目标又以出售该金融资产为目标而持有的金融资产,且其在特定日期产生的现金流量,仅为对本金和以未偿付本金金额为基础的利息的支付。

4. 长期股权投资

长期股权投资是指按照《企业会计准则第 2 号——长期股权投资》进行核算的权益性投资。它主要包括三个方面:①投资方能够对被投资方单位实施控制的权益性投资,即对子公司投资;②投资方与其他合营方一同对被投资单位实施共同控制且对被投资单位净资产享有权利的权益性投资,即对合营企业投资;③投资方对被投资单位具有重大影响的权益性投资,即对联营企业投资。

金融资产的分类

在企业全部资产中,库存现金、银行存款、应收账款、应收票据、贷款、其他应收款、应收利息、债券投资、股票投资、基金投资及衍生金融资产等统称为金融资产。根据企业管理金融资产的业务模式和金融资产的合同现金流量特征,《企业会计准则第 22 号——金融工具确认和计量》将金融资产划分为:①以摊余成本计量的金融资产;②以公允价值计量且其变动计入其他综合收益的金融资产;③以公允价值计量且其变动计入当期损益的金融资产。上述分类一经确定,不得随意变更。

思政园地

新金融工具准则的缘起和变化[①]

2017 年 3 月,财政部发布修订后的《企业会计准则 22 号——金融工具确认和计量》等 3 项具体会计准则(下称"新金融工具准则"或"新准则"),自 2018 年 1 月 1 日起在国内企业分步实施。

在旧准则下,金融资产按持有意图、持有能力、有无活跃市场等因素逐笔划分为以公允价值计量且其变动计入当期损益的金融资产、持有至到期投资、贷款和应收款项、可供出售金融资产四类。因分类标准多,逻辑性较差,实际操作较复杂,而逐笔判断金融的持有目的又增加了分类的随意性,甚至可能导致企业利用政策空间作出"投机"性的资产分类和计量属性安排。比如 2008 年金融危机暴露出的金融机构对公允价值的过度使用。经济上行期,公允价值的运用美化了财务报告;经济下行期,由于公允价值天然的顺周期效应,过度使用公允价值导致了"价格下跌—资产减记—市场抛售—价格进一步下跌"的恶行循环,放大了金融市场系统性风险。

新准则构建了以业务模式和现金流量特征为标准的金融资产分类框架。其中,业务模式是基于高级管理层对资产组合而非业务管理模式的判断,金融资产的会计分类与业务管理模式、评价报告模式等匹配。只有以收取合同现金流为目的持有的金融资产才能归为以摊余成本计量的金融资产,以收取合同现金流和出售为双重目的而持有的才能归为以公允价值计量且其变动计入其他综合收益的金融资产。

新的分类标准,逻辑更加清晰、严谨,并建立了体现前瞻性、宏观性信息的"预期信用损失模型",能更及时、更充分、更准确反映财务风险成本。

知识技能 3-1-2　交易性金融资产的核算与操作

一、交易性金融资产的管理与确认

1. 核算交易性金融资产应设置的账户

为了核算和监督交易性证券的取得、收取现金股利或利息及交易性证券处置等业务,企

---

① 中国农业银行新金融工具准则课题组,姚明德.新金融工具准则的变化、影响和实施——基于商业银行、监管者、投资者三个视角[J].金融会计,2018(2):5-11.

交易性
金融资产

业应设置"交易性金融资产""公允价值变动损益""投资收益"等账户。

（1）"交易性金融资产"账户属资产类账户。本账户核算企业持有的以公允价值计量且其变动计入当期损益的金融资产，包括为交易目的所持有的债券投资、股票投资、基金投资等。本账户借方登记交易性金融资产的取得成本和资产负债表日其公允价值高于账面余额的差额等；贷方登记资产负债表日其公允价值低于账面余额的差额以及企业出售交易性金融资产时结转的成本和公允价值变动损益。本账户应当按照交易性金融资产的类别和品种，分别设置"成本""公允价值变动"二级账户进行明细核算。

（2）"公允价值变动损益"账户属损益类账户。本账户核算企业交易性金融资产等公允价值变动形成的应计入当期损益的利得或损失，即资产负债表日企业持有的交易性金融资产等的公允价值高于或低于账面余额的差额。

（3）"投资收益"账户属损益类账户。本账户核算企业购进和持有交易性金融资产期间所发生和取得的费用、收益，以及处置交易性金融资产使企业获得的收益或发生的损失。本账户贷方登记企业对外投资和处置交易性金融资产取得的收益；借方登记企业对外投资时所发生的费用和处置交易性金融资产发生的损失。"投资收益"账户下按投资项目设置明细账，进行明细分类核算。

2. 取得交易性金融资产

企业取得交易性金融资产时，应当按照该金融资产取得时的公允价值作为其初始入账金额。金融资产的公允价值，应当以市场交易价格为基础确定。

企业取得交易性金融资产所支付价款中包含的已宣告但尚未发放的现金股利或已到付息期但尚未领取的债券利息，应当单独确认为应收项目。

企业取得交易性金融资产所发生的相关交易费用应当在发生时计入当期损益，冲减投资收益，发生交易费用取得增值税专用发票的，进项税额经认证后可从当月销项税额中扣除。交易费用是指可直接归属于购买、发行或处置金融工具的增量费用。增量费用是指企业没有发生购买、发行或处置相关金融工具的情形就不会发生的费用，包括支付给代理机构、咨询公司、券商、证券交易所、政府有关部门等的手续费、佣金、相关税费以及其他必要支出，不包括债券溢价、折价、融资费用、内部管理成本和持有成本等与交易不直接相关的费用。

小贴士

交易性金融资产的持有目标

从企业管理金融资产的业务模式（即企业如何管理其金融资产以产生现金流量）看，企业关键管理人员决定对交易性金融资产进行管理的业务目标是"交易"，而非为收取合同现金流量（即与基本借贷安排一致，如本金加利息）而持有，更不是为既以收取合同现金流量为目标又以出售该金融资产为目标而持有，仅仅是通过"交易性"活动，即频繁地购买和出售，从市场价格的短期波动中，赚取买卖差价，使企业闲置的资金能获得较高的投资回报。

交易性金融资产预期能在短期内变现以满足日常经营的需要，因此，在资产负债表中作为流动资产项目列示。

二、交易性金融资产的核算与操作

交易性金融资产核算包括：交易性金融资产取得的核算、交易性金融资产持有期间现金股利和利息的核算、交易性金融资产的期末计价的核算以及交易性金融资产处置的核算。

1. 交易性金融资产取得的核算

企业取得交易性金融资产，应当按照该金融资产取得时的公允价值，借记"交易性金融资产——成本"账户，按照发生的交易费用，借记"投资收益"账户，发生交易费用取得增值税专用发票的，按其注明的增值税进项税额，借记"应交税费——应交增值税（进项税额）"账户，按照实际支付的金额，贷记"其他货币资金——存出投资款"等账户。

【操作 3.1】 南方有限责任公司在 2020 年和 2021 年发生以下交易，资料见表 3-1。

表 3-1 南方有限责任公司发生的交易

单位：元

日期	投资类型	交易	公允价值 2020.11.1	公允价值 2020.12.31	公允价值 2021.12.31
2020.11.1	B公司普通股（占其股份比例1%）	购买	250 000	260 000	245 000

南方有限责任公司打算短期持有 B 公司的股票，希望从该股票价格的迅速上涨中获得利益。该股票公开交易，南方有限责任公司的投资比例不足以对 B 公司的管理产生重大影响，所以南方有限责任公司对 B 公司的投资划为交易性金融资产。根据以上资料，会计处理：

① 2020 年 11 月 1 日，以公允价值初始确认对 B 公司的股票投资：

借：交易性金融资产——股票投资（成本）　　　　　　　　　250 000
　　贷：其他货币资金——存出投资款　　　　　　　　　　　　250 000

② 2020 年 12 月 31 日，对 B 公司股票投资的公允价值发生变动。应将交易性金融资产因公允价值发生变动形成的利得或损失计入当期损益，形成利得 10 000 元：

借：交易性金融资产——公允价值变动　　　　　　　　　　　10 000
　　贷：公允价值变动损益　　　　　　　　　　　　　　　　　10 000

③ 2021 年 12 月 31 日，对 B 公司股票投资的公允价值再次发生变动。应将交易性金融资产因公允价值发生变动形成的利得或损失计入当期损益，发生损失 15 000 元：

借：公允价值变动损益　　　　　　　　　　　　　　　　　　15 000
　　贷：交易性金融资产——公允价值变动　　　　　　　　　　15 000

请思考：该项业务需要什么相关凭据？

【操作 3.2】 南方有限责任公司于 2021 年 11 月 20 日购买 C 公司股票 10 000 股进行投资，当时该股票的公允价值为 995 000 元，已宣告发放而尚未领取的现金股利为 500 元，另付交易费用 1 000 元，取得的增值税专用发票上注明的增值税税额为 60 元。会计处理：

借：交易性金融资产——股票投资（成本）　　　　　　　　　995 000
　　应收股利——C公司股票　　　　　　　　　　　　　　　　500
　　投资收益——交易费用　　　　　　　　　　　　　　　　　1 000
　　应交税费——应交增值税（进项税额）　　　　　　　　　　60
　　贷：其他货币资金——存出投资款　　　　　　　　　　　　996 560

请思考：该项业务需要什么相关凭据？

2. 交易性金融资产持有期间现金股利和利息的核算

企业在持有交易性金融资产期间收取现金股利和利息，应按以下情况处理：

一是在持有交易性金融资产期间收到被投资单位宣告发放的现金股利或债券利息，因其属于以公允价值计量的金融资产，应当确认为投资收益，借记"其他货币资金——存出投资款"账户，贷记"投资收益"账户。

二是对于收到的属于取得交易性金融资产支付价款中包含的已宣告发放的现金股利或债券利息，因在取得投资时确认为应收项目，收到时冲减应收项目，借记"其他货币资金——存出投资款"账户，贷记"应收股利"账户。

三是企业在持有交易性金融资产期间获得的股票股利，不做账务处理，在备查簿中登记，以反映企业增加的股份数。

交易性金融资产初始成本和收益的确定

【操作3.3】 承[操作3.2]，如果购买的C公司股票于2021年12月1日宣告每10股发放现金股利2元，12月25日派现，会计处理：

① 12月1日宣告股利：

借：应收股利 2 000

　　贷：投资收益——C公司股票 2 000

② 12月25日发放股利：

借：其他货币资金——存出投资款 2 000

　　贷：应收股利 2 000

请思考：该项业务需要什么相关凭据？

【操作3.4】 承[操作3.2]，2021年11月28日，南方有限责任公司收到已宣告发放而尚未领取的现金股利500元。会计处理：

借：其他货币资金——存出投资款 500

　　贷：应收股利——C公司股票 500

请思考：该项业务需要什么相关凭据？

3. 交易性金融资产期末计价的核算

资产负债表日，交易性金融资产应当按照公允价值计量，公允价值与账面余额之间的差额计入当期损益。企业应按交易性金融资产的公允价值高于其账面余额的差额，借记"交易性金融资产——公允价值变动"账户，贷记"公允价值变动损益"账户；公允价值低于其账面余额的差额，做相反的会计分录。

【操作3.5】 承[操作3.2]，假设2021年12月31日，南方有限责任公司购买的C公司股票市价为1 020 000元。会计处理：

借：交易性金融资产——公允价值变动 25 000

　　贷：公允价值变动损益 25 000

请思考：该项业务需要什么相关凭据？

分析：2021年12月31日，C公司股票公允价值为1 020 000元，此时该股票账面余额为995 000元，公允价值高于账面余额25 000元，记入"公允价值变动损益"账户的贷方。

【操作3.6】 承[操作3.2]，假设2022年6月30日，南方有限责任公司购买的C公司股票市价为 950 000 元。会计处理：

借：公允价值变动损益 70 000
贷：交易性金融资产——公允价值变动 70 000

请思考：该项业务需要什么相关凭据？

分析：2022 年 6 月 30 日，C 公司股票公允价值为 950 000 元，此时该股票账面余额为 1 020 000 元，公允价值低于账面余额 70 000 元，记入"公允价值变动损益"账户的借方。

4. 交易性金融资产处置的核算

交易性金融资产处置是指企业对交易性证券的出售、转让等情形。出售交易性金融资产时，企业应当将该项交易性金融资产出售时的公允价值与其初始入账金额之间的差额确认为投资收益。

企业应按实际收到的金额，借记"其他货币资金——存出投资款"等账户，按该项交易性金融资产的账面余额，贷记"交易性金融资产——成本"账户，借记或贷记"交易性金融资产——公允价值变动"账户，按其差额，贷记或借记"投资收益"账户。

交易性金融资产的处置分为全部处置和部分处置。

1）全部处置交易性金融资产的核算

【操作 3.7】 承[操作 3.6]，假设 2022 年 9 月 6 日，南方有限责任公司出售了所持有的 C 公司股票，售价为 1 000 000 元。会计处理：

借：其他货币资金——存出投资款 1 000 000
交易性金融资产——公允价值变动 45 000
贷：交易性金融资产——成本 995 000
投资收益 40 000

请思考：该项业务需要什么相关凭据？

2）部分处置交易性金融资产的核算

部分处置某项交易性金融资产时，企业应计算出处置的交易性金融资产占总的交易性金融资产的成本和公允价值变动余额的比例，即可计算出处置的部分数额，会计处理与全部处置的核算方法相同。

【操作 3.8】 承[操作 3.6]，假设 2022 年 9 月 6 日，南方有限责任公司出售了所持有的 C 公司股票的 50%，售价为 500 000 元，会计处理：

借：其他货币资金——存出投资款 500 000
交易性金融资产——公允价值变动 22 500
贷：交易性金融资产——成本 497 500
投资收益 25 000

请思考：该项业务需要什么相关凭据？

5. 转让金融商品应交增值税

金融商品转让按照卖出价扣除买入价（不需要扣除已宣告未发放现金股利和已到付息期未领取的利息）后的余额作为销售额计算增值税，即转让金融商品按盈亏相抵后的余额为销售额。若相抵后出现负差，可结转下一纳税期与下期转让金融商品销售额互抵，但年末时仍出现负差的，不得转入下一会计年度。

转让金融资产当月末,如产生转让收益,则按应纳税额,借记"投资收益"等账户,贷记"应交税费——转让金融商品应交增值税"账户;如产生转让损失,则按可结转下月抵扣税额,借记"应交税费——转让金融商品应交增值税"账户,贷记"投资收益"等账户。

年末,如果"应交税费——转让金融商品应交增值税"账户有借方余额,说明本年度的金融商品转让损失无法弥补,且本年度的金融资产转让损失不可转入下年度继续抵减转让金融资产的收益,应将"应交税费——转让金融商品应交增值税"账户的借方余额转出。因此,企业应借记"投资收益"等账户,贷记"应交税费——转让金融商品应交增值税"账户。

【操作 3.9】 承[操作 3.7],计算该项业务转让金融商品应交增值税。

转让金融商品应交增值税=(1 000 000−995 500)÷(1+6%)×6%=254.72(元)

南方有限责任公司应编制如下会计分录:

借:投资收益   254.72
    贷:应交税费——转让金融商品应交增值税   254.72

 案例

本案例应明确交易性金融资产初始成本和收益的确定。

2022 年 3 月 18 日,南方有限责任公司按每股 8 元的价格购入 C 公司每股面值 1 元的股票 40 000 股,作为交易性金融资产,另外支付交易费用 1 500 元;股票购买价格中包含 8 000 元已宣告但尚未领取的现金股利,南方有限责任公司于 3 月 18 日收到该笔现金股利。南方有限责任公司会计处理:

① 购入股票时:

初始投资成本=320 000+1 500−8 000=313 500(元)

借:交易性金融资产——C 公司股票(成本)   313 500
    投资收益   8 000
    贷:其他货币资金——存出投资款   321 500

② 收到现金股利时:

借:其他货币资金——存出投资款   8 000
    贷:投资收益   8 000

问题 1 南方有限责任公司的会计处理对吗?为什么?

问题 2 正确的应该如何处理?

分析:

1. 南方有限责任公司的会计处理方法是错误的

根据现行《企业会计准则》的规定,交易性证券应按照取得时的公允价值作为初始成本确认,发生的相关交易费用应计入当期损益;支付的价款中包含已宣告但尚未发放的现金股利或已到付息期但尚未领取的债券利息,应当单独确认为应收项目。而案例中将交易费用计入交易性金融资产的成本,将已宣告但尚未发放的现金股利计入投资收益。

2. 正确的会计处理方法

① 购入股票时：

初始投资成本＝320 000－8 000＝312 000(元)

借：交易性金融资产——C公司股票(成本)　　　　　312 000

　　应收股利　　　　　　　　　　　　　　　　　　8 000

　　投资收益　　　　　　　　　　　　　　　　　　1 500

　　　贷：其他货币资金——存出投资款　　　　　　　　　321 500

② 收到现金股利时：

借：其他货币资金——存出投资款　　　　　　　　　8 000

　　　贷：应收股利　　　　　　　　　　　　　　　　　　8 000

 思政园地

以案说法：网上"荐股"陷阱多①

甲是一个炒股新手，有一天其在微博上发现，身为财经大 V 的"美女"博主乙，不仅一直在网上发布炒股盈利的消息，还说加会员可以带着一起炒股。甲与乙互加微信后，乙便要求甲事先支付"会员费"，才能带其投资炒股。

甲先后通过微信转账 4 000 元成为 VIP 会员，果然在乙推荐的几只股票上赚了 2 万元，甲便对这位"炒股大师"深信不疑。

紧接着乙便告诉甲，如果想要获得更大的收益，可以将资金直接交给乙代为投资操作，盈利后三七分成。基于之前的收益，又想着"坐等挣钱"的好事，甲分两次转了 5 万元人民币给乙用于炒股。然而这次乙再也没有跟甲说过投资盈利情况。不久，在甲的一再追问下，乙才告诉其钱已亏光。但当甲要求看亏损的交易情况时，对方又称系统更新，信息都没了。甲此时才发觉受骗上当，向警方报了案。

不久，犯罪嫌疑人乙被抓获，但令人意外的是所谓的"财经美女博主"竟是一名男子。乙到案后交代，其通过在微博上公开发布股票的消息和点评，把自己装扮成资深分析师。同时为了吸引更多人的注意，乙还把微博认证成女性，微博头像也设为美女照片。事实上，乙盯上的不止区区几千元的"学费"，而是被害人的投资本金。当被害人转钱到其微信后，乙便立即把钱用于偿付自己的网贷。该案中，经检察机关起诉，法院以诈骗罪判处乙有期徒刑 3 年，并处罚金人民币 3 000 元。

检察官提醒投资者，开展证券投资咨询业务，必须经过依法批准才能实施。以营利为目的在网络上公开荐股，本身就属于非法经营。不仅如此，很多诈骗分子利用了投资者急于通过股市挣钱的心理在社交平台上散布信息，实施诈骗犯罪。看到网上所谓的"荐股"信息，投资者应坚决不听不信，不要把"大师"的话当作金玉良言，更不能轻易把资金直接交给他人代为炒股。投资人必须擦亮眼睛，若要寻求咨询，应当向持牌的正规投资咨询机构进行咨询，决不能轻信网络所谓的"专家"。

---

① 张璁.网上"荐股"陷阱多(以案说法)[EB/OL].(2021-04-15)[2022-01-17].http://jl.people.com.cn/BIG5/n2/2021/0415/c349771-34676572.html.

投资业务的管理与核算

知识技能 3-1-3　债权投资的核算与操作

一、债权投资的管理与确认

1. 核算债权投资应设置的账户

为了核算和监督债权投资的取得、持有以及处置等业务，企业应设置"债权投资——成本""债权投资——利息调整""债权投资——应计利息""应收利息""投资收益"等账户。

"债权投资"属资产类账户。本账户借方核算债权投资的取得；贷方核算处置债权投资主要是长期债券的投资；期末借方余额反映企业债权投资的摊余成本。

2. 债权投资的确认

债权投资是指到期日固定、回收金额固定或可确定，且企业有明确意图和能力持有至到期的非衍生金融资产。如果企业管理层决定将某项金融资产持有至到期，则在该金融资产未到期前，不能随意改变其"最初意图"，即投资者在取得投资时意图就应该是明确的，除非遇到一些企业所不能控制、预期不会重复发生且难以合理预计的独立事件，否则将持有至到期。

【操作 3.10】　2021 年 7 月，某银行支付 1 990 万美元从市场上以折价方式购入一批美国甲汽车金融公司发行的 3 年期固定利率债券，票面年利率为 4.5%，债券面值为 2 000 万美元。该银行将其划分为以摊余成本计量的金融资产。

2022 年年初，由于受燃油价格上涨、劳务纠纷等影响，汽车行业成本攀升，盈利能力明显减弱，银行购买的债券在二级市场的价格严重下滑。为此，国际公认的评级公司将甲汽车金融公司的长期信贷等级下调，认为该公司的清偿能力较弱，风险相对越来越大，对经营环境的变化较为敏感，容易受到冲击，具有较大的不确定性。

因此，银行认为尽管所持有的债券剩余期限较短，但预计未来存在相当大的可变性，继续持有将有较大的风险，该银行于 2022 年 8 月将该债权投资以低于面值的价格出售。

> **小贴士**
> 在［操作 3.10］中该银行出售所持有的甲汽车金融公司债券主要是由于其本身无法控制、预期不会重复发生且难以合理预计的独立事件所引起，因而不会影响到其对债权投资的分类。

二、债权投资的核算与操作

债权投资的核算与操作，主要解决该金融资产实际利率的计算、摊余成本的确定、持有期间的收益确认及将其处置时损益的处理。

1. 债权投资取得的核算

企业取得债权投资时，应按面值，借记"债权投资——成本"账户；按支付的价款中包含的已到付息期但尚未领取的利息，借记"应收利息"账户；按实际支付的金额，贷记"其他货币资金——存出投资款"等账户；按其差额，借记或贷记"债权投资——利息调整"账户。

2. 资产负债表日债权投资计息的核算

（1）债权投资的利息计算。债权投资应计算确定其实际利率，并在该投资预期存续期间或适用的更短期间内保持不变。利息的计算公式如下：

$$应收利息＝债券面值×票面利率×期限$$
$$利息收入＝债权投资摊余成本×实际利率×期限$$

(2) 债权投资的利息核算。① 债权投资为分期付息、一次还本债券投资的,应按票面利率计算确定的应收未收利息,借记"应收利息"账户;按债权投资摊余成本和实际利率计算确定的利息收入,贷记"投资收益"账户;按其差额,借记或贷记"债权投资——利息调整"账户。② 债权投资为一次还本付息债券投资的,应于资产负债表日按票面利率计算确定的应收未收利息,借记"债权投资——应计利息"账户;按债权投资摊余成本和实际利率计算确定的利息收入,贷记"投资收益"账户;按其差额,借记或贷记"债权投资——利息调整"账户。

3. 将债权投资重分类为其他债权投资的核算

将债权投资重分类为其他债权投资的,企业应在重分类日按其公允价值,借记"其他债权投资"账户;按其账面余额,贷记"债权投资——成本""债权投资——利息调整""债权投资——应计利息"账户;按其差额,贷记或借记"其他综合收益"账户,已计提信用减值准备的还应结转减值准备。

4. 债权投资出售的核算

出售债权投资,企业应按实际收到的金额,借记"其他货币资金——存出投资款"等账户;按其账面余额,贷记"债权投资——成本""债权投资——利息调整""债权投资——应计利息"账户;按其差额,贷记或借记"投资收益"账户。已计提信用减值准备的还应结转减值准备。

下面是债权投资的取得、持有计息、出售的具体操作。

【操作3.11】 2022年1月1日,南方有限责任公司从活跃市场购买了一项B公司债券,年限为5年,债券的面值为11 000 000元,公允价值为9 610 000元(含交易费用为100 000元),划分为债权投资。次年1月5日,B公司按票面利率3%支付利息。该债券在第五年兑付本金及最后一期利息。实际利率为6%。会计处理:

借:债权投资——成本	11 000 000	
贷:其他货币资金——存出投资款		9 610 000
债权投资——利息调整		1 390 000

2022年年末,该投资公允价值为1 000万元,南方股份有限责任公司计算应收利息。会计处理:

借:应收利息	330 000	
债权投资——利息调整	246 600	
贷:投资收益		576 600

应收利息＝11 000 000×3%＝330 000(元)

实际利息＝9 610 000×6%＝576 600(元)

利息调整＝576 600－330 000＝246 600(元)

收到利息时:

借:其他货币资金——存出投资款	330 000	
贷:应收利息		330 000

请思考:以上业务需要什么凭据?

【操作3.12】 2022年3月,由于贷款基准利率的变动和其他市场因素的影响,南方有限责任公司持有的、原划分为债权投资的 C 公司债券价格持续下跌。为此,南方有限责任公司于 4 月 1 日对外出售该债权投资 10%,收取价款 1 200 000 元(即所出售债券的公允价值)。

① 假定 4 月 1 日该债券出售前的账面余额(成本)为 10 000 000 元,不考虑债券出售等其他相关因素的影响,则南方有限责任公司会计处理:

借:其他货币资金——存出投资款   1 200 000
  贷:债权投资——成本   1 000 000
    投资收益   200 000
借:其他债权投资——成本   10 800 000
  贷:债权投资——成本   9 000 000
    其他综合收益   1 800 000

债券出售后的账面余额:

其他债权投资成本 = 12 000 000 − 12 000 000 × 10% = 10 800 000(元)

债权投资成本 = 10 000 000 − 10 000 000 × 10% = 9 000 000(元)

请思考:该业务需要什么凭据?

② 假定 4 月 23 日,南方有限责任公司将该债券全部出售,收取价款 11 800 000 元,则南方有限责任公司相关会计处理:

借:其他货币资金——存出投资款   11 800 000
  贷:其他债权投资——成本   10 800 000
    投资收益   1 000 000
借:其他综合收益   1 800 000
  贷:投资收益   1 800 000

请思考:该业务需要什么凭据?

【操作 3.13】 2018 年 1 月 1 日,南方有限责任公司以 1 000 元的价款(含交易费用)从二级市场购入 D 公司 5 年期债券,面值为 1 250 元,票面利率为 4.72%,按年支付利息(每年 59 元),本金最后一年支付,实际利率 10%。合同约定,该债券的发行方在遇到特定情况时可以将债券赎回,且不需因提前赎回而支付额外款项。不考虑所得税、减值损失等。相关计算见表 3-2。

表 3-2 南方有限责任公司债权投资的分期付息计算表

单位:元

年份	期初摊余成本(a)	实际利息(b) (按 10% 计算)	现金流入(c)	期末摊余成本 [d =(a+b−c)]
2018	1 000	100	59	1 041
2019	1 041	104	59	1 086
2020	1 086	109	59	1 136
2021	1 136	113	59	1 190
2022	1 190	119	1 250+59	0

根据表内数据,南方有限责任公司的会计处理:

① 2018 年 1 月 1 日,购入债券时:

借：债权投资——成本   1 250

    贷：其他货币资金——存出投资款   1 000

       债权投资——利息调整   250

请思考：该笔业务需要什么凭据？

② 2018 年 12 月 31 日，确认实际利息收入、收到票面利息时：

借：应收利息   59

    债权投资——利息调整   41

    贷：投资收益   100

借：其他货币资金——存出投资款   59

    贷：应收利息   59

请思考：该笔业务需要什么凭据？

③ 2019 年 12 月 31 日，确认实际利息收入、收到票面利息时：

借：应收利息   59

    债权投资——利息调整   45

       贷：投资收益   104

借：其他货币资金——存出投资款   59

       贷：应收利息   59

请思考：该笔业务需要什么凭据？

④ 2020 年 12 月 31 日，确认实际利息收入、收到票面利息时：

借：应收利息   59

    债权投资——利息调整   50

       贷：投资收益   109

借：其他货币资金——存出投资款   59

       贷：应收利息   59

请思考：该笔业务需要什么凭据？

⑤ 2021 年 12 月 31 日，确认实际利息收入、收到票面利息时：

借：应收利息   59

    债权投资——利息调整   54

       贷：投资收益   113

借：其他货币资金——存出投资款   59

       贷：应收利息   59

请思考：该笔业务需要什么凭据？

⑥ 2022 年 12 月 31 日，确认实际利息收入、收到票面利息时：

借：应收利息   59

    债权投资——利息调整   60

       贷：投资收益   119

借：其他货币资金——存出投资款   59

    贷：应收利息   59

借：其他货币资金——存出投资款   1 250
     贷：债权投资——成本   1 250

请思考：该笔业务需要什么凭据？

【操作 3.14】 承[操作 3.13]，假设南方有限责任公司购买的债券不是分期付息，而是到期一次还本付息，不计复利，实际利率为 9.05%。相关数据计算见表 3-3。

表 3-3   南方有限责任公司债权投资的到期一次还本付息计算表

单位：元

年份	期初摊余成本(a)	实际利息(b)（按 9.05% 计算）	现金流入(c)	期末摊余成本 $[d=(a+b-c)]$
2018	1 000	90.5	0	1 090.5
2019	1 090.5	98.69	0	1 189.19
2020	1 189.19	107.62	0	1 296.81
2021	1 296.81	117.36	0	1 414.17
2022	1 414.17	130.83*	1 250＋295	0

注：标" * "号的数字考虑了计算过程中出现的尾差 2.85 元。

根据表内数据，南方有限责任公司的会计处理：

① 2018 年 1 月 1 日，购入债券时：

借：债权投资——成本   1 250
     贷：其他货币资金——存出投资款   1 000
         债权投资——利息调整   250

请思考：该笔业务需要什么凭据？

② 2018 年 12 月 31 日，确认实际利息收入时：

借：债权投资——应收利息   59.0
         ——利息调整   31.5
     贷：投资收益   90.5

请思考：该笔业务需要什么凭据？

③ 2019 年 12 月 31 日，确认实际利息收入时：

借：债权投资——应收利息   59.00
         ——利息调整   39.69
     贷：投资收益   98.69

请思考：该笔业务需要什么凭据？

④ 2020 年 12 月 31 日，确认实际利息收入时：

借：债权投资——应收利息   59.00
         ——利息调整   48.62
     贷：投资收益   107.62

请思考：该笔业务需要什么凭据？

⑤ 2021 年 12 月 31 日，确认实际利息收入时：

借：债权投资——应收利息 59.00
　　　　　　——利息调整 58.36
　　贷：投资收益 117.36

请思考：该笔业务需要什么凭据？

⑥ 2022 年 12 月 31 日，确认实际利息收入时：

借：债权投资——应收利息 59.00
　　　　　　——利息调整 71.83
　　贷：投资收益 130.83
借：其他货币资金——存出投资款 1 545
　　贷：债权投资——成本 1 250
　　　　　　——应收利息 295

请思考：该笔业务需要什么凭据？

知识技能 3-1-4　其他债权投资的核算与操作

一、其他债权投资的管理与确认

1. 核算其他债权投资应设置的账户

企业应设置"其他债权投资"账户，核算企业持有的其他债权投资的公允价值。企业还应按其他债权投资的类别和品种，区分"成本""利息调整""应计利息""公允价值变动"等账户进行明细核算。

"其他债权投资"账户属资产类账户。本账户借方核算其他债权投资的取得；贷方核算处置其他债权投资的投资；期末借方余额反映企业其他债权投资的公允价值。

2. 其他债权投资的确认

其他债权投资是指初始确认时即被指定为可供出售的非衍生金融资产。例如，企业购入的在活跃市场上有报价的股票、债券和基金，没有划分为以公允价值计量且其变动计入当期损益的金融资产或债权投资等金融资产等，都属于企业的其他债权投资。

下列资产不属于其他债权投资：

（1）贷款和应收款项；

（2）债权投资；

（3）以公允价值计量且其变动计入当期损益的金融资产。

小贴士

因持有意图或能力发生改变，或其他债权投资的公允价值不再能够可靠计量，或该资产持有期限已超过"两个完整的会计年度"，金融资产不再适合按照公允价值计量时，企业可以将该金融资产改按成本或摊余成本计量，该成本或摊余成本为重分类日该金融资产的公允价值或账面价值。

二、其他债权投资的核算与操作

1. 其他债权投资取得的核算

企业取得其他债权投资时,应按其公允价值和交易费用之和,借记"其他债权投资——成本"账户;按支付的价款中包含的已宣告但尚未发放的现金股利,借记"应收股利"账户;按实际支付的金额,贷记"其他货币资金——存出投资款"等账户。

企业取得的其他债权投资为债券投资时,应按债券的面值,借记"其他债权投资——成本"账户;按支付的价款中包含的已到付息期但尚未领取的利息,借记"应收利息"账户;按实际支付的金额,贷记"其他货币资金——存出投资款"等账户;按差额,借记或贷记"其他债权投资——利息调整"账户。

2. 资产负债表日,其他债权投资中债券投资利息的核算

(1)可供出售债券为分期付息、一次还本债券投资的,应按票面利率计算确定的应收未收利息,借记"应收利息"账户;按可供出售债券的摊余成本和实际利率计算确定的利息收入,贷记"投资收益"账户;按其差额,借记或贷记"其他债权投资——利息调整"账户。

(2)可供出售债券为一次还本付息债券投资的,应于资产负债表日按票面利率计算确定的应收未收利息,借记"其他债权投资——应计利息"账户;按可供出售债券的摊余成本和实际利率计算确定的利息收入,贷记"投资收益"账户;按其差额,借记或贷记"其他债权投资——利息调整"账户。

3. 资产负债表日,其他债权投资公允价值变动的核算

资产负债表日,其他债权投资的公允价值高于其账面余额,按其差额,借记"其他债权投资——公允价值变动"账户,贷记"其他综合收益"账户;公允价值低于其账面余额,按其差额,做相反的会计处理。

4. 其他债权投资发生减值的核算

确定其他债权投资发生减值的,按应减记的金额,借记"信用减值损失"账户,贷记"其他债权投资——公允价值变动"账户或"其他债权投资减值准备"账户。

对已确认发生减值损失的其他债权投资,其公允价值又上升的,应按原确认的减值损失,借记"其他债权投资——公允价值变动"账户,贷记"信用减值损失"账户。

5. 将债权投资重分类为其他债权投资的核算

将债权投资重分类为其他债权投资的,应在重分类日按其公允价值,借记"其他债权投资——成本"账户;按其账面余额,贷记"债权投资——成本"账户;按其差额,贷记或借记"其他综合收益"账户。

6. 其他债权投资出售的核算

出售其他债权投资,应按实际收到的金额,借记"其他货币资金——存出投资款"等账户;按其账面余额,贷记"其他债权投资——成本""其他债权投资——公允价值变动""其他债权投资——利息调整""其他债权投资——应计利息"账户;按应从所有者权益中转出的公允价值累计变动额,借记或贷记"其他综合收益"账户;按其差额,贷记或借记"投资收益"账户。

下面是其他债权投资的取得、持有计息、重分类及出售的具体操作。

【操作 3.15】 南方有限责任公司于 2020 年 7 月 13 日从二级市场购入股票 1 000 000 股,每股市价为 15 元,手续费为 30 000 元;初始确认时,该股票划分为其他债权投资。

① 2020 年 7 月 13 日购入股票时,南方有限责任公司会计处理:

```
借:其他债权投资——成本                              15 030 000
    贷:其他货币资金——存出投资款                        15 030 000
```

请思考:该笔业务需要什么凭据?

② 2020 年 12 月 31 日,该股票的市价为 16 元,会计处理:

```
借:其他债权投资——公允价值变动                          970 000
    贷:其他综合收益                                     970 000
```

公允价值变动额＝100×16－1 503＝97(万元)

请思考:该笔业务需要什么凭据?

③ 2021 年 2 月 1 日,南方有限责任公司以每股 13 元的售价出售该股票,另支付手续费 13 000 元,南方有限责任公司会计处理:

```
借:其他货币资金——存出投资款                          12 987 000
    其他综合收益                                       970 000
    投资收益                                          2 043 000
    贷:其他债权投资——成本                              15 030 000
        其他债权投资——公允价值变动                        970 000
```

请思考:该笔业务需要什么凭据?

【操作 3.16】 南方有限责任公司于 2019 年 1 月 1 日购入面值为 500 000 元、期限为 5 年、票面利率为 6%、每年 12 月 31 日支付利息的 E 公司发行的长期债券,作为债权投资。3 年后,南方有限责任公司对该债券的持有意图发生了变化,于 2022 年 1 月 1 日将该债券重分类为其他债权投资。重分类日,E 公司债券的公允价值为 520 000 元,账面摊余成本为 512 035 元(其中:成本 500 000 元,利息调整 12 035 元)。会计处理:

```
借:其他债权投资——E 公司(成本)                        520 000
    贷:债权投资——E 公司(成本)                          500 000
        ——利息调整                                     12 035
    其他综合收益                                        7 965
```

请思考:该笔业务需要什么凭据?

【操作 3.17】 2020 年 5 月,南方有限责任公司以 480 万元购入乙公司股票 60 万股,并将其作为其他债权投资,另支付手续费 10 万元。2021 年 6 月 30 日,该股票每股市价为 7.5 元。2021 年 8 月 10 日,B 公司宣告分派现金股利,每股派发 0.20 元;8 月 20 日,南方有限责任公司收到分派的现金股利。至 2021 年 12 月 31 日,南方有限责任公司仍持有该其他债权投资,期末每股市价为 8.5 元。2022 年 1 月 3 日,南方有限责任公司以 515 万元出售该其他债权投资。试计算南方有限责任公司的累计损益及会计处理:

① 2020 年 5 月购入时:

```
借:其他债权投资——成本                               4 900 000
    贷:其他货币资金——存出投资款                         4 900 000
```

请思考:该笔业务需要什么凭据?

② 2021 年 6 月 30 日公允价值变动:

101

借：其他综合收益   400 000

  贷：其他债权投资——公允价值变动   400 000

公允价值变动额＝600 000×7.5－4 900 000＝－400 000(元)

请思考:该笔业务需要什么凭据?

③ 2021 年 8 月 10 日宣告分派现金股利时：

借：应收股利   120 000

  贷：投资收益   120 000

应收股利＝0.20×600 000＝120 000(元)

请思考:该笔业务需要什么凭据?

④ 2021 年 8 月 20 日收到股利时：

借：其他货币资金——存出投资款   120 000

  贷：应收股利   120 000

请思考:该笔业务需要什么凭据?

⑤ 2021 年 12 月 31 日公允价值变动：

借：其他债权投资——公允价值变动   600 000

  贷：其他综合收益   600 000

公允价值变动额＝600 000×8.5－4 500 000＝600 000(元)

请思考:该笔业务需要什么凭据?

⑥ 2022 年 1 月 3 日处置其他债权投资：

借：其他货币资金——存出投资款   5 150 000

  其他综合收益   200 000

  贷：其他债权投资——成本   4 900 000

    其他债权投资——公允价值变动   200 000

    投资收益   250 000

请思考:该笔业务需要什么凭据?

⑦ 计算该其他债权投资的累计损益：

该其他债权投资的累计损益＝120 000＋250 000＝370 000(元)

【操作3.18】 2021 年 5 月 6 日，南方有限责任公司支付价款 10 160 000 元(含交易费用 10 000 元和已宣告发放现金股利 150 000 元)，购入 F 公司发行的股票 2 000 000 股，占 F 公司表决权股份的 0.5%。南方有限责任公司将其划分为其他债权投资。会计处理：

① 2021 年 5 月 6 日购入股票时：

借：其他债权投资——成本   10 010 000

  应收股利   150 000

  贷：其他货币资金——存出投资款   10 160 000

请思考:该笔业务需要什么凭据?

② 2021 年 5 月 10 日，南方有限责任公司收到 F 公司发放的现金股利 150 000 元：

借：其他货币资金——存出投资款   150 000

  贷：应收股利   150 000

请思考:该笔业务需要什么凭据?

③ 2021 年 6 月 30 日,该股票市价为每股 5.2 元,会计处理:

借:其他债权投资——公允价值变动   390 000
   贷:其他综合收益   390 000

公允价值变动额 = 2 000 000 × 5.2 − 10 010 000 = 390 000(元)

请思考:该笔业务需要什么凭据?

④ 2021 年 12 月 31 日,当日该股票市价为每股 5 元,会计处理:

借:其他综合收益   400 000
   贷:其他债权投资——公允价值变动   400 000

股票的价格变动额 = 2 000 000 × 5 − 2 000 000 × 5.2 = −400 000(元)

请思考:该笔业务需要什么凭据?

⑤ 2022 年 5 月 9 日,确认应收现金股利,F 公司宣告发放股利 40 000 000 元:

借:应收股利   200 000
   贷:投资收益   200 000

请思考:该笔业务需要什么凭据?

⑥ 2022 年 5 月 13 日,南方有限责任公司收到 F 公司发放的现金股利:

借:其他货币资金——存出投资款   200 000
   贷:应收股利   200 000

请思考:该笔业务需要什么凭据?

⑦ 2022 年 5 月 20 日,南方有限责任公司以每股 4.9 元的价格将股票全部出售:

借:其他货币资金——存出投资款   9 800 000
   投资收益   210 000
   其他债权投资——公允价值变动   10 000
   贷:其他债权投资——成本   10 010 000
     其他综合收益   10 000

请思考:该笔业务需要什么凭据?

知识技能 3-1-5　长期股权投资的核算与操作

一、长期股权投资的管理与确认

1. 长期股权投资的管理

长期股权投资是:①企业持有的能够对被投资单位实施控制的权益性投资,即对子公司投资;②企业持有的能够与其他合营方一同对被投资单位实施共同控制的权益性投资,即对合营企业投资;③企业持有的能够对被投资单位施加重大影响的权益性投资,即对联营企业投资。

小贴士

长期股权投资包括企业持有的对其子公司、合营企业和联营企业的权益性投资以及企业持有的对被投资单位不具有控制、共同控制或重大影响,且在活跃市场中没有报价、公允价值不能可靠计量的权益性投资。

(1) 控制,是指有权决定一个企业的财务和经营政策,并能据以从该企业的经营活动中获取利益。

(2) 共同控制,是指按照合同约定对某项经济活动所共有的控制,仅在与该项经济活动相关的重要的财务和经营决策需要分享控制权的投资一致同意时存在。

(3) 重大影响,是指对一个企业的财务和经营政策有参与决策的权力,但并不能够控制或者与其他方一起共同控制这些政策的制定。

2. 长期股权投资成本的确认

(1) 以支付现金取得的长期股权投资,应当按照实际支付的购买价款作为初始投资成本。与取得长期股权投资直接相关的费用、税金及其他支出计入长期股权投资的初始投资成本。实际支付的价款中包含的已宣告但尚未发放的现金股利或利润,作为应收项目处理,不构成长期股权投资的成本。

(2) 以发行权益性证券取得的长期股权投资,应按其公允价值作为初始投资成本。

(3) 投资者投入的长期股权投资,应按照投资合同或协议约定的价值作为初始投资成本,但合同或协议约定价值不公允的除外。

(4) 通过非货币性资产交换取得的长期股权投资,其初始投资成本应当按照《企业会计准则第 7 号——非货币性资产交换》确定。

(5) 通过债务重组取得的长期股权投资,其初始投资成本应当按照《企业会计准则第 12 号——债务重组》确定。

3. 长期股权投资的核算方法

长期股权投资的核算方法有两种:一是成本法;二是权益法。

(1) 成本法核算的长期股权投资的范围。①企业对子公司的长期股权投资,即企业能够对被投资单位实施控制的长期股权投资采用成本法核算,编制合并财务报表时按照权益法进行调整。②被投资企业在严格的限制条件下经营,其向投资企业转移资金的能力受到限制的长期股权投资。

(2) 权益法核算的长期股权投资的范围。①企业对其合营企业的长期股权投资,即企业对被投资单位具有共同控制的长期股权投资采用权益法核算。②企业对其联营企业的长期股权投资,即企业对被投资单位具有重大影响的长期股权投资采用权益法核算。

二、长期股权投资的核算与操作

1. 核算长期股权投资应设置的账户

企业应设置"长期股权投资""应收股利""投资收益"等账户。

"长期股权投资"账户核算企业持有的采用成本法和权益法核算的长期股权投资。该账户借方登记取得长期股权投资时的成本,以及采用权益法核算时按被投资企业实现的净利润计算的应分享的份额;贷方登记收回长期股权投资的价值,以及采用权益法核算时被投资企业宣告分配现金股利或利润时,企业按持股比例计算的应分享的份额,或被投资企业发生净亏损时按持股比例计算的应分担的份额。该账户期末余额在借方,反映企业持有的长期股权投资的价值。

"应收股利"账户核算企业进行长期股权投资时,实际支付的价款中所包含的已宣告但尚未发放的现金股利或利润。

"投资收益"账户核算企业根据长期股权投资准则确认的投资收益或投资损失。"投资收益"账户应当按照投资项目设置明细账户进行核算。"投资收益"账户的主要账务处理如下。

(1)长期股权投资采用成本法核算的,企业应按被投资单位宣告发放的现金股利或利润中属于投资企业的部分,借记"应收股利"账户,贷记"投资收益"账户。

(2)长期股权投资采用权益法核算的,资产负债表日,企业应按被投资单位实现的净利润或经调整的净利润计算应享有的份额,借记"长期股权投资——损益调整"账户,贷记"投资收益"账户。被投资单位发生亏损、分担亏损份额超过长期股权投资而冲减长期权益账面价值的,企业应借记"投资收益"账户,贷记"长期股权投资——损益调整"账户,但以"长期股权投资"账户的账面价值减记至零为限。发生亏损的被投资单位以后实现净利润的,企业计算的应享有的份额,如有未确认投资损失的,应先弥补未确认的投资损失,弥补损失后仍有余额的,借记"长期股权投资——损益调整"账户,贷记"投资收益"账户。

(3)出售长期股权投资时,企业应按实际收到的金额,借记"银行存款"等账户,原已计提减值准备的,借记"长期股权投资减值准备"账户,按其账面余额,贷记"长期股权投资"账户,按尚未领取的现金股利或利润,贷记"应收股利"账户,按其差额,贷记或借记"投资收益"账户。出售采用权益法核算的长期股权投资时,企业还应按处置长期股权投资的投资成本比例结转原记入"资本公积——其他资本公积"账户的金额,借记或贷记"资本公积——其他资本公积"账户,贷记或借记"投资收益"账户。

(4)期末,企业应将本科目余额转入"本年利润"账户,"投资收益"账户结转后应无余额。

2. 采用成本法核算的长期股权投资

(1)取得长期股权投资时按初始投资成本计价,借记"长期股权投资"账户,贷记"银行存款"等账户。如果实际支付的价款中包含已宣告但尚未发放的现金股利或利润,借记"应收股利"账户,贷记"银行存款"账户。

【操作 3.19】 南方有限责任公司于 2021 年 10 月 10 日购入 G 公司的股票 1 000 000 股,占 G 公司 52% 的股权,准备长期持有。该公司每股发行价为 3 元。另外,该公司购买该股票时发生的有关税费为 20 000 元,款项已由银行存款支付。会计处理:

借:长期股权投资——股票投资(G 公司) 3 020 000
　　贷:银行存款 3 020 000

请思考:该笔业务需要什么凭据?

(2)长期股权投资持有期间被投资单位宣告发放现金股利或利润时,企业按应享有的部分确认为投资收益,借记"应收股利"账户,贷记"投资收益"账户。企业按照上述规定确认自被投资单位应分得的现金股利或利润后,应当考虑长期股权投资是否发生减值。在判断该类长期股权投资是否存在减值迹象时,企业应当关注长期股权投资的账面价值是否大于享有被投资单位净资产账面价值的份额等类似情况。出现类似情况时,企业应当按照《企业会计准则第 8 号——资产减值》对长期股权投资进行减值测试,可收回金额低于长期股权投资账面价值的,应当计提减值准备。

【操作 3.20】 承[操作 3.19],G 公司 2021 年实现净利润 8 000 万元,宣告从中拿出 1 000 万元发放现金股利,每股股利为 0.4 元。南方有限责任公司应收股利金额为 40 万元。会计处理:

G 公司宣告派发现金股利时:

借:应收股利——G 公司 　　　　　　　　　　　　　　　　　400 000
　　贷:投资收益　　　　　　　　　　　　　　　　　　　　　　　　400 000

实际收到时:

借:银行存款 　　　　　　　　　　　　　　　　　　　　　　400 000
　　贷:应收股利——G 公司　　　　　　　　　　　　　　　　　　　400 000

请思考:该笔业务需要什么凭据?

【操作 3.21】 承[操作 3.19],G 公司 2021 年发生巨额亏损,2021 年年末南方有限责任公司对 G 公司的投资按当时市场收益率对未来现金流量折现确定的现值为 2 520 000 元。会计处理:

借:资产减值损失——计提的长期股权投资减值准备 　　　　500 000
　　贷:长期股权投资减值准备　　　　　　　　　　　　　　　　　500 000

请思考:该笔业务需要什么凭据?

(3) 成本法核算下处置长期股权投资时,企业按实际取得的价款与长期股权投资账面价值的差额确认为投资收益,同时结转已计提的长期股权投资减值准备,即处置长期股权投资时按实际收到的金额,借记"银行存款"等账户;按已计提的减值准备,借记"长期股权投资减值准备"账户;按该项长期股权投资的账面余额,贷记"长期股权投资"账户;按尚未领取的现金股利或利润,贷记"应收股利"账户;按其差额,贷记或借记"投资收益"账户。

【操作 3.22】 南方有限责任公司将其长期持有的 B 公司 20 000 股股票,以每股 10 元的价格卖出,支付相关税费 1 500 元,实际收到的价款 198 500 元(含尚未领取的现金股利 5 000 元),存入银行账户。该项长期股权投资的账面余额为 190 000 元,计提减值准备 5 000 元。会计处理:

借:银行存款 　　　　　　　　　　　　　　　　　　　　　198 500
　　长期股权投资减值准备 　　　　　　　　　　　　　　　　　5 000
　　贷:长期股权投资　　　　　　　　　　　　　　　　　　　　190 000
　　　　应收股利　　　　　　　　　　　　　　　　　　　　　　　5 000
　　　　投资收益　　　　　　　　　　　　　　　　　　　　　　　8 500

请思考:该笔业务需要什么凭据?

3. 采用权益法核算的长期股权投资

(1) 长期股权投资取得时。其初始投资成本大于投资时应享有的被投资单位可辨认净资产公允价值份额的,不调整长期股权投资的初始投资成本,借记"长期股权投资——成本"账户,贷记"银行存款"等账户;长期股权投资的初始投资成本小于投资时应享有的被投资单位可辨认净资产公允价值份额的,借记"长期股权投资——成本"账户,贷记"银行存款"等账户,按其差额,贷记"营业外收入"账户。

【操作 3.23】 南方有限责任公司于 2020 年 1 月 8 日购买 B 公司发行的股票 200 000 股

准备长期持有,占 B 公司 30%的股权,对 B 公司有重大影响,每股发行价为 7.5 元。此时 B 公司所有者权益的账面价值为 5 000 000 元(与其公允价值相同)。另外,南方有限责任公司购买股票时发生交易费 10 000 元,款项由银行存款支付。会计处理:

借:长期股权投资——股票投资(成本) 1 510 000

贷:银行存款 1 510 000

请思考:该笔业务需要什么凭据?

分析:该长期股权投资的初始投资成本 1 510 000 元,大于投资时应享有被投资企业可辨认净资产公允价值份额 1 500 000 元(5 000 000×30%)。

【操作 3.24】 承[操作 3.23],假设 B 公司发行的股票每股发行价为 7 元,其他条件不变。会计处理:

借:长期股权投资——股票投资(成本) 1 500 000

贷:银行存款 1 410 000

营业外收入 90 000

请思考:该笔业务需要什么凭据?

> **小贴士**
>
> 在[操作 3.24]中,该长期股权投资的初始投资成本 1 410 000 元,小于投资时应享有被投资企业可辨认净资产公允价值份额 1 500 000 元(5 000 000×30%),其差额是 90 000 元,应调整初始投资成本,其差额作为营业外收入处理。

(2)长期股权投资持有期间被投资企业实现净利润或发生净亏损。投资企业按实现的净利润计算应享有的份额,借记"长期股权投资——损益调整"账户,贷记"投资收益"账户;或按发生的净亏损计算应分担的份额,做相反的会计处理,但以"长期股权投资"账户的账面价值冲减至零为限。被投资企业以后实现净利润并宣告发放现金股利或利润的,投资企业应以收益分享额弥补亏损分担额后,恢复确认收益分享额。

被投资企业以后宣告发放现金股利或利润时,企业计算应分得的部分,借记"应收股利"账户,贷记"长期股权投资——损益调整"账户。

收到被投资企业宣告发放的股票股利时,不作账务处理,在备查账登记。

【操作 3.25】 承[操作 3.23],2020 年 B 公司实现净利润 1 000 000 元,南方有限责任公司在 B 公司的持股比例为 30%,可确认投资收益 300 000 元;2021 年 1 月 20 日,B 公司宣告发放现金股利,每 10 股派 2 元,南方有限责任公司可分派到 40 000 元;2021 年 2 月 15 日,南方有限责任公司收到 B 公司分派的现金股利。会计处理:

① 计算确认南方有限责任公司享有的份额时:

借:长期股权投资——损益调整 300 000

贷:投资收益 300 000

② B 公司宣告发放现金股利时:

借:应收股利 40 000

贷:长期股权投资——损益调整 40 000

③ 收到 B 公司分派的现金股利时：

借：银行存款   40 000

  贷：应收股利   40 000

请思考：该笔业务需要什么凭据？

【操作 3.26】 承[操作 3.25]，2021 年中期，B 公司发生亏损 6 000 000 元；2021 年年末，B 公司实现净利润 5 000 000 元。会计处理：

① 2021 年中期亏损：

借：投资收益   1 770 000

  贷：长期股权投资——损益调整   1 770 000

② 2021 年计算享有的份额：

借：长期股权投资——损益调整   1 470 000

  贷：投资收益   1 470 000

请思考：该笔业务需要什么凭据？

分析：南方有限责任公司确认应承担的投资损失＝－600×30％＝－180（万元）；未确认投资损失前，"长期股权投资"账户的账面价值＝151＋30－4＝177（万元）；南方有限责任公司确认应分享的投资收益＝500×30％＝150（万元），应先弥补未入账的亏损 3 万元，南方有限责任公司确认的收益＝150－3＝147（万元）。

（3）长期股权投资持有期间被投资企业所有者权益的其他变动。在持股比例不变的情况下，对于被投资企业所有者权益的其他变动，投资企业按持股比例计算应享有和承担的部分，借记或贷记"长期股权投资——其他权益变动"账户，贷记或借记"其他综合收益"账户。

【操作 3.27】 承[操作 3.26]，B 公司于 2021 年 9 月 1 日取得的其他债权投资在 12 月 31 日其公允价值大于其账面价值的差额为 1 000 000 元。不考虑所得税因素。会计处理：

① B 公司：

借：其他债权投资——公允价值变动   1 000 000

  贷：其他综合收益   1 000 000

② 南方有限责任公司：

借：长期股权投资——其他权益变动   300 000

  贷：其他综合收益   300 000

请思考：该笔业务需要什么凭据？

（4）权益法核算下处置长期股权投资。因被投资企业除了净损益，所有者权益的其他变动而计入本企业所有者权益的，处置时应将该部分相应地转入当期损益，即将原计入资本公积的金额转入投资收益。其他内容的会计处理与成本法核算下处置长期股权投资时相同。

【操作 3.28】 南方有限责任公司拥有 C 公司有表决权股份的 30％，对 C 公司有重大影响。2021 年 12 月 31 日，南方有限责任公司出售所持 C 公司的全部股权，所得的价款 2 000 万元全部存入银行。出售时，该项股权投资的账面价值为 1 800 万元，其中投资成本 1 400 万元，损益调整 300 万元，所有者权益其他变动 100 万元，长期股权投资减值准备 100 万元，不考虑相关税费。会计处理：

借：银行存款	20 000 000
长期股权投资减值准备	1 000 000
贷：长期股权投资——成本	14 000 000
——损益调整	3 000 000
——其他权益变动	1 000 000
投资收益	3 000 000

请思考：该笔业务需要什么凭据？

三、长期股权投资减值的核算与操作

1. 长期股权投资减值的确认

（1）企业对子公司、合营企业和联营企业的长期股权投资。企业对该长期股权投资在资产负债表日存在可能发生减值的迹象时，即可收回金额低于账面价值的，应将长期股权投资的账面价值减计至可收回金额，减计的金额确认为减值损失，计入当期损益，并计提资产减值损失。

（2）企业对被投资单位不具有控制、共同控制或重大影响，且在活跃市场中没有报价、公允价值不能可靠计量的长期股权投资。

企业对该长期股权投资在资产负债表日的账面价值，与按照类似金融资产当时市场收益率对未来现金流量折现确定的现值之间的差额，确认为减值损失，计入当期损益。

2. 长期股权投资减值的核算

企业计提长期股权投资减值准备，应设置"长期股权投资减值准备"账户核算。企业按应减记的金额，借记"资产减值损失——计提的长期股权投资减值准备"账户，贷记"长期股权投资减值准备"账户。

长期股权投资减值损失一旦确认，在以后会计期间不得转回。

【操作 3.29】 2020 年 12 月 31 日，南方有限责任公司向 C 公司进行长期股权投资，占 C 公司有表决权股份的 60%，对 C 公司有控制权。2021 年 12 月 31 日，该长期股权投资的账面价值为 2 600 万元，由于没有市场公开报价，且不能可靠计量其公允价值，按市场收益率计算，该项长期股权投资此时的预计未来现金流量现值为 2 330 万元，发生减值 270 万元。会计处理：

| 借：资产减值损失——计提长期股权投资减值准备 | 2 700 000 |
| 贷：长期股权投资减值准备 | 2 700 000 |

请思考：该笔业务需要什么凭据？

 **思政园地**

万物互联带来无限商机，我国物联网产业年复合增长率超 25%[①]

提起互联网，人们不陌生，它实现了人和网络以及人和人的连接，让世界变成了"地球村"。而作为互联网的升级版，物联网则连接了人与人、人与物、物与物，实现所有物品与网络的连接，它成为继计算机、网络通信后的第三次信息化浪潮。有了它，我们可以做到"秀才

① 诸玲珍.物联网：万物互联带来无限商机[EB/OL].(2019-05-24)[2022-01-17].http://www.cena.com.cn/ia/20190524/100629.html.

財务会计

不出门,洞悉天下事"。

由于物联网与传统产业融合率极高,渗透力很强,因此,近年来它的发展呈爆炸式增长态势。中国传感器与物联网产业联盟副理事长郭源生告诉《中国电子报》记者,全球物联网市场规模自 2008 年的 500 亿美元已增长至 2018 年的 1 510 亿美元,年复合增速达 15%。

近年来,我国在物联网关键技术研发、应用示范推广、产业协调发展和政策环境建设等方面取得了显著成效,成为全球物联网发展最为活跃的地区之一。2019 年 9 月在无锡发布的《2018—2019 年中国物联网发展年度报告》显示,2013—2018 年,我国物联网产业年复合增长率超过 25%,2018 年产业规模达到 1.2 万亿元。

5G＋AI＋物联网将引爆无限市场需求①

随着国家"互联网＋"等战略的深入实施,预计未来 3 年,物联网技术的发展将使得行业具备从物物简单互联扩充到庞大智能网络的可能。

"未来,从技术发展与商业模式角度看,在注重产品技术创新的同时,更要注重平台架构与服务模式的创新,特别是 5G 技术的到来,以其低延时和万物互联等颠覆性创新,产品技术与平台服务协同、融合一体化结构,将形成应用领域的变革,尤其是工业物联网的推广,即将带来更为庞大的市场需求。"郭源生告诉记者。

未来物联网在智慧城市、智慧家庭、车联网、工业互联网、智慧农业和智慧医疗六大领域拥有巨大潜力。目前,智慧城市领域的智慧安防和智慧物流、智慧家庭领域的智能音箱、智慧农业领域的智慧大棚、智慧医疗领域的医疗服务机器人等都已经在应用阶段。

"5G 时代的到来,更会引爆物联网市场的爆发,它将大幅提升物联网应用的用户体验,同时,物联网的广阔市场也将大幅降低 5G 的使用成本。"赛迪顾问物联网产业研究中心分析师赵振越说。

知识技能 3-2　固定资产的管理与核算

为了完成投资业务核算岗位知识技能 3-2 的工作任务,我们需要学习和掌握哪些基本知识和技能?

知识技能 3-2-1　固定资产的认知与管理

一、固定资产的认知

固定资产是指企业为生产商品、提供劳务、出租或经营管理而持有的,且使用寿命超过一个会计年度的有形资产。

---

① 诸玲珍.物联网:万物互联带来无限商机[EB/OL].(2019-05-24)[2022-01-17].http://www.cena.com.cn/ia/20190524/100629.html.

固定资产的主要特征是:①使用期限较长(使用期限超过 1 年,使用过程中基本保持其原有实物形态);②使用寿命有限(已入账的土地除外);③用于生产经营活动而不是为了出售。

小贴士

《企业会计制度》规定,凡使用期限超过 1 年的房屋、建筑物、机器、机械、运输工具以及其他与生产、经营有关的设备、器具、工具等,作为企业的固定资产。不符合上述条件的劳动资料,应当作为低值易耗品进行管理与核算。

二、固定资产的管理

1. 固定资产的确认

固定资产同时满足以下两个条件才可确认:

(1)与该固定资产有关的经济利益很可能流入企业。企业在确认固定资产时,需要判断与该项固定资产有关的经济利益是否很可能流入企业;在实务中,主要通过判断与该项固定资产所有权相关的风险和报酬是否转移到了企业来确定。

凡是所有权已属于企业,无论企业是否收到或拥有该固定资产,均可作为企业的固定资产;反之,如果没有取得所有权,即使存放在企业,也不能作为企业的固定资产。

总之,企业能够控制与该项固定资产有关的经济利益流入企业,这就意味着与该项固定资产所有权相关的风险和报酬实质上已经转移到了企业,在这种情况下,企业应将该项固定资产予以确认。

(2)该固定资产的成本能够可靠地计量。作为企业资产的重要组成部分,要确认固定资产,企业取得该固定资产所发生的支出必须能够可靠地计量。企业在确定固定资产成本时,如果根据所获得的最新资料能够合理地估计出固定资产的成本,则视同固定资产的成本能够可靠地计量。

例如,对于已经达到预定可使用状态的固定资产,在尚未办理竣工决算前,企业需要根据工程预算、工程造价或者工程实际发生的成本等资料,按暂估价值确定固定资产的成本,待办理了竣工决算手续后再作调整。

2. 固定资产的分类

企业应根据固定资产的经济用途和使用情况,并结合本企业的具体情况,对固定资产进行适当的分类,如图 3-2 所示。

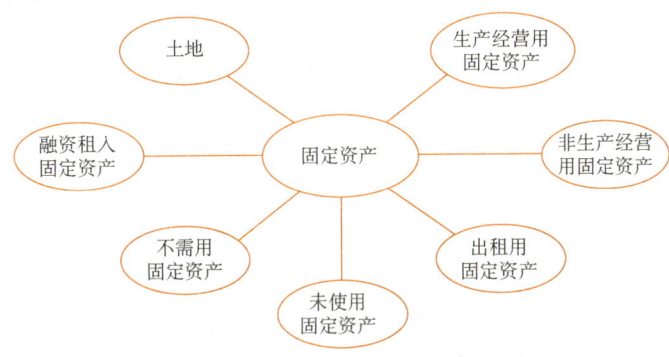

图 3-2 固定资产的分类

（1）生产经营用固定资产。生产经营用固定资产是指直接用于企业生产经营过程的各种固定资产，如生产经营用的房屋及建筑物、机器、机械和工具器具等。

（2）非生产经营用固定资产。非生产经营用固定资产是指不直接用于企业生产经营过程的各种固定资产，如职工宿舍、食堂、浴室等使用的房屋、建筑物、设备等。

（3）出租用固定资产。出租用固定资产是指在经营性租赁的方式下，出租给外单位使用的固定资产。

（4）未使用固定资产。未使用固定资产是指已购建完成尚未交付使用的新增固定资产以及因进行改建、扩建等原因而暂停使用的固定资产。

融资租入
那些事

（5）不需用固定资产。不需用固定资产是指本企业多余的或不适用的，等待调配处理的固定资产。

（6）融资租入固定资产。融资租入固定资产是指企业以融资租赁方式租入的固定资产。在租赁期内，企业应将融资租入固定资产视同自有固定资产进行管理。

（7）土地。土地是指过去已经单独估价入账的土地。企业取得的土地使用权不作为固定资产入账。因征地而支付的补偿费，应计入与土地有关的房屋、建筑物的价值内，不单独作为土地价值入账。

知识技能 3-2-2　固定资产取得的核算与操作

一、固定资产的初始计量

1. 固定资产初始计量的定义

固定资产的初始计量是指固定资产初始成本的确定，即企业购建某项固定资产达到预定可使用状态前所发生的一切合理、必要的支出，包括直接发生的价款、运费、包装费和安装费等；间接发生的借款利息、外币借款折算差额、其他间接费用等。

在某些特定情况下，为反映固定资产的折余价值，固定资产也按净值入账，其净值是指固定资产原值或重置完全价值减去已计提的折旧后的净额。

2. 固定资产初始计量的方法

固定资产的取得方式不同其成本的计量方法也不同。固定资产的取得方式主要包括外购、自行建造、投资者投入、融资租入、债务重组、企业合并、非货币性资产交换等。

外购固定资产的成本包括购买价款、相关税费、使固定资产达到预定可使用状态前所发生的可归属该项资产的运输费、装卸费、安装费和专业人员服务费等。

自行建造固定资产的成本由建造该项资产达到预定可使用状态前所发生的必要的支出构成，包括工程用物资成本、人工成本、交纳的相关税费，应予以资本化的借款费用以及应分摊的间接费用等。

投资者投入固定资产的成本应当按照投资合同或协议约定的价值确定，但合同或协议约定的价值不公允的除外。

融资租入、债务重组、企业合并、非货币性资产交换取得的固定资产成本依据《企业会计准则第 21 号——租赁》《企业会计准则第 12 号——债务重组》《企业会计准则第 20 号——

企业合并》《企业会计准则第 7 号——非货币性资产交换》的规定确认。

二、固定资产取得的核算与操作

1. 核算固定资产应设置的账户

企业应设置"固定资产""在建工程""工程物资"账户来核算企业取得的固定资产的原值。

"固定资产"账户借方登记企业通过各种渠道取得的固定资产的原值,贷方登记处置固定资产时转出的固定资产的原值;期末余额在借方,反映企业固定资产的账面原值。"房屋及建筑物""通用设备""专用设备""运输设备"是"固定资产"账户的明细账户,用来核算企业不同类别的固定资产。

"在建工程"账户核算企业进行基建工程、安装工程、技术改造工程等所发生的实际支出,包括需要安装设备的价值。该账户借方登记建设、安装等工程发生的各项实际支出;贷方登记工程完工结转的工程成本;期末余额在借方,反映在建工程发生的实际成本。"建筑工程""安装工程""在安装设备""待摊支出"是"在建工程"账户的明细账户,用来核算企业不同形式的在建工程。

"工程物资"账户核算企业为在建工程准备的各种物资的实际成本。该账户借方登记企业购入工程物资的成本;贷方登记领用工程物资的成本;期末余额在借方,反映为工程准备的各种物资的成本。

2. 外购固定资产的核算

企业外购固定资产包括:购入不需要安装的固定资产和需要安装的固定资产。

(1) 购入不需要安装的固定资产的核算。企业购入不需要安装的固定资产,应按实际支付的价款、相关税费和包装费、运杂费等费用,作为购入固定资产的入账价值,按实际支付的款项,借记"固定资产"账户,贷记"银行存款"等账户。

【操作 3.30】 南方有限责任公司于 2020 年 5 月 9 日购入一台不需要安装的车床,发票价款为 500 000 元,增值税税额为 65 000 元,支出运输费 6 000 元,增值税税额为 540 元,款项全部用银行存款支付完毕。会计处理:

借:固定资产——车床	506 000	
应交税费——应交增值税(进项税额)	65 540	
贷:银行存款		571 540

请思考:该笔业务需要什么凭据?

分析:可抵扣的增值税税额为 65 000＋540＝65 540(元),"营改增"后运输类增值税适用 9% 的税率。

(2) 购入需要安装的固定资产的核算。企业购入需要安装的固定资产,其购买成本以及发生的安装费等,均应通过"在建工程"账户核算,待安装完毕并交付使用时,再由"在建工程"账户转入"固定资产"账户。

企业购入固定资产交付安装时,按支付的全部款项,借记"在建工程——安装工程"账户,贷记"银行存款"账户;发生安装费时,借记"在建工程——安装工程"账户,贷记"银行存款""原材料"等账户;安装完毕达到预定可使用状态时,按其实际成本作为固定资产的原价转账,借记"固定资产"账户,贷记"在建工程——安装工程"账户。

【操作 3.31】 南方有限责任公司于 2020 年 1 月 28 日购入一台需要安装的设备,取得的增值税专用发票上注明的设备买价为 40 000 元,增值税税额为 5 200 元,支付的运输费用为 1 000 元,增值税税额为 90 元。安装设备时,该公司领用生产用材料价值 2 000 元,支付工资 2 500 元。会计处理:

① 购进设备时:

借:在建工程——安装工程　　　　　　　　　　　　　　　　　41 000

　　应交税费——应交增值税(进项税额)　　　　　　　　　　　 5 290

　　　贷:银行存款　　　　　　　　　　　　　　　　　　　　　　　　　46 290

② 安装设备时:

借:在建工程——安装工程　　　　　　　　　　　　　　　　　 4 500

　　贷:原材料　　　　　　　　　　　　　　　　　　　　　　　　　　　 2 000

　　　　应付职工薪酬——工资　　　　　　　　　　　　　　　　　　　 2 500

③ 达到预定可使用状态时:

借:固定资产　　　　　　　　　　　　　　　　　　　　　　　45 500

　　贷:在建工程——安装工程　　　　　　　　　　　　　　　　　　　 45 500

请思考:该笔业务需要什么凭据?

分析:可抵扣的增值税税额＝5 200＋1 000×9％＝5 290(元)

(3)一笔款项购入多项没有单独标价的固定资产的核算。以一笔款项购入多项没有单独标价的固定资产,应当按照各项固定资产的公允价值比例对总成本进行分配,分别确定各项固定资产的成本。

【操作 3.32】 南方有限责任公司为降低采购成本,于 2020 年 2 月 1 日向 B 公司一次购进了 3 套不同型号的且具有不同生产能力的设备甲、乙、丙。南方有限责任公司为该批设备共支付货款 300 000 元,增值税税额 39 000 元,包装费 24 000 元,全部以银行存款支付。设备甲、乙、丙公允价值分别为 200 000 元、80 000 元和 70 000 元;不考虑其他相关税费。南方有限责任公司的会计处理:

借:固定资产——甲设备　　　　　　　　　　　　　　　　　185 133.6

　　　　　　——乙设备　　　　　　　　　　　　　　　　　　 74 066.4

　　　　　　——丙设备　　　　　　　　　　　　　　　　　　 64 800.0

　　应交税费——应交增值税(进项税额)　　　　　　　　　　39 000.0

　　贷:银行存款　　　　　　　　　　　　　　　　　　　　　　　　363 000.0

请思考:该业务需要什么凭据?

分析:确定固定资产成本:固定资产成本＝300 000＋24 000＝324 000(元)

确定的价值分配比例:

甲设备应分配的固定资产价值比例＝200 000÷(200 000＋80 000＋70 000)×100％＝57.14％

乙设备应分配的固定资产价值比例＝80 000÷(200 000＋80 000＋70 000)×100％＝22.86％

丙设备应分配的固定资产价值比例＝70 000÷(200 000＋80 000＋70 000)×100％＝20％

确定设备甲、乙、丙的入账价值：

甲设备的入账价值＝324 000×57.14％＝185 133.6(元)

乙设备的入账价值＝324 000×22.86％＝74 066.4(元)

丙设备的入账价值＝324 000×20％＝64 800(元)

3. 自行建造固定资产的核算

自行建造的固定资产，按建造该项资产达到预定可使用状态前所发生的必要的支出，作为固定资产的成本。在建造过程中发生的必要支出应先通过"在建工程"账户核算，工程达到预定可使用状态时再转入"固定资产"账户核算。

企业自行建造固定资产包括两种建造方式：自营方式建造和出包方式建造。

（1）自营方式建造固定资产的核算。自营方式建造固定资产是指自行组织工程物资采购，自行组织施工人员施工的建筑工程和安装工程。

其一，购入工程物资时：用于动产工程建设时，借记"工程物资""应交税费——应交增值税(进项税额)"账户，贷记"银行存款"等账户；用于不动产的建设时，借记"工程物资""应交税费——应交增值税(进项税额)""应交税费——待抵扣进项税额"账户，贷记"银行存款"等账户。

其二，领用工程物资时：借记"在建工程"账户，贷记"工程物资"账户。

其三，在建过程中领用本企业原材料时：借记"在建工程"账户，贷记"原材料""应交税费——应交增值税(进项税额转出)"账户。

其四，在建过程中领用本企业库存商品时：借记"在建工程"账户，贷记"库存商品"等账户。

其五，在建过程中发生的其他费用：借记"在建工程"账户，贷记"银行存款""应付职工薪酬"等账户。

其六，辅助生产部门为工程提供水、电、修理、安装、运输等劳务时：借记"在建工程"账户，贷记"生产成本——辅助生产成本"等账户。

其七，工程完工达到预定可使用状态结转固定资产时：借记"固定资产"账户，贷记"在建工程"等账户。

其八，完工后如果有剩余的工程物资：借记"原材料""应交税费——应交增值税(进项税额)"账户，贷记"工程物资"等账户。

注意：如采用计划成本核算的还应调整材料成本差异。

小贴士

工程完工后但尚未办理竣工结算，应根据工程实际发生的成本等，按暂估价值转入固定资产，并计提固定资产折旧。办理竣工结算手续后再调整原来的暂估价值，但不需要调整原已计提的折旧额。

【操作 3.33】 南方有限责任公司于 2021 年 11 月自行建造一座厂房，购入工程物资一批，价款为 500 000 元，支付的增值税进项税额为 65 000 元，款项以银行存款支付。2022 年

1～6月，工程先后领用工程物资 500 000 元；工程领用本公司生产的水泥一批，价值为 64 000 元，应计工程人员工资为 95 800 元。6月底，工程达到预定可使用状态，但尚未办理竣工决算手续，工程按暂估价值结转固定资产成本。7月下旬，该项工程结算实际成本为 700 000 元，经查其与暂估成本的差额为应付职工工资。会计处理：

① 购入工程物资时：

借：工程物资	500 000
应交税费——应交增值税（进项税额）	65 000
贷：银行存款	565 000

② 领用工程物资时：

借：在建工程——房屋及建筑物	500 000
贷：工程物资	500 000

③ 领用本企业生产的水泥时：

借：在建工程——房屋及建筑物	64 000
贷：库存商品	64 000

④ 支付工程人员工资时：

借：在建工程——房屋及建筑物	95 800
贷：应付职工薪酬——工资	95 800

⑤ 6月底，工程达到预定可使用状态时（尚未办理竣工结算手续，固定资产成本按暂估价值入账）：

借：固定资产——房屋及建筑物	659 800
贷：在建工程——房屋及建筑物	659 800

⑥ 7月下旬，按竣工结算实际成本调整固定资产成本时：

借：固定资产——房屋及建筑物	40 200
贷：应付职工薪酬——工资	40 200

请思考：该笔业务需要什么凭据？

（2）出包方式建造固定资产的核算。出包方式建造固定资产是指企业将工程出包给其他工程公司建造固定资产的方式。

企业通过出包方式建造固定资产的，其入账价值应当按照建造该项资产达到预定可使用状态前所发生的必要支出确定，包括建筑工程支出、安装工程支出、在安装设备支出以及需分摊计入的待摊支出。"在建工程"账户实际是企业与建造承包商之间的结算账户。

其一，企业按合同规定预付承包单位的进度工程款时：借记"在建工程——建筑工程""在建工程——安装工程""在建工程——在安装设备"等账户，贷记"银行存款"账户。

其二，工程完工达到预定可使用状态结转固定资产时：借记"固定资产"账户，贷记"在建工程——建筑工程""在建工程——安装工程""在建工程——在安装设备"等账户。

【操作 3.34】 南方有限责任公司于 2020 年 5 月以出包方式建造一座小型厂房，合同总金额为 3 000 000 元。按照合同规定，南方有限责任公司需在开工前预付 30% 的工程款；进入工程二期支付剩余部分的 50%；完工验收后支付全部剩余部分的工程款。

会计处理：

① 预付工程款：

借：在建工程——房屋及建筑物　　　　　　　　　　　　900 000

　　贷：银行存款　　　　　　　　　　　　　　　　　　　　900 000

② 进入工程二期支付剩余部分的 50%：

借：在建工程——房屋及建筑物　　　　　　　　　　　1 050 000

　　贷：银行存款　　　　　　　　　　　　　　　　　　　1 050 000

③ 工程完工支付全部剩余工程款：

借：在建工程——房屋及建筑物　　　　　　　　　　　1 050 000

　　贷：银行存款　　　　　　　　　　　　　　　　　　　1 050 000

④ 计算并结转工程成本：

借：固定资产——房屋及建筑物　　　　　　　　　　　3 000 000

　　贷：在建工程——房屋及建筑物　　　　　　　　　　　3 000 000

请思考：该笔业务需要什么凭据？

4. 投资者投入固定资产的核算

投资者投入固定资产的成本，应当按照投资合同或协议约定的价值确定，但合同或协议约定的价值不公允的除外。

【操作 3.35】　南方有限责任公司于 2022 年 8 月 5 日接受 B 公司的一台设备投资，该台设备的原价为 500 000 元，已提折旧 200 000 元，该设备评估价为 320 000 元。会计处理：

借：固定资产——通用设备　　　　　　　　　　　　　　320 000

　　贷：实收资本　　　　　　　　　　　　　　　　　　　　320 000

请思考：该笔业务需要什么凭据？

知识技能 3-2-3　固定资产折旧的核算与操作

一、固定资产折旧的认知与管理

1. 固定资产折旧的定义

固定资产折旧是指在固定资产使用寿命内，按照确定的方法对应计折旧额进行系统分摊。其中：使用寿命是指企业使用固定资产的预计期间，或者该固定资产所能生产产品或提供劳务的数量。应计折旧额是指应当计提折旧的固定资产的原价扣除其预计净残值后的金额。已计提减值准备的固定资产，还应当扣除已计提的固定资产减值准备累计金额。预计净残值是指假定固定资产预计使用寿命已满并处于使用寿命终了时的预期状态，企业目前从该项资产处置中获得的扣除预计处置费用后的金额。

2. 确定固定资产使用寿命应考虑的因素

企业在确定固定资产的使用寿命时，主要应当考虑下列因素：

(1) 预计生产能力或实物产量。

(2) 预计有形损耗或无形损耗。其中：有形损耗是指固定资产在使用过程中，由于正常使用和自然力的作用而引起的使用价值和价值的损失，如设备使用中发生磨损、房屋建筑物受到自然侵蚀等；无形损耗是指由于科学技术的进步和劳动生产率的提高而带来的固定资产价值上的损失，如因新技术的出现而使现有的资产技术水平相对陈旧，市场需求变化使其所生产的产品过时等。

（3）法律或者类似规定对资产使用的限制。

3. 固定资产折旧的范围

除了以下情况，企业应对所有固定资产计提折旧：

（1）已提足折旧仍继续使用的固定资产。

（2）按照规定单独估价作为固定资产入账的土地。

小贴士

融资租入固定资产，应当采用与自有固定资产相一致的折旧政策来计提折旧。能够合理确定租赁期满时将会取得租赁资产所有权的，企业应当在租赁资产尚可使用年限内计提折旧；无法合理确定租赁期满时能否取得租赁资产所有权的，应当在租赁期与租赁资产尚可使用年限两者中较短的期间内计提折旧。

处于更新改造过程停止使用的固定资产，应将其账面价值转入在建工程，不再计提折旧。更改项目达到预定可使用状态转为固定资产后，企业再按照新确定的折旧方法和该项固定资产尚可使用寿命计提折旧。

因大修理而停用的固定资产应当照提折旧，计提的折旧额应计入相关成本或当期损益。

---

4. 影响固定资产折旧的因素

影响固定资产折旧的主要因素有固定资产原值、预计净残值、预计使用年限和折旧方法。其中，固定资产原值即固定资产的初始成本，它是计算固定资产折旧的主要依据；预计使用年限也是固定资产的折旧年限，是决定固定资产每年折旧额的重要因素。

二、固定资产折旧的核算与操作

1. 固定资产折旧的方法

企业应根据固定资产有关的经济利益的预期实现方式，合理选择固定资产的折旧方法。可选用的折旧方法包括年限平均法、工作量法、双倍余额递减法和年数总和法等。固定资产的折旧方法一经确定，不得随意变更。

（1）年限平均法。年限平均法是将固定资产的应计折旧额在固定资产整个预计使用年限内平均分摊的折旧方法，也称直线法。计算公式如下：

年折旧率＝（1－预计净残值率）÷预计使用年限

月折旧率＝年折旧率÷12

月折旧额＝固定资产原值×月折旧率

【操作 3.36】 南方有限责任公司有一台设备，原始价值为 25 000 元，预计使用年限为 10 年，预计净残值率为 4%。其折旧的相关计算如下：

年折旧率＝（1－4%）÷10＝9.6%

月折旧率＝9.6％÷12＝0.8％

月折旧额＝25 000×0.8％＝200(元)

年限平均法计算简单,适用于在整个使用周期中利用率比较均衡的大多数固定资产。

(2) 工作量法。工作量法是将固定资产的应计折旧额在固定资产预计总工作量中平均分摊的折旧方法。这种方法是将固定资产的折旧同其所完成的工作量挂钩,完成的工作量越大,磨损程度越高,计提的折旧费相应就多。计算公式如下:

单位工作量折旧额＝固定资产原值×(1－预计净残值率)÷预计总工作量

月折旧额＝该项固定资产当月的工作量×单位工作量折旧额

【操作 3.37】 南方有限责任公司有一辆汽车,原始价值为 120 000 元,预计净残值率为 3％,预计总行驶里程为 30 万千米。某月该车行驶了 1 000 千米,试计算当月应计折旧额。

每千米折旧额＝120 000×(1－3％)÷300 000＝0.388(元/千米)

本月折旧额＝0.388×1 000＝388(元)

加速折旧法也称递减折旧法,其特点是在固定资产的有效折旧年限内,前期多提折旧,后期少提折旧,从而相对加快折旧速度,以使固定资产成本尽快得到补偿。加速折旧法一般适用于技术含量较高,受无形损耗影响较大的固定资产。

5分钟学会
加速折旧法

加速折旧的方法通常有双倍余额递减法和年数总和法。

认识加速折旧
政策及其内涵

(3) 双倍余额递减法。双倍余额递减法是在不考虑固定资产净残值的情况下,根据固定资产的期初账面净值和双倍的直线法折旧率计算固定资产折旧的方法。计算公式如下:

双倍直线折旧率＝2÷预计使用年限×100％

年折旧额＝期初固定资产账面折余价值×双倍直线年折旧率

月折旧额＝年折旧额÷12

企业采用双倍余额递减法计提固定资产折旧,为了防止折旧终了时出现账面折余价值与预计净残值不一致的情况,在固定资产折旧年限的最后 2 年,将固定资产账面净值扣除预计净残值后的净额平均摊销。即:

最后 2 年的折旧额＝(固定资产账面净值－预计净残值)÷2

【操作 3.38】 南方有限责任公司某项固定资产原值为 40 000 元,预计净残值为 1 000 元,预计使用年限 5 年,采用双倍余额递减法计提各年固定资产折旧额。

折旧率＝2÷5×100％＝40％

第 1 年的折旧额＝40 000×40％＝16 000(元)

第 2 年的折旧额＝24 000×40％＝9 600(元)

第 3 年的折旧额＝14 400×40％＝5 760(元)

第 4、第 5 年的平均折旧额＝(8 640－1 000)÷2＝3 820(元)

(4) 年数总和法。年数总和法是以固定资产的原值减去预计净残值的余额乘以以固定资产尚可使用年数为分子,以预计使用年限的总和为分母的逐期递减的分数计算每年的折旧额。计算公式如下:

$$年折旧率＝尚可使用年数÷年数总和×100\%$$
$$某年折旧额＝(固定资产原值－预计净残值)×该年折旧率$$

公式中"年数总和"的计算方法是$n×(n＋1)÷2$,这里的n表示预计使用年限。

【操作 3.39】 南方有限责任公司某项固定资产原值为 24 000 元,预计净残值为 1 500 元,预计使用年限 5 年,采用年数总和法计提各年固定资产折旧额。

本例中的"年数总和"就是$5×(5＋1)÷2＝15$,用来作为折旧率的分母;"尚可使用年数"就是把逐期年数倒转顺序,分别作为每年折旧率的分子。5 年的折旧率分别为 5/15、4/15、3/15、2/15、1/15,用这组逐年递减的分数,分别乘以折旧基数,即得每年应提的折旧额。

第 1 年的折旧额＝$(24\ 000－1\ 500)×5/15＝7\ 500$(元)

第 2 年的折旧额＝$(24\ 000－1\ 500)×4/15＝6\ 000$(元)

第 3 年的折旧额＝$(24\ 000－1\ 500)×3/15＝4\ 500$(元)

第 4 年的折旧额＝$(24\ 000－1\ 500)×2/15＝3\ 000$(元)

第 5 年的折旧额＝$(24\ 000－1\ 500)×1/15＝1\ 500$(元)

小贴士

双倍余额递减法和年数总和法两者的区别在于:双倍余额递减法是计提折旧的基数逐年递减,而折旧率不变;年数总和法是折旧率逐年递减,而计提折旧的基数不变。

2. 固定资产折旧的核算

(1) 计提折旧应设置的账户。企业应设置"累计折旧"账户,以核算企业计提的固定资产累计折旧。

"累计折旧"账户属资产类账户,是"固定资产"账户的备抵账户。该账户贷方登记计提的固定资产折旧额和增加固定资产时而相应增加的折旧额;借方登记因出售、报废清理、盘亏等原因减少固定资产时转销的所提折旧额;余额在贷方,表示企业现有固定资产的累计折旧额。该账户只进行总分类核算,不进行明细分类核算。

小贴士

企业应按月计提固定资产折旧,当月增加的固定资产,当月不计提折旧,从下月起计提折旧;当月减少的固定资产,当月仍计提折旧,从下月起停止计提折旧。固定资产提足折旧后,不管是否继续使用,均不再提取折旧;提前报废的固定资产,也不再补提折旧。

(2) 计提折旧的核算。企业计提的固定资产折旧,应根据固定资产的用途(使用部门)分别计入相关资产的成本或当期损益。① 基本生产车间使用的固定资产,计提的折旧计入制造费用,并最终计入生产产品成本;② 管理部门使用的固定资产,计提的折旧计入管理费用;③ 销售部门使用的固定资产,计提的折旧计入销售费用;④ 未使用的固定资产,计提的折旧计入管理费用等。

企业按月计提折旧时,借记"制造费用""管理费用""销售费用"等账户,贷记"累计折旧"账户。

在实际工作中,折旧计算是通过按月编制"固定资产折旧计算表"的形式进行的。折旧

计算表是在上月计提折旧的基础上,根据上月固定资产的增减变动情况计算当月的应计提的折旧。本月应提折旧额的计算公式为:

$$本月应计提的折旧额＝上月实提折旧额＋上月增加的固定资产应提折旧额－\\上月减少的固定资产应提折旧额$$

【操作 3.40】 南方有限责任公司 2022 年 7 月份的固定资产折旧汇总计算表见表 3-4。

表 3-4 固定资产折旧汇总计算表

2022 年 7 月 　　　　　　　　　　　　　　　　　　　　　　　　　　　单位:元

使用部门	上月计提折旧额	加:上月增加的固定资产应提折旧额	减:上月减少的固定资产应提折旧额	本月应提折旧额
A 车间	28 350	1 250		29 600
B 车间	21 000		850	20 150
C 车间	24 150			24 150
车间合计	73 500	1 250	850	73 900
行政管理部门	4 050	250		4 300
出租	1 200			1 200
合计	78 750	1 500	850	79 400

会计处理:

借:制造费用 　　　　　　　　　　　　　　　　　　　　　　　73 900
　　管理费用 　　　　　　　　　　　　　　　　　　　　　　　4 300
　　其他业务支出 　　　　　　　　　　　　　　　　　　　　　1 200
　　贷:累计折旧 　　　　　　　　　　　　　　　　　　　　　79 400

请思考:固定资产折旧汇总计算表编制的依据是什么?

 思政园地

固定资产加速折旧优惠扩围 制造业全行业享利好

固定资产加速折旧优惠有哪些

为鼓励企业扩大投资,促进产业技术升级换代,经国务院批准,自2014年起,对部分重点行业企业简化固定资产加速折旧适用条件。

财政部、国家税务总局先后于2014年、2015年两次下发文件,明确相关固定资产加速折旧优惠政策。

● 主要包括以下四个方面政策内容：

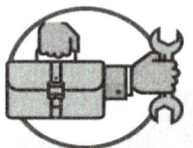 **60%**

六大行业和四个领域重点行业企业新购进的固定资产，均允许按规定折旧年限的60%缩短折旧年限，或选择采取加速折旧方法

 **≤100** 万元

六大行业和四大领域重点行业小型微利企业新购进的研发和生产经营共用的仪器、设备，单位价值不超过100万元的，可一次性税前扣除。所有行业企业新购进专门用于研发的仪器设备，单位价值不超过100万元的，可一次性税前扣除

 **>100** 万元

所有行业企业新购进的专门用于研发的仪器、设备，单位价值超过100万元的，允许加速折旧

 **≤5 000** 元

所有行业企业持有的单位价值不超过5 000元的固定资产，可一次性税前扣除

 **按照党中央、国务院减税降费的决策部署**

自2018年起至2020年，对企业新购进单位价值不超过500万元的设备、器具，允许一次性计入当期成本费用在所得税前扣除，这一政策大幅度提高了此前出台的一次性税前扣除的固定资产单位价值上限

- 为贯彻落实《政府工作报告》关于"将固定资产加速折旧优惠政策扩大至全部制造业领域"的要求,财政部、税务总局制发《公告》,明确自2019年1月1日起,将固定资产加速折旧优惠政策扩大至 全部制造业领域 。

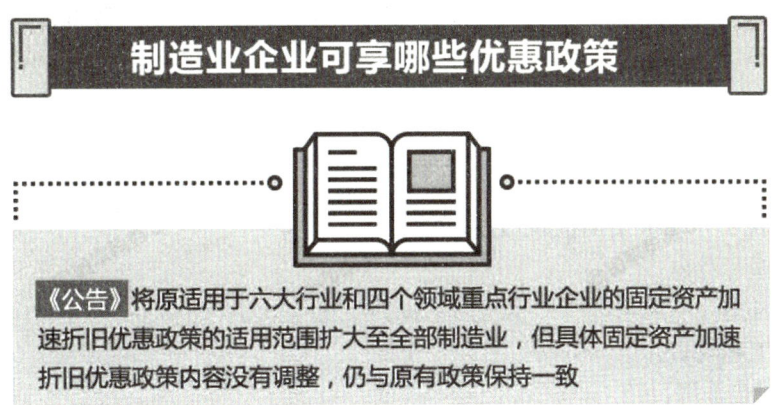

制造业企业可享哪些优惠政策

《公告》将原适用于六大行业和四个领域重点行业企业的固定资产加速折旧优惠政策的适用范围扩大至全部制造业,但具体固定资产加速折旧优惠政策内容没有调整,仍与原有政策保持一致

引文来源:国家税务总局.固定资产加速折旧优惠扩围!制造业全行业享利好[EB/OL].(2019-05-25)[2022-01-17].http://www.chinatax.gov.cn/n810341/n2340339/c4377691/content.html.

知识技能 3-2-4 固定资产更新改造和修理的核算与操作

固定资产更新改造和修理是指企业的固定资产投入使用后,为了适应新技术发展的需要,或者为维护或提高固定资产的使用效能,对现有固定资产进行的维护、改建、扩建或者改良。

固定资产的更新改造和修理费用支出性质包括资本化支出和费用化支出。

1. 更新改造和修理费用的资本化支出的核算

固定资产更新改造和修理费用的资本化支出是指符合固定资产确认条件的,应计入固定资产成本,予以资本化的更改和修理费支出。

在更改或修理过程中,企业应将该固定资产的原值、已计提的累计折旧和固定资产减值准备累计金额转销,将其账面价值转入在建工程,并停止计提折旧。固定资产发生的可资本化的支出,通过"在建工程"账户核算,待更新改造等工程完工并达到预定可使用状态时,再从"在建工程"账户转为"固定资产"账户,并按重新确定的使用寿命、预计净残值和折旧方法计提折旧。

【操作 3.41】 南北航空公司为增值税一般纳税人,2011 年 12 月份,购入一架飞机,总计花费 80 000 000 元(含发动机),发动机当时的购价为 5 000 000 元。南北航空公司未将发动机单独作为一项固定资产进行核算。2020 年 6 月末,南北航空公司开辟新航线,航程增加。为延长飞机的空中飞行时间,公司决定更换一部性能更为先进的发动机。公司以银行存款购入新发动机一台,增值税专用发票上注明的购买价为 7 000 000 元,增值税税额为

910 000 元;另支付安装费用并取得增值税专用发票,注明安装费 100 000 元,税率为 9%,增值税税额 9 000 元。假定飞机的年折旧率为 3%,不考虑预计净残值的影响,替换下的老发动机报废且无残值收入。会计处理:

2020 年 6 月末飞机的累计折旧金额=80 000 000×3%×8.5=20 400 000(元)

① 将固定资产转入在建工程:

借:在建工程	59 600 000	
累计折旧	20 400 000	
贷:固定资产		80 000 000

② 购入并安装新发动机:

借:工程物资	7 000 000	
应交税费——应交增值税(进项税额)	910 000	
贷:银行存款		7 910 000
借:在建工程	7 000 000	
贷:工程物资		7 000 000

③ 支付安装费用:

借:在建工程	100 000	
应交税费——应交增值税(进项税额)	9 000	
贷:银行存款		109 000

④ 2020 年 6 月末,终止确认老发动机的账面价值:

老发动机的账面价值=5 000 000-5 000 000×3%×8.5

=3 725 000(元)

借:营业外支出——处置非流动资产损失	3 725 000	
贷:在建工程		3 725 000

⑤ 新发动机安装完毕,投入使用时:

固定资产的入账价值=59 600 000+7 000 000+100 000-3 725 000

=62 975 000(元)

借:固定资产	62 975 000	
贷:在建工程		62 975 000

请思考:该笔业务需要什么凭据?

2. 更新改造和修理费用的费用化支出的核算

固定资产更新改造和修理费用的费用化支出是指不符合固定资产确认条件的,应在发生时计入当期损益,予以费用化的更改和修理费支出。

为了维持固定资产的正常运转和使用,充分发挥其使用效能,企业会对固定资产进行必要的维护。固定资产的日常维护支出只是确保固定资产的正常工作状态,通常不满足固定资产确认条件,应在发生支出时借记"制造费用""管理费用""销售费用"等账户,贷记"银行存款"等账户。

【操作 3.42】 2020 年 9 月,南方有限责任公司对某车间进行维修,维修费用为 5 000元,增值税税率为 13%,税额为 650 元。

南方有限责任公司的会计处理：

借：管理费用   5 000

      应交税费——应交增值税（进项税额）   650

      贷：银行存款   5 650

请思考：该笔业务需要什么凭据？

知识技能 3-2-5　固定资产处置的核算与操作

1. 固定资产处置的定义和条件

固定资产处置是指固定资产的出售、报废和毁损、对外投资、非货币性资产交换、债务重组等。

固定资产满足下列条件之一的，应当予以终止确认：

（1）该固定资产处于处置状态。

（2）该固定资产预期通过使用或处置不能产生经济利益。

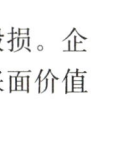

固定资产
的处置

2. 固定资产处置的核算

企业应设置"固定资产清理"账户，核算企业出售、报废固定资产或固定资产的毁损。企业应当将处置收入扣除账面价值和相关税费后的金额计入当期损益。固定资产的账面价值是固定资产成本扣减累计折旧和减值准备后的金额。

固定资产出售、报废或毁损的会计处理如下：

（1）固定资产转入清理的核算。出售、报废或毁损的固定资产转入清理时，企业应按固定资产账面价值，借记"固定资产清理"账户，按已计提的累计折旧，借记"累计折旧"账户，按已计提的减值准备，借记"固定资产减值准备"账户，按固定资产原价，贷记"固定资产"账户。

（2）发生的清理费用的核算。固定资产在清理过程中发生的相关税费及其他费用，借记"固定资产清理"账户，贷记"银行存款""应交税费"等账户。

（3）收回的残料、出售价款或保险赔偿的核算。企业应收回残料或出售价款、计算或收到保险公司或过失人赔偿的损失等，借记"银行存款""原材料""其他应收款"等账户，贷记"固定资产清理"账户。

（4）清理净损益的核算。固定资产清理完成后，"固定资产清理"账户如为借方余额，说明发生了固定资产清理损失，分别按不同情况进行处理：属于生产经营期间正常报废清理产生的处理损失，借记"营业外支出——处置非流动资产损失"账户，贷记"固定资产清理"账户；属于自然灾害等非正常原因造成的损失，借记"营业外支出——非常损失"账户，贷记"固定资产清理"账户。"固定资产清理"账户如为贷方余额，说明发生了固定资产清理收益，则借记"固定资产清理"账户，贷记"营业外收入——处置非流动资产利得"账户。

（5）因出售、转让等原因产生的固定资产处置利得或损失应计入资产处置损益。确认处置净损失，借记"资产处置损益"账户，贷记"固定资产清理"账户；如为净收益，借记"固定资产清理"账户，贷记"资产处置损益"账户。

【操作 3.43】 南方有限责任公司于 2020 年 3 月出售一幢闲置的办公楼。该房屋为自建，其原始价值为 1 500 000 元，已提折旧 500 000 元，发生清理费用 20 000 元，取得转让价款 1 200 000 元，增值税税率为 9%，增值税税额为 108 000 元，款项已收到。会计处理：

① 固定资产转入清理时：

借：固定资产清理　　　　　　　　　　　　　　　　　　　1 000 000

　　累计折旧　　　　　　　　　　　　　　　　　　　　　500 000

　　　贷：固定资产——房屋建筑物　　　　　　　　　　　　　　　1 500 000

② 发生清理费用时：

借：固定资产清理　　　　　　　　　　　　　　　　　　　　20 000

　　　贷：银行存款　　　　　　　　　　　　　　　　　　　　　　20 000

③ 收到售楼款和税款时：

借：银行存款　　　　　　　　　　　　　　　　　　　　1 308 000

　　　贷：固定资产清理　　　　　　　　　　　　　　　　　　　1 200 000

　　　　应交税费——应交增值税（销项税额）　　　　　　　　　108 000

④ 结转固定资产清理收益时：

借：固定资产清理　　　　　　　　　　　　　　　　　　　180 000

　　　贷：资产处置损益　　　　　　　　　　　　　　　　　　　180 000

请思考：该笔业务需要什么凭据？

［操作 3.43］中，固定资产清理完毕后，"固定资产清理"账户为贷方余额 180 000 元（120 000－1 020 000），属于处置净收益，应结转至"资产处置损益"账户的贷方，结转后，"固定资产清理"账户无余额。

知识技能 3-2-6　固定资产清查和减值的核算与操作

一、固定资产清查的核算与操作

固定资产的清查是指企业定期或至少每年年末对固定资产进行清理盘点，以加强管理，保证自有资产的安全。企业在清查过程中，如有盘盈或盘亏固定资产，则应填写固定资产盘盈（或盘亏）清查表（见表 3-5 和表 3-6），并及时查明原因，报批处理。

表 3-5　固定资产盘盈清查表

仪器设备名称	型号	规格	单价	厂家商家	出厂号/序列号	购置日期	经费来源	使用/存放地点	经办人	领用人

表 3-6　固定资产盘亏清查表

仪器设备编号	仪器名称	型号规格	单价	形成原因

1. 固定资产盘盈的核算

企业在财产清查中若发现盘盈固定资产,应当作为重要的前期差错进行处理。企业在按管理权限报经批准前,应先通过"以前年度损益调整"账户核算。

盘盈的固定资产,应按重置成本确定其入账价值,借记"固定资产"账户,贷记"以前年度损益调整"账户;由于以前年度损益调整而增加的所得税费用,借记"以前年度损益调整"账户,贷记"应交税费——应交所得税"账户,将"以前年度损益调整"账户余额转入留存收益时,借记"以前年度损益调整"账户,贷记"盈余公积""利润分配——未分配利润"账户。

固定资产盘盈计营业外收入对吗?

【操作 3.44】 南方有限责任公司在 2020 年年末财产清查中发现有一台账外管理用设备,同类固定资产的市场价格为 62 000 元,预计使用年限为 6 年,已使用 3 年,估计期末净残值为 2 000 元。南方有限责任公司按净利润的 10% 提取法定盈余公积。会计处理:

① 盘盈设备时:

借:固定资产——通用设备   32 000
    贷:以前年度损益调整   32 000

② 报经批准后,转作留存收益:

借:以前年度损益调整   32 000
    贷:盈余公积——法定盈余公积   3 200
       利润分配——未分配利润   28 800

请思考:该笔业务需要什么凭据?

2. 固定资产盘亏的核算

企业盘盈盘亏的账务处理

企业在财产清查中若发现盘亏固定资产,应按其账面价值,借记"待处理财产损溢——待处理非流动资产损溢"账户;按已计提的折旧,借记"累计折旧"账户;按该项固定资产已计提的减值准备,借记"固定资产减值准备"账户;按固定资产原值,贷记"固定资产"账户。按规定程序报经审批处理后,将固定资产的净值扣除过失人及保险公司的赔款后的差额转入"营业外支出——盘亏损失"账户,同时结平"待处理财产损溢——待处理非流动资产损溢"账户。

【操作 3.45】 南方有限责任公司在 2020 年年末财产清查中发现短少一台专用设备,其账面原值为 35 000 元,已提折旧 20 000 元。该专用设备购入时的增值税税额为 4 550 元。会计处理:

① 盘亏设备时:

借:待处理财产损溢——待处理非流动资产损溢   15 000
    累计折旧   20 000
    贷:固定资产——专用设备   35 000

② 转出不可抵扣的进项税额时:

借:待处理财产损溢——待处理非流动资产损溢   1 950
    贷:应交税费——应交增值税(进项税额转出)   1 950

③ 报经批准后,转作营业外支出时:

借:营业外支出——盘亏损失   16 950

    贷:待处理财产损溢——待处理非流动资产损溢   16 950

请思考:该笔业务需要什么凭据?

小贴士

    根据现行增值税有关制度规定,购进货物及不动产发生非正常损失,其负担的进项税额不得抵扣。

二、固定资产减值的核算与操作

固定资产的减值是指固定资产发生损毁、技术陈旧或其他经济原因,导致其可收回金额低于其账面价值。企业应当在会计期末判断固定资产是否存在可能发生减值的迹象。

1. 固定资产减值的判断

存在下列迹象的,表明固定资产可能发生了减值:

(1) 固定资产长期闲置不用并在可预见的将来也不再使用;

(2) 受现代技术飞速发展的影响,不能再产生经济效益的固定资产;

(3) 固定资产已经陈旧过时或其实体已经损坏;

(4) 固定资产已经或者将被闲置、终止使用或者计划提前处置;

(5) 已经不能给企业生产出优质产品并带来经济利益的固定资产;

(6) 其他表明固定资产可能已经发生减值的迹象。

小贴士

    固定资产发生减值的应计提固定资产减值准备,已全额计提固定资产减值准备的,不再计提固定资产折旧。固定资产在未来计提折旧时,应以重新调整后的固定资产账面价值为基础计提折旧。

2. 固定资产减值的核算

(1) 核算固定资产减值应设置的账户。企业应设置"固定资产减值准备"账户,核算企业固定资产减值准备。本账户贷方登记计提的固定资产减值准备金额;借方登记处置固定资产时结转的减值准备金额;期末余额在贷方,反映企业已计提但尚未转销的固定资产减值准备。另外,企业还应设置"在建工程减值准备""工程物资减值准备"账户,核算企业在建工程、工程物资发生的减值。

(2) 固定资产减值的核算。企业发生固定资产减值时,借记"资产减值损失——计提的固定资产减值准备"账户,贷记"固定资产减值准备"账户;如果已计提的固定资产价值又得以恢复,应在原已计提的基础上转回,借记"固定资产减值准备"账户,贷记"资产减值损失——计提的固定资产减值准备"账户。

【操作3.46】 2021年年末,南方有限责任公司一台专用设备存在可能发生减值的迹象,经预测计算,该设备的可收回金额为 1 050 000 元,其账面价值为 1 200 000 元。未计提过减值准备。会计处理:

借:资产减值损失——计提的固定资产减值准备　　　　　150 000
　　贷:固定资产减值准备　　　　　　　　　　　　　　　　　　150 000

请思考:该业务需要什么凭据?
分析:发生减值=1 200 000－1 050 000=150 000(元)

知识技能 3-3　无形资产的管理与核算

为了完成投资业务核算岗位知识技能 3-3 的工作任务,我们需要学习和掌握哪些基本知识和技能?

知识技能 3-3-1　无形资产的认知与管理

一、无形资产的认知

1. 无形资产的定义和特征

无形资产是指企业拥有或者控制的没有实物形态的可辨认非货币性资产。

无形资产具有以下特征:

(1)无形资产没有实物形态,其本质上是一项或多项能够给企业带来未来经济利益的权利。

(2)无形资产是一种非货币性资产。无形资产由于没有发达的交易市场,不易转化为现金,在持有过程中为企业带来未来经济利益的情况不确定,不属于以固定或可确定的金额收取的资产。

(3)无形资产能够为企业带来的未来经济利益具有较大的不确定性。相对于企业的其他资产,无形资产能够带来的经济利益具有很大的风险。

(4)无形资产具有可辨认性。无形资产满足下列条件之一的,则具备可辨认性:①能够从企业中分离或者划分出来,并能单独或者与相关合同一起,用于出售、转移、授予许可、租赁或者交换。②产生于合同性权利或其他法定权利,无论这些权利是否可以从企业或其他权利和义务中转移或者分离。

2. 无形资产的确认

无形资产同时满足下列条件的,才能予以确认:

(1)与该无形资产有关的经济利益很可能流入企业。

(2)该无形资产的成本能够可靠地计量。

二、无形资产的内容

无形资产主要包括如图 3-3 所示内容。

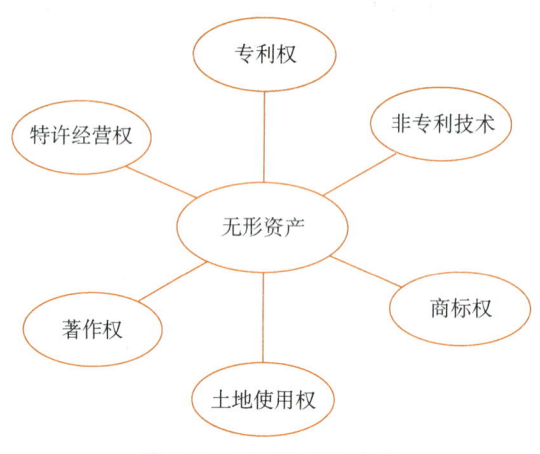

图3-3　无形资产的内容

在实际工作中,不同的无形资产拥有权利的期限也不同。

1. 专利权

专利权是指权利人在法定期限内对某一发明创造所拥有的独占权和专有权。它包括发明权(期限为20年)、实用新型和外观设计专利权(期限为10年)。

2. 非专利技术

非专利技术也称专有技术或技术秘诀,是企业在生产经营过程中使用的、先进的、不公开也不申请专利、可以带来经济利益的知识和技巧等。非专利技术具有经济性、保密性、无期限性等特征。

3. 商标权

商标权是为辨认特定商品或劳务的标志。该标志经商标局核准注册便成为在一定期限内受法律保护的商标权(期限为10年)。商标权包括商品商标、服务商标、集体商标、证明商标等。

4. 土地使用权

土地使用权是指企业依法取得的在一定期间内对国有土地开发、利用、经营的权利。在中国土地的所有权属于国家、集体。任何单位和个人都不拥有土地的所有权。企业可以将土地使用权依法转让。

5. 著作权

著作权也称版权,是指政府依法赋予某项作品的发表权、署名权、修改权、保护作品完整权、使用权、获得报酬权等。它包括精神权利和经济权利。

6. 特许经营权

特许经营权又称专营权,是指企业在某一地区经营或销售某种特定商品的权利或是一家企业接受另一家企业使用其商标、商号、技术秘密等权利。特许经营权有两种形式:一是政府机构授予某特定企业特许经营权;二是一个企业授予另外一个企业特许经营权。

小贴士

　　无形资产根据来源不同,分为外来无形资产和自创无形资产;根据期限不同,分为有期限无形资产和无期限无形资产。

思政园地

专利"多而不优"咋破题①

　　我国知识产权发展状况如何?其在国际上处在什么水平?通过近日发布的《2018年中国知识产权发展状况评价报告》,我们可以找到答案:如果以2010年为基准100,2018年我国知识产权综合发展水平达到257.4——历经多年的较快发展,我国知识产权已经跃居全球中上游水平。

　　以专利制度为主要内容的知识产权制度,是激励创新的基本保障,在国家创新体系建设中有着重要作用。

　　不容忽视的是,我国的知识产权仍然存在"大而不强、多而不优"的问题,其中一个突出表现是,高质量的关键核心专利不多,在部分领域专利布局仍然不够。全球竞争日趋激烈,相关企业在走向国际市场时,不时遭遇知识产权壁垒,竞争力受到很大影响。推动知识产权事业再上台阶,完成由大到强的转变尤为迫切。

　　首先,要转变观念。我国知识产权发展不应再继续单纯追求专利的数量,而应强化专利评价质量导向,采取更加有力的措施,促进专利创造、申请、代理、审查、运用和保护全链条各环节的质量提升。

　　其次,应直面短板,有针对性地优化布局。近年来,我国在专利申请优化布局方面取得了很大进步。企业在知识产权上的投入越来越大,已成为我国PCT(专利合作条约)专利申请的主要力量。以华为、京东方、中兴等为代表的高技术企业积极进行PCT专利布局,2018年共有8家企业进入全球PCT申请量排名前50位,其中华为在5G领域的专利数量处于领先地位。

　　但是,统计数据显示,在世界知识产权组织划分的35个技术领域中,从维持10年以上的发明专利拥有量来看,我国在29个技术领域中数量相对较少。当前,新科技革命或将在新一代信息技术、生物技术、新能源技术、新材料技术、智能制造技术等领域取得突破。可以预见,这些领域将是知识产权竞争的焦点。

知识技能 3-3-2　无形资产的核算与操作

一、核算无形资产应设置的账户

　　企业应设置"无形资产""研发支出""累计摊销"等账户,核算无形资产的取得、摊销和

---

　　① 人民日报.专利"多而不优"咋破题[EB/OL].(2019-07-15)[2022-01-10].https://baijiahao.baidu.com/s?id=1639068164572682352&wfr=spider&for=pc.

无形资产
的核算

处置。

"无形资产"账户核算企业持有的无形资产成本。本账户借方登记取得无形资产的成本;贷方登记处置无形资产转出的账面余额;期末为借方余额,反映企业无形资产的成本。本账户应按无形资产项目设置明细账,进行明细核算。

"研发支出"账户核算企业进行研究与开发无形资产过程中发生的各项支出。本账户借方登记企业自行开发无形资产实际发生的支出;贷方登记研发项目达到预定用途形成无形资产的转出金额及期末转出的费用化金额;期末为借方余额,反映企业正在进行无形资产的研发项目满足资本化的支出。本账户应按研发项目分"资本化支出""费用化支出"进行明细核算。

"累计摊销"账户属于"无形资产"的调整账户,核算企业对使用寿命有限的无形资产计提的累计摊销。本账户贷方登记企业计提的无形资产摊销;借方登记处置无形资产转出的累计摊销;期末为贷方余额,反映企业无形资产的累计摊销额。

如无形资产发生减值的,企业还应设置"无形资产减值准备"账户进行核算。

二、无形资产取得的核算与操作

企业取得无形资产时,应按其成本进行初始计量。企业取得无形资产的主要方式有外购、自行研究开发、投资者投入、非货币性资产交换、债务重组、政府补助和企业合并取得等,以下主要介绍前三类取得无形资产的核算。

1. 外购无形资产的核算

外购的无形资产成本包括外购价款、相关税费以及直接归属于使该项资产达到预定用途所发生的其他支出。企业购入无形资产时,借记"无形资产"账户,贷记"银行存款"等账户。

【操作 3.47】 2020 年 4 月,南方有限责任公司购入一项专利,价款为 200 000 元,另支付可直接归属于该项资产的相关费用 500 元,款项通过银行转账支付。会计处理:

借:无形资产——专利技术　　　　　　　　　　　　　　　200 500
　　贷:银行存款　　　　　　　　　　　　　　　　　　　　200 500

请思考:该笔业务需要什么凭据?

【操作 3.48】 2020 年 5 月,南方有限责任公司购入一项非专利技术,支付的买价和有关费用共计 600 000 元,公司签发商业承兑汇票支付款项。会计处理:

借:无形资产——非专利技术　　　　　　　　　　　　　　600 000
　　贷:应付票据　　　　　　　　　　　　　　　　　　　　600 000

请思考:该笔业务需要什么凭据?

2. 自行研究开发无形资产的核算

企业内部研究开发无形资产的成本应区分研究阶段支出和开发阶段支出。研发支出不满足资本化条件的,借记"研发支出——费用化支出"账户,贷记"银行存款"等账户;满足资本化条件的,借记"研发支出——资本化支出"账户,贷记"原材料""银行存款""应付职工薪酬"等账户。研发项目达到预定用途形成无形资产的,应借记"无形资产"账户,贷记"研发支出——资本化支出"账户。期末,企业应将"研发支出——费用化支出"账户的余额转入"管理费用"账户。

【操作 3.49】 南方有限责任公司自行研究开发一项技术,截至 2020 年年末,公司发生研发支出共计 2 000 000 元。该技术经测试完成了研究阶段,从 2021 年年初开始进入开发阶段。2021 年,公司发生研发支出 300 000 元,假设符合《企业会计准则第 6 号——无形资产》规定的开发支出资本化的条件。2021 年 6 月 30 日,该项研发工作结束,公司开发出一项非专利技术。会计处理:

① 2020 年发生的研发支出:

借:研发支出——费用化支出   2 000 000
    贷:银行存款   2 000 000

② 2020 年发生的研发支出均属于研究阶段的支出:

借:管理费用   2 000 000
    贷:研发支出——费用化支出   2 000 000

③ 2021 年发生的开发支出满足资本化确认条件:

借:研发支出——资本化支出   300 000
    贷:银行存款   300 000

④ 2021 年 6 月 30 日该项研发工作完成并形成无形资产:

借:无形资产——非专利技术   300 000
    贷:研发支出——资本化支出   300 000

请思考:该笔业务需要什么凭据?

3. 投资者投入无形资产

投资者投入无形资产的成本应当按照投资合同或协议约定的价值确定,但合同或协议约定价值不公允的除外。企业取得投资者投入的无形资产时,借记"无形资产"账户,贷记"实收资本"(或"股本")账户。

【操作 3.50】 南方有限责任公司于 2022 年 5 月接受某投资者以其注册商标作为投资,合同或协议约定的价值为 200 000 元。会计处理:

借:无形资产——商标权   200 000
    贷:实收资本   200 000

请思考:该笔业务需要什么凭据?

【操作 3.51】 南方有限责任公司于 2022 年 5 月接受某投资者以其拥有的非专利技术投资,双方协定的价值为 340 000 元,已办妥相关手续。会计处理:

借:无形资产——非专利技术   340 000
    贷:实收资本   340 000

请思考:该笔业务需要什么凭据?

 思政园地

国家税务总局发布《公告》激励企业加大研发投入[①]

2021 年 9 月 14 日,国家税务总局对外发布《国家税务总局关于进一步落实研发费用加计

① 国家税务总局.国家税务总局发布公告进一步激励企业加大研发投入[EB/OL].(2021-09-15)[2022-01-17].
http://www.gov.cn/xinwen/2021-09/15/content_5637321.htm.

扣除政策有关问题的公告》(以下简称《公告》),在允许企业 2021 年 10 月份纳税申报期享受上半年研发费用加计扣除的基础上,2021 年 10 月份纳税申报期再增加一个季度优惠。同时,优化简化研发支出辅助账样式,调整优化计算方法,促进企业提前享受研发费用加计扣除优惠。

研发费用加计扣除是指企业为开发新技术、新产品、新工艺发生的研究开发费用,可以在计算应纳税所得额时,在实际发生支出数额的基础上,再加成一定比例,作为计算应纳税所得额时的扣除数额进行加计扣除。研发费用加计扣除政策,是促进企业技术进步的一项重要税收优惠政策。

三、无形资产摊销的核算与操作

无形资产摊销是指对使用寿命有限的无形资产进行的摊销。其摊销应自无形资产达到预定用途可供使用的当月起开始摊销,处置当月不再摊销。使用寿命不确定的无形资产不应摊销。

无形资产的摊销方法包括直线法、生产总量法等。企业选择摊销方法,应当反映与该项无形资产有关的经济利益的预期实现方式;无法可靠确定预期实现方式的,应当采用直线法摊销。

企业应当按月对无形资产进行摊销,其摊销金额一般应计入当期损益。如企业自用的无形资产,其摊销金额计入管理费用,摊销时,借记"管理费用——无形资产摊销"账户,贷记"累计摊销"账户;如出租的无形资产,其摊销金额计入其他业务成本,摊销时,借记"其他业务成本——无形资产摊销"账户,贷记"累计摊销"账户;如某项无形资产包含的经济利益通过所生产的产品或其他资产实现的,其摊销金额计入相关资产成本。

【操作 3.52】 南方有限责任公司于 2020 年 12 月购买了一项专利权,入账价值为 300 000 元,估计使用寿命为 5 年,以直线法进行摊销。会计处理:

借:管理费用——无形资产摊销   5 000

    贷:累计摊销   5 000

请思考:该笔业务需要什么凭据?

分析:无形资产年摊销额 = 300 000 ÷ 5 = 60 000(元)

无形资产月摊销额 = 60 000 ÷ 12 = 5 000(元)

【操作 3.53】 2020 年 6 月 1 日,南方有限责任公司将其自行开发完成的非专利技术出租给 B 公司,该非专利技术成本为 3 600 000 元,双方约定出租期限为 10 年,用直线摊销法摊销。会计处理:

借:其他业务成本——无形资产摊销   30 000

    贷:累计摊销   30 000

请思考:该笔业务需要什么凭据?

分析:无形资产年摊销额 = 3 600 000 ÷ 10 = 360 000(元)

无形资产月摊销额 = 360 000 ÷ 12 = 30 000(元)

四、无形资产减值的核算与操作

企业应当在资产负债表日判断无形资产是否存在可能发生减值的迹象。如果企业所持有的无形资产的账面价值高于其可收回金额的,企业应当将无形资产的账面价值减计至可收回金额,减计的金额确认为减值损失,应按其差额,借记"资产减值损失——计提的无形资产减值准备"账户,贷记"无形资产减值准备"账户。已计提的无形资产减值准备以后不得转回。

【操作 3.54】 2020 年 6 月 30 日,市场上某项技术生产的产品销售势头较好,已对南方有限责任公司产品的销售产生重大不利影响。南方有限责任公司外购的类似专利技术的账面价值为 800 000 元,剩余摊销年限为 4 年,经测试,该项专利技术的可收回金额为 750 000 元。可收回金额低于账面价值 50 000 元(800 000－750 000),应按其差额计提减值准备。会计处理:

借:资产减值损失——计提的无形资产减值准备　　　　　　50 000
　　贷:无形资产减值准备　　　　　　　　　　　　　　　　　　50 000

请思考:该笔业务需要什么凭据?

五、无形资产处置的核算与操作

无形资产的处置是指无形资产的出售、转让、毁损和报废。

1. 出售无形资产的核算

企业出售无形资产时,应当将该无形资产的账面价值予以转销。借记"银行存款""累计摊销"等账户,贷记"无形资产""应交税费——应交增值税(销项税额)"等账户,按其差额贷记或借记"营业外收入"或"营业外支出"账户。

【操作 3.55】 南方有限责任公司于 2020 年 6 月 1 日将其购买的一项专利权转让给 B 公司,该专利权的成本为 600 000 元,已摊销 220 000 元,应交税费 25 000 元,实际取得的转让价款为 500 000 元,增值税税率为 6%,增值税税额为 30 000 元,款项 530 000 元已存入银行。会计处理:

借:银行存款　　　　　　　　　　　　　　　　　　530 000
　　累计摊销　　　　　　　　　　　　　　　　　　220 000
　　贷:无形资产——专利权　　　　　　　　　　　　600 000
　　　　应交税费——应交增值税(销项税额)　　　　30 000
　　　　营业外收入——处置非流动资产利得　　　　　120 000

请思考:该笔业务需要什么凭据?

2. 报废无形资产的核算

如果无形资产预期不能为企业带来经济利益,应将其报废并予转销,其账面价值转作当期损益。转销时应按已计提的累计摊销,借记"累计摊销"账户,按其账面余额,贷记"无形资产"账户,按其差额,借记"营业外支出"账户。已计提减值准备的应同时结转减值准备。

【操作 3.56】 2020 年 12 月 31 日,南方有限责任公司某项专利权的账面余额为 6 000 000 元。该专利权的摊销期限为 10 年,已摊销 5 年。该专利的残值为零,已累计计提减值准备 1 600 000 元。假设该专利技术生产的产品已没有市场,预期不能再为企业带来经济利益(假定不考虑其他因素)。会计处理:

借:累计摊销　　　　　　　　　　　　　　　　　3 000 000
　　无形资产减值准备　　　　　　　　　　　　　1 600 000
　　营业外支出——处置非流动资产损失　　　　　1 400 000
　　贷:无形资产——专利权　　　　　　　　　　　6 000 000

请思考:该笔业务需要什么凭据?

 **思政园地**

碰瓷还是巧合？边界在哪——从著作权法看抄袭事件①

"抄袭剽窃者不应成为榜样！"2020年12月份，近300名知名编剧、导演、作家等发布联名公开信或倡议书，指出屡有抄袭劣迹的编剧、导演（于正、郭敬明）在节目内外进行话题炒作，以此追逐点击率、收视率，呼吁影视从业者自尊自律、尊重原创，拒绝抄袭、剽窃、融梗，由此引发了一场尊重版权、抵制抄袭的讨论。

2020年12月底，郭敬明、于正分别就此前的抄袭行为向庄羽、琼瑶进行公开道歉，庄羽、琼瑶分别表示接受道歉并提出相关倡议。

2021年2月5日，这起"近300名影视从业者和网络作家联名抵制抄袭剽窃"事件入选国家版权局发布的2020年中国版权十件大事。

多年前的抄袭事件至今余波未平，让人不禁感慨社会上尊重版权、尊重创作的意识有了显著提高。但是，当前抄袭事件仍多有发生，屡屡引发公众关注。到底是故意碰瓷还是无意中的巧合？亟待揭开抄袭事件的面纱，依据法律来定分止争。

"著作权法只保护表达、不保护思想"①

2006年5月，北京市高级人民法院作出终审判决，认定郭敬明《梦里花落知多少》抄袭庄羽《圈里圈外》成立，确认该书有12个主要情节与《圈里圈外》雷同，在一般情节和语句上共有57处雷同，判决郭敬明和涉事出版社赔偿庄羽经济损失20万元、精神损失费1万元，要求郭敬明公开道歉，或直接将判决书内容刊登在报纸上。

改头换面、人物错位、颠倒顺序……在这起案件中，庄羽称郭敬明剽窃其《圈里圈外》一书的构思、故事线索、部分情节、语言风格等，甚至照搬该书的片段。如此明目张胆地抄袭大跌公众的眼镜，那么，我国法律对"抄袭"又是如何规定的？

据了解，1990年颁布的著作权法规定：剽窃、抄袭他人作品的，属于侵权行为。这是著作权法最早在法律文本中直接使用"抄袭"一词。1999年，《国家版权局版权管理司关于如何认定抄袭行为给青岛市版权局的答复》中指出："著作权法所称抄袭、剽窃，是同一概念，指将他人作品或者作品的片段窃为己有。"2001年我国修改著作权法时，"抄袭"一词被删除。当前的著作权法第52条则规定"有下列侵权行为的，应当根据情况，承担停止侵害、消除影响、赔礼道歉、赔偿损失等民事责任"，其中包括"剽窃他人作品的"。

"实践中，人们所表述的抄袭，一般来说比著作权法意义上的抄袭或者剽窃的范围要广。"中国人民大学法学院知识产权法教研室主任万勇指出，有时某人只是使用了他人的"思想"，在日常生活中会被认为是抄袭，但是在著作权法意义上并不构成抄袭。因为，著作权法只保护表达、不保护思想，这就是"思想与表达二分法原则"。

万勇表示，思想一般指创意，表达一般指文字、色彩、线条等符号的最终形式。著作权法之所以采用上述原则，主要是因保护思想会限制后来作者的创作空间，阻碍文化传播。在文

---

① 光明日报.碰瓷还是巧合？边界在哪——从著作权法看抄袭事件[EB/OL].（2021-02-20）[2022-01-17].https://m.gmw.cn/baijia/2021-02/20/34627756.html.

学作品中,思想与表达界限的划分比较复杂。而文学作品的表达不仅表现为文字性的表达,也包括文字所表述的故事内容,但人物设置及其相互的关系以及由具体事件的发生、发展和先后顺序等构成的情节,只有具体到一定程度,反映出作者独特的选择、判断、取舍,才能成为著作权法保护的"表达"。

根据"思想与表达二分法原则",著作权法所保护的是作品中具有独创性的表达,而非抽象的思想本身。如果不允许人们自由使用他人的思想,可能造成创作枯竭,阻碍文化传播。因此如果主张创作某短视频的理念或主题被抄袭,一般难以得到支持。"当然,未经许可完全照搬他人作品、与他人作品构成实质性相似或者未经授权改编他人作品,则可能侵权。"北京市东城区人民法院法官高翡说。

本模块小结

模块3 投资业务的管理与核算

知识技能3-1

短期投资和长期投资的管理与核算

- 投资的认知与管理
- 交易性金融资产的核算与操作
- 债权投资的核算与操作
- 其他债权投资的核算与操作
- 长期股权投资的核算与操作

知识技能3-2

固定资产的管理与核算

- 固定资产的认知与管理
- 固定资产取得的核算与操作
- 固定资产折旧的核算与操作
- 固定资产更新改造和修理的核算与操作
- 固定资产处置的核算与操作
- 固定资产清查和减值的核算与操作

知识技能3-3

无形资产的管理与核算

- 无形资产的认知与管理
- 无形资产的核算与操作

考证知识训练

Ⅰ 单项选择题

1. 下列各项中,不作为企业金融资产核算的是(　　)。
    A. 购入准备持有至到期的债券投资　　　　B. 购入不准备持有至到期的债券投资
    C. 购入短期内准备出售的股票　　　　D. 购入在活跃市场上没有报价的长期股权投资

2. 下列金融资产中,应按公允价值进行初始计量,且交易费用计入当期损益的是(　　)。
    A. 交易性金融资产　　　　B. 债权投资

C. 应收款项　　　　　　　　　　　　　　　D. 其他债权投资

3. 企业购入 B 股票 20 万股,划分为交易性金融资产,支付的价款 103 万元,其中包含已宣告发放的现金股利 3 万元和支付交易费用 2 万元。该项交易性金融资产的入账价值为(　　)万元。

A. 103　　　　　　B. 98　　　　　　C. 102　　　　　　D. 105

4. 2020 年 12 月 31 日,某股份公司持有某股票 10 万股,并将其划分为其他债权投资,购入时每股公允价值为 17 元。2021 年年末,该股票账面价值为 204 万元,包括成本 170.4 万元和公允价值变动 33.6 万元。该公司于 2022 年 6 月 2 日以每股 19 元的价格将该股票全部出售,支付手续费 1 万元,该业务对 2022 年半年度中期报表损益的影响是(　　)万元。

A. 18.6　　　　　　B. 33.6　　　　　　C. 20　　　　　　D. 15

5. 除了取得时已计入应收项目的现金股利或者利息,交易性金融资产持有期间获得的现金股利或者利息应(　　)。

A. 冲减交易性金融资产　　　　　　　　　B. 冲减财务费用

C. 冲减应收股利　　　　　　　　　　　　D. 计入投资收益

6. A 公司于 2021 年 1 月 5 日从证券市场上购入 B 公司发行在外的股票 100 万股作为其他债权投资,每股支付价款 6 元(含已宣告但尚未发放的现金股利 0.5 元),另支付相关费用 12 万元,不考虑其他因素,则 A 公司可供出售金融资产取得时的入账价值为(　　)万元。

A. 600　　　　　　B. 612　　　　　　C. 550　　　　　　D. 562

7. 企业购入股票作为交易性金融资产,投资成本是指(　　)。

A. 股票的面值和交易费用之和　　　　　　B. 股票的公允价值

C. 实际支付的价款　　　　　　　　　　　D. 实际支付的交易费用

8. 南方有限责任公司于 2022 年 1 月 3 日购入当日发行的面值为 2 400 万元的公司债券。债券的买价为 2 700 万元,另支付相关税费 20 万元。该公司债券票面年利率为 8%,期限为 5 年,一次还本付息。该公司将其划分为债权投资,则购入该公司债券时企业计入"债权投资——利息调整"账户的金额为(　　)万元。

A. 300　　　　　　B. 20　　　　　　C. 280　　　　　　D. 320

9. (　　)是指企业为购买股票、债权、基金等根据有关规定存入证券公司指定银行开立的投资专户的款项。

A. 银行汇票存款　　B. 银行本票存款　　C. 其他货币资金　　D. 存出投资款

10. 企业以 79 600 元的价格购入面值 80 000 元、票面利率 6%、3 年期限、到期一次还本付息的债券作为债权投资。该投资到期时的账面价值为(　　)元。

A. 79 600　　　　　　B. 80 000　　　　　　C. 84 800　　　　　　D. 94 400

11. 到期一次还本、分期付息的债权投资与到期一次还本付息的债权投资,会计核算上的主要差别在于(　　)不同。

A. 初始投资成本的确认方法　　　　　　　B. 债权投资减值的核算

C. 应收票面利息核算所使用的会计科目　　D. 交易费用的核算

12. 企业的长期股权投资应当采用成本法核算的情况是(　　)。

A. 具有控制、共同控制和重大影响　　　　B. 不具有控制或重大影响

C. 实施控制　　　　　　　　　　　　　　D. 具有控制或无重大影响

13. 南方有限责任公司投资 2 600 万元(含相关税费 18 万元),占 B 公司所有权股份的 25%,采用权益法核算。投资时,B 公司可辨认净资产公允价值为 10 000 万元。南方有限责任公司确定的股权投资成本为(　　)万元。

A. 2 500　　　　　　B. 2 482　　　　　　C. 2 582　　　　　　D. 2 600

14. 资产负债表日,应按账面摊余成本计量的投资是( )。

    A. 交易性金融资产   B. 债权投资

    C. 其他债权投资   D. 长期股权投资

15. 企业以外币借款购建固定资产,发生的借款利息和汇兑差额应( )。

    A. 全部计入发生当期的财务费用

    B. 全部计入固定资产的购建成本

    C. 全部计入待摊费用

    D. 在固定资产达到预定可使用状态前所发生的计入固定资产的购建成本;达到预定可使用状态后所发生的计入发生当期的财务费用

16. 某企业购入一台需要安装的设备,取得的增值税专用发票上注明的设备买价为 50 000 元,增值税税额为 6 500 元,支付的运输费用为 1 000 元。设备安装时领用生产用材料价值 1 000 元,购进该批材料物资时支付的增值税税额为 130 元,设备安装时支付有关人员工资 2 500 元。该固定资产的入账价值为( )元。

    A. 54 500   B. 58 915   C. 61 415   D. 63 170

17. 企业的在建工程在达到预定可使用状态前所取得的收入,应当( )。

    A. 作为主营业务收入   B. 作为其他业务收入

    C. 作为营业外收入   D. 冲减在建工程成本

18. 某企业将一台闲置不用的固定资产清理出售,该设备的账面原价为 500 000 元,累计折旧为 350 000 元,发生的清理费用为 3 500 元,销售收入为 185 000 元,该设备的清理收益为( )元。

    A. 50 000   B. 46 500   C. 22 250   D. 22 000

19. 下列固定资产中,应计提折旧的是( )。

    A. 未使用的、不需使用的固定资产   B. 当月交付使用的固定资产

    C. 未提足折旧提前报废的设备   D. 已提足折旧仍继续使用的设备

20. 接受捐赠的固定资产,应按其净值扣除应交所得税后的金额贷记"( )"账户。

    A. 营业外收入   B. 资本公积   C. 实收资本   D. 其他业务收入

21. 某设备的账面原价为 22 万元,已提折旧 3 万元,已提减值准备 2 万元,其公允价值为 20 万元。则该设备的账面价值为( )万元。

    A. 20   B. 22   C. 17   D. 19

22. 固定资产报废清理后的净损失,应计入( )。

    A. 投资损失   B. 管理费用   C. 营业外支出   D. 其他业务支出

23. 购入固定资产支付的增值税应计入( )。

    A. 管理费用   B. 制造费用

    C. 应交税费——应交增值税(进项税额)   D. 固定资产原价

24. 与年限平均法相比,采用年数总和法对固定资产计提折旧将使( ),企业利润减少。

    A. 计提折旧的初期,固定资产净值减少

    B. 计提折旧的初期,固定资产原值减少

    C. 计提折旧的后期,固定资产净值减少

    D. 计提折旧的后期,固定资产原值减少

25. 因建造固定资产而发生的利息支出,属于在固定资产达到预定可使用状态前所发生的,计入( )。

    A. 在建工程   B. 财务费用   C. 营业费用   D. 待摊费用

26. 某企业在筹建期间,由于水灾导致部分在建工程毁损,扣除残料价值和保险公司赔款后的净损失应当计入( )。

A. 继续施工工程的成本　　　　　　　　B. 长期待摊费用

C. 管理费用　　　　　　　　　　　　D. 营业外支出

27. 某企业接受捐赠的固定资产一台,根据捐赠设备的发票、报关单等有关单据确定其价值为 50 000 元,另发生运输费用 1 000 元,发生安装费 1 500 元。该企业适用的所得税税率为 25%。企业收到捐赠的设备时,应贷记"营业外收入"(　　)元。

A. 37 500　　　B. 50 000　　　C. 36 000　　　D. 12 500

28. 企业转让无形资产使用权所取得的收入应计入(　　)。

A. 产品销售收入　　　　　　　　　　B. 其他业务收入

C. 资产处置损益　　　　　　　　　　D. 投资收益

29. 企业购置计算机硬件所附带的,单独计价的软件应作为(　　)核算。

A. 固定资产　　　B. 存货　　　C. 无形资产　　　D. 投资

30. 甲企业兼并乙企业,乙企业的资产总额为 200 万元,负债为 60 万元,甲企业实际支付了乙企业 150 万元,乙企业商誉价值为(　　)万元。

A. 10　　　B. 140　　　C. 90　　　D. 50

31. 下列费用中,应计入自创无形资产价值的是(　　)。

A. 研究开发费　　　　　　　　　　　B. 广告费

C. 依法取得时发生的注册费　　　　　　D. 宣传费

32. 企业自创专利权在依法申请取得前发生的研究开发费用应在发生时(　　)。

A. 确认为当前费用　　　　　　　　　　B. 计入无形资产价值

C. 确认为递延资产　　　　　　　　　　D. 确认为长期投资

33. 企业某专利权账面原价为 80 000 元,已摊销 30 000 元,已计提减值准备 10 000 元,期末企业预期可收回金额为 30 000 元,下列分录中,正确的是(　　)。

A. 借:无形资产减值准备　　　　　　　　　　　　　　　10 000

　　贷:管理费用——计提的无形资产减值准备　　　　　　　　　　10 000

B. 借:无形资产减值准备　　　　　　　　　　　　　　　20 000

　　贷:营业外支出——计提的无形资产减值准备　　　　　　　　　　20 000

C. 借:无形资产减值准备　　　　　　　　　　　　　　　10 000

　　贷:管理费用——计提的无形资产减值准备　　　　　　　　　　10 000

D. 借:资产减值损失——计提的无形资产减值准备　　　　　10 000

　　贷:无形资产减值准备　　　　　　　　　　　　　　　　　　10 000

34. 转让无形资产的所有权时,应结转的转让成本是(　　)。

A. 无形资产的历史成本　　　　　　　　B. 无形资产的摊余价值

C. 合同的转让价值　　　　　　　　　　D. 发生的与转让有关的各种费用支出

35. 企业通过行政划拨方式取得的土地使用权,未入账核算,在将其转让时,应(　　)。

A. 将补交的土地出让金予以资本化　　　B. 将转让金额予以资本化

C. 直接计入当期损益　　　　　　　　　D. 作为其他业务收入

36. 企业接受投资者以无形资产进行的投资,该无形资产账面原价为 50 000 元,已摊销 10 000 元,已计提减值准备 10 000 元,评估价值 60 000 元,则入账价值为(　　)元。

A. 50 000　　　B. 40 000　　　C. 30 000　　　D. 60 000

37. 期末,企业已提减值准备的无形资产的账面价值低于其可收回金额,应(　　)。

A. 借:资产减值损失——计提的无形资产减值准备

　　贷:无形资产减值准备

B. 借：管理费用——计提的无形资产减值准备

　　贷：无形资产减值准备

C. 借：无形资产减值准备

　　贷：营业外支出——计提的无形资产减值准备

D. 不进行账务处理

38. 下列有关企业筹建期间发生的开办费会计处理的叙述中,正确的是(　　)。

A. 直接计入费用发生当月的损益,计入管理费用

B. 在不超过 2 年的期限内平均摊销,计入管理费

C. 在企业开始生产经营当月一次性摊销入当月损益,计入管理费用

D. 在企业开始生产经营 1 年内平均摊销,计入管理费用

39. 南方有限责任公司收购 B 公司,实际支付 1 000 万元,B 公司资产总额为 2 000 万元,负债总额 1 600 万元,B 公司的商誉价值为(　　)万元。

A. 1 000　　　　　B. 600　　　　　C. 2 000　　　　　D. 400

Ⅱ　多项选择题

1. 企业不得将金融资产划分为债权投资的有(　　)。

A. 初始确认时即被指定为以公允价值计量且其变动计入当期损益的非衍生金融资产

B. 初始确认时即被指定为可供出售的非衍生金融资产

C. 符合贷款和应收款项的定义的非衍生金融资产

D. 企业购买的某公司的股票投资

2. 下列说法中,属于金融资产发生减值客观证据的有(　　)。

A. 发行方或债务人发生严重财务困难

B. 债务人违反了合同条款,如偿付利息或本金发生违约或逾期等

C. 债权人出于经济或法律等方面因素的考虑,对发生财务困难的债务人做出让步

D. 债务人很可能倒闭或进行其他财务重组

3. 下列关于长期股权投资会计处理的表述中,正确的有(　　)。

A. 对合营企业的长期股权投资应采用权益法核算

B. 长期股权投资减值准备一经确认,在以后会计期间不得转回

C. 取得其他债权投资发生的交易费用应直接计入资本公积

D. 处置其他债权投资时,以前期间因公允价值变动计入其他综合收益的金额应转入当期损益

4. "债权投资"账户应设置的明细账户有(　　)。

A."成本"　　　B."利息调整"　　　C."公允价值变动"　　　D."损益调整"

5. 下列关于其他债权投资的表述中,正确的有(　　)。

A. 其他债权投资发生的减值损失应计入当期损益

B. 其他债权投资的公允价值变动应计入当期损益

C. 取得其他债权投资发生的交易费用应直接计入资本公积

D. 处置其他债权投资时,以前期间因公允价值变动计入其他综合收益的金额应转入当期损益

6. 长期股权投资采用成本法核算时,当被投资企业分派现金股利时,投资企业可能的会计处理有(　　)。

A. 全部作为投资收益

B. 全部冲减投资成本

C. 部分作为投资收益部分冲减投资成本

D. 部分作为投资收益部分作为资本公积

7. 下列各项中,投资企业应该确认为投资收益的有(　　)。

A. 成本法核算的被投资企业宣告发放的现金股利

B. 企业处置交易性金融资产净损益

C. 交易性金融资产持有期间被投资单位宣告发放的现金股利

D. 权益法核算被投资单位实现的净利润

8. 长期股权投资采用权益法核算时,应当调整股权投资账面价值的情况有(　　)。

A. 被投资企业获得利润　　　　　　　　B. 被投资企业发生亏损

C. 被投资企业分派现金股利　　　　　　D. 被投资企业分派股票股利

9. 下列各项中,处置债权投资可能涉及的会计账户有(　　)。

A. "债权投资——利息调整"　　　　　　B. "债权投资减值准备"

C. "投资收益"　　　　　　　　　　　　D. "债权投资——成本"

10. 对于企业已经入账的固定资产,下列情况中,可以调整其账面价值的有(　　)。

A. 将固定资产的一部分拆除时

B. 对固定资产进行大修理时

C. 固定资产的实际价值与之前入账的暂估价值不一致时

D. 对固定资产进行改造时

11. "固定资产清理"账户借方核算的内容包括(　　)。

A. 转入清理的固定资产的净值　　　　　B. 发生的清理费用

C. 结转的固定资产清理净损失　　　　　D. 结转的固定资产清理净收益

12. 下列固定资产中,应计提折旧的有(　　)。

A. 在用的固定资产　　　　　　　　　　B. 季节性停用的固定资产

C. 停止使用的房屋、建筑物　　　　　　D. 以经营租赁方式租入的机器设备

13. 企业计算固定资产折旧的主要依据有(　　)。

A. 固定资产的使用年限　　　　　　　　B. 固定资产的原价

C. 固定资产的净残值　　　　　　　　　D. 固定资产的使用部门

14. 下列固定资产折旧方法中,体现谨慎性会计信息质量特征的折旧方法有(　　)。

A. 年限平均法　　　　　　　　　　　　B. 年数总和法

C. 双倍余额递减法　　　　　　　　　　D. 工作量法

15. 下列各项固定资产中,不计提折旧的有(　　)。

A. 大修理停用的固定资产　　　　　　　B. 未提足折旧提前报废的设备

C. 当月增加的固定资产　　　　　　　　D. 土地

16. 企业因固定资产而发生的下列支出中,应该被资本化的有(　　)。

A. 使固定资产使用年限延长的支出　　　B. 使固定资产生产能力提高的支出

C. 使产品质量提高的支出　　　　　　　D. 使生产成本降低的支出

17. 购入固定资产,其入账价值包括(　　)。

A. 买价　　　　　　　　　　　　　　　B. 运输费用

C. 安装费用　　　　　　　　　　　　　D. 交付使用后的借款利息

18. 下列各项中,应当列入资产负债表中固定资产原价项目的有(　　)。

A. 融资租入固定资产的原价　　　　　　B. 经营性租入固定资产的原价

C. 盘盈生产设备的原价　　　　　　　　D. 经营性租出固定资产的原价

19. 双倍余额递减法和年数总和法这两种固定资产的折旧方法的共同点在于(　　)。

A. 属于加速折旧法　　　　　　　　　　B. 每期折旧率固定

C. 前期折旧额高,后期折旧额低　　　　D. 不考虑净残值

20. 无形资产具有的特征包括(　　)。

    A. 不具有实物形态　　　　　　　　　　　　B. 在较长时期内为企业带来经济利益

    C. 企业有偿取得　　　　　　　　　　　　　D. 能提供的未来经济利益具有高度的不确定性

21. 无形资产只有满足该资产(　　)条件时,企业才加以确认。

    A. 产生的经济利益很可能流入企业

    B. 产生的经济利益能够可靠计量

    C. 的成本能够可靠计量

    D. 产生的经济利益一定流入企业

22. 企业取得无形资产的方式很多,其中包括(　　)。

    A. 购入　　　　　　　　B. 其他单位投资　　　　　C. 自创　　　　　D. 接受捐赠

23. 下列各项中,属于可辨认无形资产的有(　　)。

    A. 商标权　　　　　　　B. 专利权　　　　　　　　C. 非专利技术　　　D. 商誉

24. 下列各项中,属于无形资产的有(　　)。

    A. 商标权　　　　　　　B. 非专利技术　　　　　　C. 特许权　　　　　D. 专利权

25. 当出现下列(　　)情况时,应当计提无形资产减值准备。

    A. 某项无形资产被其他新技术替代,其创造经济利益能力大幅下降

    B. 某项无形资产已经超过法律保护期限,但仍然有使用价值

    C. 某项无形资产的市值在当期大幅下跌,预计在摊余年限内不会恢复

    D. 足以证明某项无形资产已发生减值情形

Ⅲ　判断题

1. 企业取得交易性金融资产支付的相关费用,应计入当期损益;取得其他债权投资支付的相关费用,应计入投资成本。　　　　　　　　　　　　　　　　　　　　　　　　　　　　　(　　)

2. 资产负债表日,交易性金融资产和其他债权投资均应按公允价值计量,且公允价值的变动计入公允价值变动损益。　　　　　　　　　　　　　　　　　　　　　　　　　　　　　(　　)

3. 企业取得的其他债权投资,在持有期间应按公允价值计量,且公允价值的变动计入所有者权益。　　　　　　　　　　　　　　　　　　　　　　　　　　　　　　　　　　　　　(　　)

4. 企业取得的交易性金融资产,在持有期间应按公允价值计量,且公允价值的变动计入当期损益。
　　　　　　　　　　　　　　　　　　　　　　　　　　　　　　　　　　　　　　　(　　)

5. 长期股权投资采用成本法核算,应按被投资企业实现的净利润中投资企业应当分享的份额确认投资收益。　　　　　　　　　　　　　　　　　　　　　　　　　　　　　　　　　　(　　)

6. 长期股权投资采用权益法核算,应按被投资企业报告净收益中投资企业应当分享的份额确认投资收益,分得的现金股利应冲减投资的账面价值。　　　　　　　　　　　　　　　　(　　)

7. 债权投资、其他债权投资和长期股权投资都可以计提减值准备,但只有长期股权投资计提的减值准备不允许转回。　　　　　　　　　　　　　　　　　　　　　　　　　　　　(　　)

8. 长期股权投资如果已经计提了减值准备,其账面价值是指长期股权投资的账面余额减去相应的减值准备。　　　　　　　　　　　　　　　　　　　　　　　　　　　　　　　　(　　)

9. 企业固定资产原价减去累计折旧后的净值反映了实际占用在固定资产上的资金数额。　　(　　)

10. 企业自行建造的固定资产,如果尚未办理竣工结算等移交手续就投入使用的,可先按估计的价值记账,待确定其实际价值后,再进行调整。　　　　　　　　　　　　　　　　　(　　)

11. 企业接受其他单位的固定资产投资时,"固定资产"账户和"实收资本"账户均要按双方合同约定的价值入账。　　　　　　　　　　　　　　　　　　　　　　　　　　　　　　(　　)

12. 企业在计提固定资产折旧时,对于当月增加的固定资产当月计提折旧,对当月减少的固定资产当月停

止计提折旧。 （　　）

13. 企业固定资产改良支出属于资本性支出,因此,固定资产改良的净支出应作为增加固定资产账面原价处理,调整固定资产的原始成本。 （　　）

14. 对于已达到预定可使用状态但尚未办理竣工结算手续的固定资产,可以按暂估价值入账,应计提折旧。 （　　）

15. 经营性租出的固定资产所计提的折旧,应记入"营业外支出"账户。 （　　）

16. 固定资产的日常修理支出应计入当期损益,固定资产发生扩改建支出时则应调整固定资产的原价。 （　　）

17. 按照现行会计制度的规定,企业已提足折旧的固定资产,即使仍然使用也不再提取折旧;未提足折旧提前报废的固定资产,必须补提折旧,直至提足折旧为止。 （　　）

18. 采用双倍余额递减法计提固定资产折旧,在第1年计提折旧时,不考虑固定资产的净残值。 （　　）

19. 应将自行建造的固定资产,在达到预定可使用状态前所发生的全部支出作为其入账价值。 （　　）

20. 接受捐赠的固定资产应按双方确认的原价和估计的折旧,作为其入账价值。 （　　）

21. 固定资产的期末计价,应按其账面价值与可收回金额孰低计价,并在可收回金额低的情况下,计提固定资产减值准备。 （　　）

22. 企业购置计算机硬件所附带的、价值不大的、未单独计价的软件,不应作为固定资产管理。 （　　）

23. 若已计提减值准备的固定资产价值以后期间又得以恢复的,则应将其恢复的价值转回,计入当期损益。 （　　）

24. 在商标注册申请时,企业交纳的注册费,作为无形资产入账。 （　　）

25. 企业拥有的未入账的土地使用权不能作为无形资产入账核算。 （　　）

26. 商誉的存在无法与企业自身分离,不具有可辨认性,不属于无形资产。 （　　）

27. 企业一旦拥有某项无形资产,就可将其资本化,作为无形资产入账。 （　　）

28. 研究开发费应计入自创无形资产的价值。 （　　）

29. 摊销无形资产的价值一般计入管理费用。 （　　）

30. 商誉和非专利技术均属于不可辨认的无形资产。 （　　）

31. 使用寿命不确定的无形资产不应摊销。 （　　）

32. 企业注册商标发生的广告费用一般不作为无形资产入账,在发生时直接计入当期费用。 （　　）

33. 期末,企业无形资产的账面价值高于其可收回金额时,应计提无形资产减值准备。 （　　）

 **模块 4　综合业务的管理与核算**

 **业务引导**

1. 企业以 100 000 元现金发放职工工资,你将如何处理?
2. 企业向银行借入期限 6 个月的借款 200 000 元,你将如何处理?
3. 企业购买办公用品 12 000 元,支付借款利息 1 000 元,你将如何处理?
4. 企业计算当月的增值税、消费税等各项税费并交纳,你将如何处理?
……

本模块将告诉我们这些业务(或更多不同业务)将如何处理,并告诉我们通过学习、实训操作将拥有什么样的技能和具备什么样的能力。

业务描述

本模块是以综合业务核算岗位为载体进行的教学内容设计,要求企业综合会计掌握与熟练操作以下业务:对企业的应付职工薪酬进行认知、核算与管理;对企业的长、短期借款进行核算与管理;对企业所发生的期间费用进行核算与管理;对企业应交各项税费进行核算与管理。

 岗位工作流程图

本岗位在实际工作中主要与企业内部的各个部门和企业外部有紧密关联的机构有什么业务联系?需完成什么工作任务?这是我们每个学生必须了解的基本业务状态。下图为综合业务核算有关会计岗位工作流程。

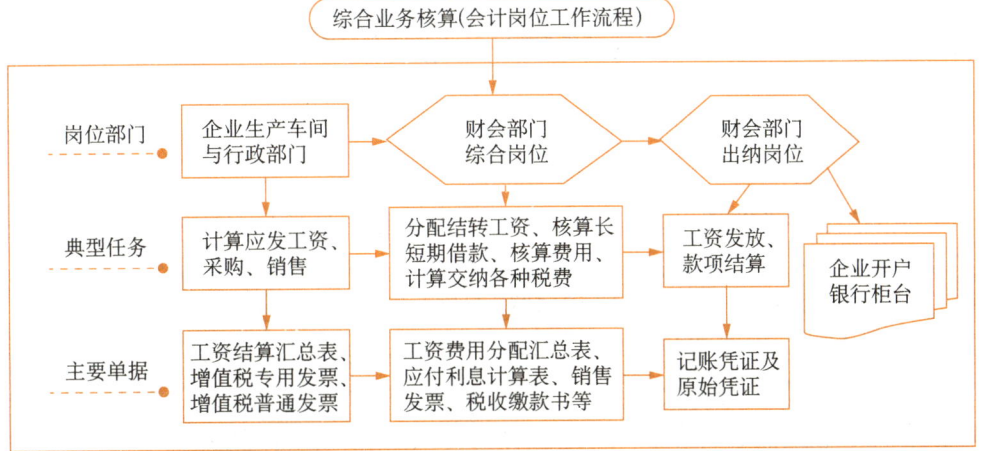

 能力目标

专业能力：能够使用企业财务信息资源制订工作计划；明确职工薪酬、业务和期间费用的管理和核算步骤；熟悉综合业务管理的规章制度；熟练掌握凭证、账簿和工具的使用；熟练操作货币资金的完整的核算过程。

方法和学习能力：学生扩展、延伸相应的知识和技能及收集相关信息的能力。

个人和社会能力：提高制订和实施团队工作计划能力，提高整体组织和管理能力。

 技能要求

1. 能熟练操作职工薪酬的管理与核算。
2. 能熟练操作长期、短期借款的管理与核算。
3. 能熟练操作期间费用的管理与核算。
4. 能熟练操作各项税费的核算。

 思政目标

1. 培育和践行社会主义核心价值观。
2. 培养具有法律意识、知法守法、拥有制度自信的社会主义接班人。

知识技能 4-1　职工薪酬的管理与核算

> 　　为了完成综合业务核算岗位知识技能 4-1 的工作任务，我们需要学习和掌握哪些基本知识和技能？

知识技能 4-1-1　职工薪酬的认知与管理

一、职工薪酬的认知

1. 职工薪酬的定义

职工薪酬是指企业为获得职工提供的服务或解除劳动关系而给予的各种形式的报酬或补偿。职工薪酬包括短期薪酬、离职后福利、辞退福利和其他长期职工福利。企业提供给职工配偶、子女、受赡养人、已故员工遗属及其他受益人等的福利，也属于职工薪酬。

这里所称的"职工"，主要包括三类人员：一是与企业订立劳动合同的所有人员，含全职、兼职和临时职工；二是未与企业订立劳动合同，但由企业正式任命的企业治理层和管理层人员，如董事会成员、监事会成员等；三是在企业的计划和控制下，虽未与企业订立劳动合同或

未由其正式任命,但向企业所提供服务与职工所提供服务类似的人员,也属于职工的范畴,包括通过企业与劳务中介公司签订用工合同而向企业提供服务的人员。

2. 职工薪酬的内容

1)短期薪酬

短期薪酬是指企业在职工提供相关服务的年度报告期间结束后 12 个月内需要全部予以支付的职工薪酬,因解除与职工的劳动关系给予的补偿除外。短期薪酬具体包括:

(1)职工工资、奖金、津贴和补贴,是指按照构成工资总额的计时工资、计件工资、支付给职工的超额劳动报酬和增收节支的劳动报酬、为补偿职工特殊或额外的劳动消耗和因其他特殊原因支付给职工的津贴,以及为保证职工工资水平不受物价影响支付给职工的物价补贴等。其中,企业按照短期奖金计划向职工发放的奖金属于短期薪酬,按照长期奖金计划向职工发放的奖金属于其他长期职工福利。

(2)职工福利费,是指企业向职工提供的生活困难补助、丧葬补助费、抚恤费、职工异地安家费、防暑降温费等职工福利支出。

(3)医疗保险费、工伤保险费等社会保险费,是指企业按照国家规定的基准和比例计算,向社会保险经办机构缴纳的医疗保险费、工伤保险费。

(4)住房公积金,是指企业按照国家规定的基准和比例计算,向住房公积金管理机构缴存的住房公积金。

(5)工会经费和职工教育经费,是指企业为了改善职工文化生活、为职工学习先进技术及提高文化水平和业务素质,用于开展工会活动和职工教育及职业技能培训等相关支出。

(6)短期带薪缺勤,是指职工虽然缺勤但企业仍向其支付报酬的安排,包括年休假、病假、婚假、产假、丧假、探亲假等。长期带薪缺勤属于其他长期职工福利。

关于企业职工教育经费税前扣除政策的通知

(7)短期利润分享计划,是指因职工提供服务而与职工达成的基于利润或其他经营成果提供薪酬的协议。长期利润分享计划属于其他长期职工福利。

(8)其他短期薪酬,是指除了上述薪酬的其他为获得职工提供的服务而给予的短期薪酬。

2)离职后福利

离职后福利是指企业为获得职工提供的服务而在职工退休或与企业解除劳动关系后,提供的各种形式的报酬和福利,短期薪酬和辞退福利除外。企业应当将离职后福利计划分类为设定提存计划和设定受益计划。离职后福利计划,是指企业与职工就离职后福利达成的协议,或者企业为向职工提供离职后福利制定的规章或办法等。其中,设定提存计划,是指向独立的基金缴存固定费用后,企业不再承担进一步支付义务的离职后福利计划;设定受益计划,是指除设定提存计划以外的离职后福利计划。

3)辞退福利

辞退福利是指企业在职工劳动合同到期之前解除与职工的劳动关系,或者为鼓励职工自愿接受裁减而给予职工的补偿。

4)其他长期职工福利

其他长期职工福利是指除短期薪酬、离职后福利、辞退福利之外所有的职工薪酬,包括长期带薪缺勤、长期残疾福利、长期利润分享计划等。

> 企业实际发给职工的工资,不一定是职工实际应得工资的全部,有些应由职工个人负担的费用,需要由企业代扣代缴,如企业为职工个人代垫的房租、由企业代扣代缴的个人所得税等。这些由企业代扣、由职工负担的支出,应从职工应得工资薪酬中扣除。

思政园地

全国最低工资标准出炉　多省份调高最低工资标准①

2020 年 4 月 26 日,人力资源和社会保障部发布全国各地区月最低工资标准情况和小时最低工资标准情况。数据显示,截至 2020 年 3 月底,上海、北京、广东、天津、江苏、浙江 6 省份第一档月最低工资标准超过 2 000 元。

最低工资标准的调整幅度,与当地经济社会发展密切相关。数据显示,截至 2020 年 3 月 31 日,上海月最低工资标准为 2 480 元,为全国最高。此外,北京为 2 200 元。

为何各地区最低工资标准会呈现较大差异?这是因为最低工资标准的调整与当地社会经济发展水平密切相关。根据《最低工资规定》,全国各地最低工资标准是在综合考虑各地城镇居民最低收入群体人均消费支出、人均食品支出、恩格尔系数、赡养系数、城镇居民消费价格指数、在岗职工平均工资、职工个人缴纳的社会保险费及住房公积金等指标数据,结合近年来当地经济发展实际而确定的。由于各地物价水平、收入水平有较大差别,最低工资标准差异也会较大。

地方人社系统表示,上调最低工资标准,对增加职工收入,特别是对提高低收入职工的工资水平将起到直接拉动作用。职工的失业保险金、医疗期内的病假工资以及单位停工、停业等情况下,职工的基本生活费都将随最低工资标准的调整而上调。同时,广大劳动者和失业人员要增强法律意识,维护自身权益。对于劳动者提供正常劳动,用人单位不执行最低工资标准的行为,可通过工会或向当地人力资源社会保障行政部门投诉,维护自身权益。

二、职工薪酬的管理

1. 按规定计提专项职工薪酬

计提专项职工薪酬时,国家规定了计提基础和计提比例的,企业应当按照国家规定的标准计提。如:

(1)"五险一金"是指企业应向社会保险经办机构等交纳的医疗保险费、养老保险费、失业保险费、工伤保险费、生育保险费等社会保险费,应向住房公积金管理机构缴存的住房公积金。

(2)工会经费和职工教育经费是指企业应按国家有关规定,分别按照职工工资总额的2%和2.5%计提工会经费和职工教育经费。

---

① 韩秉志.全国最低工资标准出炉,6 省份突破 2000 元——多省份调高最低工资标准[EB/OL].(2020-04-28)[2022-01-17].https://baijiahao.baidu.com/s?id=1665169815002177050&wfr=spider&for=pc.

2. 自主计提专项职工薪酬

福利费没有规定计提基础和计提比例,企业应根据历史经验数据和实际情况,合理预计当期应付职工薪酬福利费的额度。

非货币性福利企业以其自产产品作为福利发放给职工,应按照该产品的公允价值确定应付职工薪酬金额,其销售成本的结转和相关税费的处理与正常商品销售相同;以外购商品作为非货币性福利发放给职工的,应当按照该商品的公允价值确定应付职工薪酬金额。

知识技能 4-1-2　职工薪酬的核算与操作

一、核算职工薪酬应设置的账户

企业应设置"应付职工薪酬"账户,核算应付职工薪酬的计提、结算、使用等情况。该账户的贷方登记已分配计入有关成本费用项目的职工薪酬,借方登记实际发放的职工薪酬,包括扣还的款项等;期末贷方余额反映企业应付未付的职工薪酬。

"应付职工薪酬"账户应按照"工资""职工福利费""非货币性福利""社会保险费""住房公积金""工会经费""职工教育经费""带薪缺勤""利润分享计划""设定提存计划""设定受益计划""辞退福利"等职工薪酬项目设置明细账户进行明细核算。

二、应付职工薪酬的核算与操作

1. 不同部门人员薪酬的核算

企业计提发放职工薪酬时,借记"生产成本""制造费用""劳务成本"等账户,贷记"应付职工薪酬——工资(或职工福利、社会保险费、住房公积金等)"账户;应由在建工程、研发支出负担的职工薪酬,借记"在建工程""研发支出"等账户,贷记"应付职工薪酬"账户;管理部门人员、销售人员的职工薪酬,借记"管理费用"或"销售费用"账户,贷记"应付职工薪酬"账户。

2. 代垫代缴薪酬的核算

向职工支付工资、奖金、津贴、福利费等时,从应付职工薪酬中垫还的各种款项(代垫的家属药费、个人所得税等)等,借记"应付职工薪酬"账户,贷记"其他应收款""应交税费——应交个人所得税"等账户。

3. 代扣代缴薪酬的核算

向职工支付工资、奖金、津贴、福利费等时,从应付职工薪酬中扣还的各种款项(代扣的家属药费、个人所得税等)等,借记"应付职工薪酬"账户,贷记"其他应付款""应交税费——应交个人所得税"等账户。

4. 发放产品作为薪酬的核算

发放自产产品给职工作为职工薪酬时,借记"应付职工薪酬"账户,按成本贷记"主营业务收入"账户,同时,还应结转产品成本,涉及增值税销项税额的,还应进行相应的处理;将该薪酬进行分配,借记"管理费用""生产成本""制造费用"等账户,贷记"应付职工薪酬"账户。

以外购商品作为职工薪酬时,按照公允价值根据受益对象计入成本或费用。

5. 无偿提供住房等固定资产使用的核算

无偿向职工提供住房等固定资产使用时,按应计提的折旧额,借记"管理费用""生产成本""制造费用"等账户,贷记"应付职工薪酬"账户;同时,借记"应付职工薪酬"账户,贷记"累计折旧"账户。

租赁住房等资产供职工无偿使用时,按每期应支付的租金,借记"管理费用""生产成本""制造费用"等账户,贷记"应付职工薪酬"账户;支付租赁住房的租金时,借记"应付职工薪酬"账户,贷记"银行存款"等账户。

6. 解除劳动关系给予补偿的核算

因解除劳动关系给予补偿的,借记"管理费用"账户,贷记"应付职工薪酬"账户。实际支付时,借记"应付职工薪酬"账户,贷记"银行存款""库存现金"等账户。

7. 支付其他福利的核算

支付工会经费和职工教育经费时,借记"应付职工薪酬"账户,贷记"银行存款"等账户。

我国职工社会保险(医疗保险费、养老保险费、失业保险费、工伤保险费、生育保险费)和住房公积金的月缴存额由职工和单位月缴存额两部分组成。企业应按照国家有关规定,从工资中扣缴职工个人部分的社会保险费、住房公积金和由企业计算交纳的部分,借记"应付职工薪酬——工资(或社会保险费、住房公积金)"账户,贷记"银行存款"账户。

企业(外商)按规定从净利润中提取职工奖励及福利基金时,借记"利润分配——提取的职工奖励及福利基金"账户,贷记"应付职工薪酬"账户;实际支付时,借记"应付职工薪酬"账户,贷记"银行存款""库存现金"账户。

【操作4.1】 A公司2022年8月份工资分配汇总如表4-1所示。

表4-1 工资分配汇总表

2022年8月　　　　　　　　　　　　　　　　　　单位:元

直接生产工 人	生产车间辅助人员	行政管理部 门	福利部门	销售部门	基建部门	合 计
876 242	84 521	151 021	25 405	18 920	11 252	1 167 361

根据表4-1计提工资,会计处理:

借:生产成本	876 242
制造费用	84 521
管理费用	176 426
销售费用	18 920
在建工程	11 252
贷:应付职工薪酬——工资	1 167 361

企业按工资的10%为职工提取住房公积金。会计处理:

借:生产成本	87 624.2
制造费用	8 452.1
管理费用	17 642.6
销售费用	1 892
在建工程	1 125.2
贷:应付职工薪酬——住房公积金(单位)	116 736.1

企业根据历史数据和实际情况,提取职工福利费98 000元,其中,应计入基本生产车间

生产成本的金额为 65 000 元,应计入制造费用的金额为 10 400 元,应计入管理费用的金额为 22 600 元。会计处理:

借:生产成本   65 000
  制造费用   10 400
  管理费用   22 600
  贷:应付职工薪酬——职工福利   98 000

表 4-2　工资结算汇总表

2022 年 8 月　　　　　　　　　　　　　　　　　　　单位:元

基本工资	职务工资	津贴	奖金	代扣				实发
				房租	水电	个人所得税	公积金	
186 427	279 626	398 154	257 381	18 625	29 759	76 010	68 638	928 556

企业按表 4-2 实发金额填制现金支票发放工资。会计处理:

借:应付职工薪酬——工资   928 556
  贷:银行存款   928 556

根据表 4-2 结转各种代垫代扣款项时(假设水电费以及房租费之前已垫付),填制转账凭证。会计处理:

借:应付职工薪酬——工资   193 032
  贷:其他应收款——水电费   29 759
      ——房租   18 625
   应交税费——个人所得税   76 010
   其他应付款——住房公积金(个人)   68 638

将代扣款项付给有关部门时,会计处理:

借:应交税费——个人所得税   76 010
  应付职工薪酬——住房公积金(单位)   116 736.1
  其他应付款—— 住房公积金(个人)   68 638
  贷:银行存款   261 384.1

三、非货币性职工薪酬

企业以其自产产品作为非货币性福利发放给职工的,应当根据受益对象,按照该产品的含税公允价值计入相关资产成本或当期损益,同时确认应付职工薪酬,借记“生产成本”“制造费用”“管理费用”等账户,贷记“应付职工薪酬——非货币性福利”账户。将企业拥有的房屋等资产无偿提供给职工使用的,应当根据受益对象,将该住房每期应计提的折旧计入相关资产成本或当期损益,同时确认应付职工薪酬,借记“生产成本”“制造费用”“管理费用”等账户,贷记“应付职工薪酬——非货币性福利”账户,并且同时借记“应付职工薪酬——非货币性福利”账户,贷记“累计折旧”账户。租赁住房等资产供职工无偿使用的,应当根据受益对象,将每期应付的租金计入相关资产成本或当期损益,并确认应付职工薪酬,借记“生产成本”“制造费用”“管理费用”等账户,贷记“应付职工薪酬——非货币性福利”账户。难以认定受益对象的非货币性福利,直接计入当期损益。

【操作4.2】 A公司为一家彩电生产企业,共有职工200名。2022年2月,该公司以其生产的成本为10 000元的液晶彩电作为福利发放给公司每名职工。该型号液晶彩电的售价为每台14 000元,公司适用的增值税税率为13%。假定200名职工中170名为直接参加生产的职工,30名为总部管理人员。会计处理:

借:应付职工薪酬——非货币性福利　　　　　　　　　　　　　3 164 000
　　贷:主营业务收入　　　　　　　　　　　　　　　　　　　　　2 800 000
　　　　应交税费——应交增值税(销项税额)　　　　　　　　　　364 000
借:主营业务成本　　　　　　　　　　　　　　　　　　　　　2 000 000
　　贷:库存商品　　　　　　　　　　　　　　　　　　　　　　　2 000 000

请思考:该笔业务需要什么凭据?

主营业务收入=14 000×200=2 800 000(元)

应交税费=14 000×200×13%=364 000(元)

发放液晶彩电时,将薪酬计入相关费用和成本:

借:生产成本　　　　　　　　　　　　　　　　　　　　　　　2 689 400
　　管理费用　　　　　　　　　　　　　　　　　　　　　　　　474 600
　　贷:应付职工薪酬——非货币性福利　　　　　　　　　　　　　3 164 000

【操作4.3】 A公司为总部部门经理级别以上职工每人提供一辆奥迪汽车免费使用,该公司总部共有部门经理以上职工20名,假定每辆汽车每月计提折旧1 000元;该公司还为其5名副总裁以上高级管理人员每人租赁一套公寓免费使用,月租金为每套4 000元(假定上述人员发生的费用无法认定受益对象)。会计处理:

借:管理费用　　　　　　　　　　　　　　　　　　　　　　　　40 000
　　贷:应付职工薪酬——非货币性福利　　　　　　　　　　　　　　40 000

请思考:该笔业务需要什么凭据?

计提折旧和缴纳租金时:

借:应付职工薪酬——非货币福利　　　　　　　　　　　　　　　40 000
　　贷:累计折旧　　　　　　　　　　　　　　　　　　　　　　　20 000
　　　　银行存款　　　　　　　　　　　　　　　　　　　　　　　20 000

小贴士

　　企业应当在资产负债表的附注中披露:应支付给职工的工资、社会保险、住房公积金、非货币性福利(及其计算依据),应当支付的因解除劳动关系给予的补偿,以及上述项目期末应付未付金额。

　　在一般企业实务操作中,职工的工资实行当月计提,次月发放。

 案例

微软公司的薪酬体系

著名的微软公司(以下简称"微软")的员工薪酬机制可以细分为货币性薪酬体系和非货

币性薪酬体系两大方面。

一、货币性薪酬体系

首先,微软有体现能力和级别的工资激励机制,微软在每个专业里都设立了"技术级别",这个级别用数字表示,反映了员工的资历、技术水平和工资待遇;其次,微软有奖励普通员工的认股权激励机制。

微软是全球第一家用股票期权来奖励员工的公司,也是全球因为持有股权而诞生百万富翁最多的公司。在微软的薪酬构成中,薪金部分只处在同行业的中等水平,很多中、高级人员加入微软时的工资都低于原来所在公司的水平。但是,"持有微软股权"的分量足够吸引大部分所需要的人才。它的设计是这样的:相当级别以上的员工被雇用即得到一部分认股权,按当时市场最低价为授权价,所授认股份分期在几年内实现股权归属,员工可以按授权价认购已归属自己的股权,实际支付的认购价与认购当时市场价的差价就是股权收益。被雇佣后每年都可能得到新的持股权奖励——取决于个人的绩效和对于公司的长期价值。这实际上是公司在为员工投资而公司又不冒任何风险。而这种方式能很好地激励和留住员工。

企业想要激励鞭策收入不菲的员工自觉地努力工作,还必须有一套强有力的绩效管理体制。微软的绩效管理体制的核心是:形成内部竞争,保持员工对绩效评定的焦虑,驱使员工自觉地寻求超越自己和超越他人。其主要成分有三个:个人任务目标计划、绩效评分曲线和与绩效评分直接挂钩的加薪、授股和奖金。微软的绩效体制能不断地驱使本来优秀的人群更努力地进取竞争。

二、非货币性薪酬体系

首先,微软有别具一格的晋升机会,他们会把技术贡献突出的老员工推向管理层岗位,打造一个既懂技术又善于经营的管理层;其次,他们有一个内部的技术培训环节,微软员工都有机会接触公司对技术感兴趣的人,包括盖茨本人;再次,他们有一个很好的沟通氛围,微软公司有个出名的文化叫"开放式交流",每个员工都被给予足够的尊重能够畅所欲言;最后,微软的工作环境优美,每个人都有足够的自由按照自己的喜好来布置工作区域。

同时,微软有体贴入微的福利保健机制,比如,温馨的生日祝福,全家总动员的家庭体验日,男性员工1个月的产假陪护妻子等。

问题 请根据所学知识,讨论微软公司的薪酬制度。

知识技能 4-2 借款的管理与核算

为了完成综合业务核算岗位知识技能4-2的工作任务,我们需要学习和掌握哪些基本知识和技能?

知识技能 4-2-1　借款的认知与管理

一、借款的认知

借款是指企业向银行或其他金融机构借入的各种款项,包括短期借款和长期借款。

短期借款是指企业向银行或其他金融机构借入的期限在 1 年以内(含 1 年)的各种借款。企业应按规定程序,向银行或其他金融机构提出借款申请,办理手续,按期还本付息。

长期借款是指企业从银行或其他金融机构借入的期限在 1 年以上(不含 1 年)的各种借款。长期借款一般用于固定资产的购建、改扩建工程、大修理工程等方面。

二、借款的种类

短期借款种类有临时借款、生产经营周转借款、票据贴现借款、结算借款等。

长期借款按不同情况分为以下几种类型:

(1) 按其偿还方式可分为定期偿还和分期偿还的长期借款;

(2) 按其付息方式可以分为还本时一次付息和在借款期限内分期付息的长期借款;

(3) 按借款条件可以分为抵押借款、担保借款和信用借款;

(4) 按借款的币种可以分为人民币借款和外币借款等。

知识技能 4-2-2　短期借款的核算与操作

一、短期借款核算应设置的账户

企业应设置"短期借款"账户,核算向银行和其他金融机构借入的各类短期借款。

"短期借款"账户贷方登记取得的各种短期借款,借方登记归还的各种短期借款,期末余额在贷方,表示尚未归还的短期借款。该账户可按贷款人、借款种类和币种设置明细账。

二、短期借款的核算与操作

企业取得短期借款时,应按实际借入金额,借记"银行存款"账户,贷记"短期借款"账户。对利息核算,一般可在实际支付利息时,一次直接计入当期财务费用,借记"财务费用"账户,贷记"银行存款"等账户,但在资产负债表日,应按计算确定的短期借款利息费用,借记"财务费用"等账户,贷记"银行存款"或"应付利息"等账户。利息也可采取预提方式核算,在月末或季末,借记"财务费用"账户,贷记"应付利息"账户。归还借款本息时,借记"短期借款""应付利息"账户,贷记"银行存款"账户。

外币短期借款应单独核算,由于市场汇价变化而产生的本位币折算差额,作为汇兑损益计入财务费用。

【操作 4.4】　南方有限责任公司于 2021 年 8 月 1 日向银行贷款 100 000 元,期限为 6 个月,年息为 4.8%。办妥手续,款已到账。会计处理:

① 收到资金时:

借：银行存款   100 000

  贷：短期借款   100 000

② 该借款的利息按季支付，11 月初实际支付本季度利息：

借：财务费用   1 200

  贷：银行存款   1 200

③ 2021 年 12 月 31 日会计处理：

借：财务费用   800

  贷：应付利息   800

④ 2022 年 2 月 1 日贷款到期时：

借：短期借款   100 000

  应付利息   800

  财务费用   400

  贷：银行存款   101 200

请思考：该笔业务需要什么凭据？

【操作 4.5】 假如［操作 4.4］中的利息于借款到期时一次支付。则 2021 年 12 月 31 日的会计处理：

借：财务费用   2 000

  贷：应付利息   2 000

贷款到期时：

借：短期借款   100 000

  应付利息   2 000

  财务费用   400

  贷：银行存款   102 400

知识技能 4-2-3 长期借款的核算与操作

1. 核算长期借款应设置的账户

企业应设置"长期借款"账户，核算向银行和其他金融机构借入的长期借款。

"长期借款"账户贷方登记取得的长期借款；借方登记归还的长期借款；期末余额在贷方，表示尚未归还的长期借款。该账户按"本金""利息调整"设置明细账。

2. 借入长期借款的核算

企业借入各种长期借款，按实际收到的款项，借记"银行存款"账户，按借款本金，贷记"长期借款——本金"账户，按借贷双方之间的差额借记"长期借款——利息调整"账户。

3. 持有长期借款期间利息的核算

在资产负债表日，企业应按长期借款的摊余成本和实际利率计算确定的利息费用，借记"在建工程""制造费用""财务费用"等账户，按借款本金和合同利率计算确定的应付未付利息，贷记"应付利息"（在借款期限内分期付息的情况下）或"长期借款——应计利息"（到期还本时一次付息的情况下）账户，按其差额贷记"长期借款——利息调整"账户。

4. 归还长期借款的核算

企业归还长期借款,按归还的借款本金,借记"长期借款——本金"账户,按转销的利息调整金额,贷记"长期借款——利息调整"账户,按实际归还的款项,贷记"银行存款"账户,按借贷双方之间的差额借记"在建工程""制造费用""财务费用"等账户。

【操作 4.6】 南方有限责任公司于 2020 年 10 月 31 日从银行借入长期借款 1 200 000 元,期限为 2 年,年利率为 6%,分期付息、到期还本,款项转入银行账户。南方有限责任公司用借款购入不需安装的流水线设备一套,增值税专用发票上注明的价款为 1 000 000 元,增值税税额为 130 000 元,运输费等为 30 000 元,设备已投入使用。公司按年度计提利息,当时借款合同约定利率和市场实际利率相同。会计处理:

① 取得长期借款时:

借:银行存款   1 200 000
    贷:长期借款——本金   1 200 000

② 支付设备款和运杂费时:

借:固定资产   1 030 000
    应交税费——应交增值税(进项税额)   130 000
    贷:银行存款   1 160 000

③ 2020 年 12 月 31 日计提利息并支付利息时:

借:财务费用   12 000
    贷:应付利息   12 000
借:应付利息   12 000
    贷:银行存款   12 000

④ 2021 年 12 月 31 日计提利息并支付利息时:

借:财务费用   72 000
    贷:应付利息   72 000
借:应付利息   72 000
    贷:银行存款   72 000

⑤ 2022 年 10 月 31 日归还借款时:

借:财务费用   60 000
    长期借款——本金   1 200 000
    贷:银行存款   1 260 000

请思考:该笔业务需要什么凭据?

小贴士

应计利息与应付利息的差别:"应计利息"账户是"长期借款"账户的二级明细账户,属非流动负债;而"应付利息"账户属流动负债性质的账户。因此,长期借款的性质是到期一次还本付息时,使用"长期借款——应计利息"账户;如果长期借款的性质是到期还本、分期付息,则使用"应付利息"账户。

思政园地

借款 40 万元　手续费 16 万元　套路贷的套路有多深①

"低息、无抵押、秒放款……"这些轻松贷款的广告语是否曾戳中你的心？当心！这可能是犯罪分子精心设下的诈骗套路！有受害人收到所谓 40 万元的"贷款"后，竟被收取了 16 万元的高额"手续费"……四川省绵阳市公安局经过 1 年多时间的缜密侦查，全链条捣毁盘踞在绵阳主城区的"套路贷"恶势力犯罪团伙，为数十名受害人追回全部经济损失 1 000 余万元，落网的 14 名犯罪团伙成员被法院判处 1 年至 15 年又 8 个月不等的有期徒刑。

据参与案件侦破工作的民警介绍，在"套路贷"的典型套路中，先是通过"秒放款"等谎言，诱惑受害人贷款，再通过一系列非法手段虚增受害人的债务，在受害人无力还款时，又通过暴力或者软暴力的方式索债。

警方提醒，首先，一定不要轻信来路不明的借款平台。其次，一旦不慎形成了借贷事实，要警惕债主在讨债过程中，不断持续垒高债务。如果债主在索取债务的过程当中，实施了一些暴力或者软暴力的手段，如跟踪、恐吓、威胁、电话短信滋扰等，一定要及时报警求助。

知识技能 4-3　期间费用的管理与核算

为了完成综合业务核算岗位知识技能 4-3 的工作任务，我们需要学习和掌握哪些基本知识和技能？

知识技能 4-3-1　期间费用的认知与管理

一、费用的认知

费用是指企业在日常活动中发生的、会导致所有者权益减少的、与向所有者分配利润无关的经济利益的总流出。费用只有在经济利益很可能流出从而导致企业资产减少或者负债增加且经济利益的流出额能够可靠计量时才能予以确认。

二、费用的分类

1. 按经济内容分类

按经济内容分类，费用可分为如图 4-1 所示几类。在实际工作中，费用可根据企业具体情况再细分。

---

① 马超.借款 40 万 手续费 16 万 套路贷的套路有多深?［EB/OL］.（2021-09-29）［2022-01-17］.https://www.scfzbs.com/kf/202109/58297318.html.

图 4-1　按经济内容分类的费用

2.按经济用途分类

按经济用途分类,费用可以分为生产成本和期间费用两大类。

生产成本是指企业为生产一定种类和数量的产品所发生的费用,即直接材料、直接人工和制造费用的总和。

期间费用是指企业一定期间所发生的不能直接归属于某个特定产品的生产成本的费用。它在发生时直接计入当期损益,主要包括销售费用、管理费用和财务费用。

知识技能 4-3-2　销售费用的核算与操作

一、核算销售费用应设置的账户

企业应设置"销售费用"账户核算企业销售商品、提供劳务的过程中所发生的费用,包括保险费、包装费、展览费、广告费、商品维修费、预计产品质量保证损失、运输费、装卸费等以及为销售本企业商品而专设的销售机构(含销售网点、售后服务网点等)的职工薪酬、业务费、折旧费等经营费用。

"销售费用"账户属损益类账户。本账户借方登记销售产品、提供劳务过程中发生的费用,贷方登记费用的结转金额,本账户期末无余额。

实务操作中,企业一般按照销售费用核算内容设置明细账。

二、销售费用的核算与操作

企业在销售商品过程中发生的包装费、保险费、展览费、广告费、运输费、装卸费等费用,借记"销售费用"账户,贷记"库存现金""银行存款"账户。

企业发生的为销售本企业商品而专设的销售机构的职工薪酬、业务费等经营费用,借记"销售费用"账户,贷记"应付职工薪酬""银行存款""累计折旧"等账户。期末,企业应将"销售费用"账户余额转入"本年利润"账户,结转后"销售费用"账户应无余额。

【操作4.7】　南方有限责任公司于2022年8月宣传新产品,发生广告费60 000元,销售部门共发生费用220 000元,其中:销售人员薪酬150 000元、业务费70 000元,均用银行存款支付。会计处理:

借：销售费用   280 000

  贷：银行存款   130 000

    应付职工薪酬   150 000

借：应付职工薪酬   150 000

  贷：银行存款   150 000

请思考：该业务需什么原始凭证？

知识技能 4-3-3　管理费用的核算与操作

一、核算管理费用应设置的账户

企业应设置"管理费用"账户核算企业为组织和管理企业生产经营所发生的费用，包括企业在筹建期间发生的开办费、公司经费（包括行政管理部门职工薪酬、物料消耗、低值易耗品摊销、办公费和差旅费等）、工会经费、董事会费（包括董事会成员津贴、会议费和差旅费等）、聘请中介机构费、咨询费（含顾问费）、诉讼费、业务招待费、房产税、车船税、土地使用税、印花税、技术转让费、矿产资源补偿费、研发费用、排污费等。

期间费用知多少？

"管理费用"账户属损益类账户。本账户借方登记组织和管理生产过程中发生的费用，贷方登记费用的结转金额，本账户期末无余额。

实务操作中，企业一般按照管理费用核算内容设置明细账。

二、管理费用的核算与操作

企业在筹建期间发生的开办费，包括人员工资、办公费、培训费、差旅费、印刷费、注册登记费以及不计入固定资产价值的借款费用等在实际发生时，借记"管理费用"账户，贷记"银行存款"等账户。

行政管理部门人员的职工薪酬，借记"管理费用"账户，贷记"应付职工薪酬"账户。

行政管理部门计提的固定资产折旧，借记"管理费用"账户，贷记"累计折旧"账户。

生产车间的固定资产修理费用计入管理费用，借记"管理费用"账户，贷记"银行存款"账户。

发生的办公费、水电费、业务招待费、聘请中介机构费、咨询费、诉讼费、技术转让费、研究费用，借记"管理费用"账户，贷记"银行存款""研发支出"等账户。

按规定计算确定的应交矿产资源补偿费的金额，借记"管理费用"账户，贷记"应交税费"账户。

期末企业应将"管理费用"账户的余额转入"本年利润"账户，结转后"管理费用"账户应无余额。

【操作 4.8】　南方有限责任公司于 2022 年 8 月购买了一项特许权，成本为 360 000 元，合同规定受益年限为 10 年。南方有限责任公司每月摊销时，会计处理：

借：管理费用   3 000

  贷：累计摊销   3 000

请思考：该业务需什么原始凭证？

【操作 4.9】　南方有限责任公司行政部于 2022 年 8 月份共发生费用 224 000 元，

其中：行政人员薪酬 150 000 元,行政部专用办公设备折旧费 45 000 元,报销行政人员差旅费 21 000 元(假设未借差旅费),其他办公费、水电费 8 000 元,均用银行存款支付。会计处理：

借：管理费用   224 000
  贷：应付职工薪酬   150 000
    累计折旧   45 000
    银行存款   29 000
借：应付职工薪酬   150 000
  贷：银行存款   150 000

【操作 4.10】 2022 年 8 月,南方有限责任公司基本生产车间委托外单位修理机器设备,对方甲企业开出的增值税专用发票上注明的修理费为 30 000 元,增值税税额为 3 900 元,款项已付。

南方有限责任公司会计处理：

借：管理费用   30 000
  应交税费——应交增值税(进项税额)   3 900
  贷：银行存款   33 900

甲企业会计处理：

借：银行存款   33 900
  贷：主营业务收入   30 000
    应交税费——应交增值税(销项税额)   3 900

请思考：该笔业务需要什么凭据？

知识技能 4-3-4　财务费用的核算与操作

一、核算财务费用应设置的账户

企业应设置"财务费用"账户核算企业为筹集生产经营所需资金等而发生的筹资费用,包括利息支出(减利息收入)、汇兑差额以及相关的手续费、企业发生的现金折扣或收到的现金折扣等。

"财务费用"账户属损益类账户。本账户借方登记融资过程中发生的费用,贷方登记费用的结转金额和利息收入,本账户期末无余额。

实务操作中,企业一般按照财务费用的核算内容设置明细账。

二、财务费用的核算与操作

企业发生的财务费用,借记"财务费用"账户,贷记"银行存款""未确认融资费用"等账户。发生的应冲减财务费用的利息收入、汇兑差额、现金折扣,借记"银行存款""应付账款"等账户,贷记"财务费用"账户。

期末,企业应将"财务费用"账户的余额转入"本年利润"账户,结转后"财务费用"账户应无余额。

【操作 4.11】 南方有限责任公司于 2022 年 1 月 1 日向银行借入生产经营用短期借款

360 000 元,期限为 9 个月,年利率为 6%,该借款本金到期后一次归还,利息分月预提,按季支付。会计处理:

① 2022 年 1 月末,预提当月应计利息时:

借:财务费用　　　　　　　　　　　　　　　　　　1 800

　　贷:应付利息　　　　　　　　　　　　　　　　　　　　1 800

② 2022 年 2 月末,预提当月应计利息,会计处理与 1 月份相同。

③ 2022 年 3 月末,支付第一季度银行借款利息时:

借:财务费用　　　　　　　　　　　　　　　　　　1 800

　　应付利息　　　　　　　　　　　　　　　　　　3 600

　　贷:银行存款　　　　　　　　　　　　　　　　　　　　5 400

请思考:该业务需什么原始凭证?

 **思政园地**

期间费用率持续升高侵蚀利润　公司净利下滑近六成

某股份有限公司发布了 2021 年一季度报告,公司一季度实现营收 4.51 亿元,同比下滑 15.97%;同时,2020 年年度报告显示,该公司 2020 年营收净利已出现双降,并且这一业绩增速放缓自 2018 年便已开始。

公开资料显示,该公司主要经营业务为休闲包袋、旅行箱、商务包袋、服饰及相关配件等产品的研发、设计、生产和销售。数据还显示,开润股份整体盈利能力呈现出了走弱态势。Wind 数据显示,该公司 2016—2020 年销售毛利率分别为 28.75%、29.61%、25.98%、27.77% 和 28.48%;同期销售净利率分别为 10.45%、12.20%、9.00%、8.79% 和 3.42%;同期期间费用率分别为 16.90%、17.02%、15.63%、17.13% 和 24.61%。针对上述数据情况,专业人士分析称,近 5 年来,该公司毛利率几乎没有变化,净利下滑了 7 个百分点,其原因或是期间费用率持续升高,盈利能力减弱,进一步对利润空间造成侵蚀。

知识技能 4-4　应交税费的管理与核算

> 为了完成综合业务核算岗位知识技能 4-4 的工作任务,我们需要学习和掌握哪些基本知识和技能?

知识技能 4-4-1　税费的认知与管理

税费是指企业依法交纳的各项税费。它主要包括增值税、消费税、所得税、资源税、土地增值税、城市维护建设税、房产税、土地使用税、车船税、印花税、耕地占用税、教育费附加、矿产资源补偿费等。此外,企业还代扣代交个人所得税等,这些代扣代交的税金在上缴国家之前也形成企业的一项负债。

企业应设置"应交税费"账户,核算企业应交的各种税费。该账户按应交税费的种类设置明细账进行明细分类核算。

知识技能 4-4-2 增值税的核算与操作

一、增值税的认知

1. 增值税的定义

增值税是对我国境内销售货物或者提供加工、修理修配劳务,以及进口货物的单位和个人,就其取得的货物或应税劳务的销售额,以及进口货物的金额计算税款,并实行税款抵扣制的一种流转税。增值税是一种价外税。

2. 增值税的相关规定

《中华人民共和国增值税暂行条例》将纳税人按其经营规模大小及会计核算健全与否划分为一般纳税人和小规模纳税人。

一般纳税人增值税的税率除了少数货物为 9%,一般为 13%。

小规模纳税人经营规模小,且会计核算不健全,难以按上述税率计税和使用增值税专用发票抵扣进项税额,因此实行按销售额与规定的征收率 3% 计算应纳税额的简易方法。

思政园地

增值税税率历次调整,你清楚吗[①]

一、增值税暂行条例规定的基本税率

时间:1994 年 1 月 1 日至 2011 年 12 月 31 日

政策内容:

(一)纳税人销售或者进口货物,除本条第(二)项、第(三)项法规,税率为 17%。

(二)纳税人销售或者进口下列货物,税率为 13%:

1. 粮食、食用植物油;

2. 自来水、暖气、冷气、热水、煤气、石油液化气、天然气、沼气、居民用煤炭制品;

3. 图书、报纸、杂志;

4. 饲料、化肥、农药、农机、农膜;

5. 国务院法规的其他货物。

(三)纳税人出口货物,税率为零;但是,国务院另有法规的除外。

(四)纳税人提供加工、修理修配劳务,税率为 17%。

政策依据:《中华人民共和国增值税暂行条例》

---

① 税屋整理.增值税税率历次调整情况[EB/OL].(2019-07-16)[2022-01-17].https://www.shui5.cn/article/46/127919.html.

二、营业税改征增值税试点,新增税率

时间:2012 年 1 月 1 日至 2017 年 6 月 30 日

政策内容:在现行增值税 17％标准税率和 13％低税率基础上,新增 11％和 6％两档低税率。租赁有形动产等适用 17％税率,交通运输业、建筑业等适用 11％税率,其他部分现代服务业适用 6％税率。

政策依据:

《财政部 国家税务总局关于印发〈营业税改征增值税试点方案〉的通知》(财税〔2011〕110 号)

《财政部 国家税务总局关于全面推开营业税改征增值税试点的通知》(财税〔2016〕36 号)

三、简并增值税税率

时间:2017 年 7 月 1 日至 2018 年 4 月 30 日

政策内容:自 2017 年 7 月 1 日起,简并增值税税率结构,取消 13％的增值税税率。纳税人销售或者进口下列货物,税率为 11％:农产品(含粮食)、自来水、暖气、石油液化气、天然气、食用植物油、冷气、热水、煤气、居民用煤炭制品、食用盐、农机、饲料、农药、农膜、化肥、沼气、二甲醚、图书、报纸、杂志、音像制品、电子出版物。

政策依据:《财政部 国家税务总局关于简并增值税税率有关政策的通知》(财税〔2017〕37 号)

四、增值税税率下调

时间:2018 年 5 月 1 日至 2019 年 3 月 31 日

政策内容:自 2018 年 5 月 1 日起,纳税人发生增值税应税销售行为或者进口货物,原适用 17％和 11％税率的,税率分别调整为 16％和 10％。

政策依据:《财政部 税务总局关于调整增值税税率的通知》(财税〔2018〕32 号)

五、深化增值税改革,继续下调增值税税率

时间:2019 年 4 月 1 日至今

政策内容:自 2019 年 4 月 1 日起,增值税一般纳税人(以下简称纳税人)发生增值税应税销售行为或者进口货物,原适用 16％税率的,税率调整为 13％;原适用 10％税率的,税率调整为 9％。

政策依据:《财政部 税务总局 海关总署关于深化增值税改革有关政策的公告》(财政部 税务总局 海关总署公告 2019 年第 39 号)

二、增值税的核算与操作

1. 一般纳税人增值税的核算

1) 增值税的计算

增值税应纳税额为当期销项税额抵扣当期进项税额后的余额。其计算公式如下:

$$应交增值税税额＝当期销项税额－当期准予抵扣的进项税额$$

其中,

$$销项税额＝销售收入(不含增值税)×增值税税率$$
$$＝\frac{价税合并定价时含增值税的销售收入}{1＋增值税税率}×增值税税率$$

进项税额是企业购入货物或接受应税劳务支付的增值税,可以从销售货物或提供劳务按规定收取的增值税(即销项税额)中抵扣。准予从销项税额中抵扣的进项税额,通常包括:①从销售方取得的增值税专用发票(含税控机动车销售统一发票,下同)上注明的增值税税额。②从海关进口增值税专用缴款书上注明的增值税税额。③购进农产品,除了取得增值税专用发票或者海关进口增值税专用缴款书,按照农产品收购发票或者销售发票上注明的农产品买价和9%的扣除率计算的进项税额;如是用于生产销售或委托加工13%税率货物的农产品,按照农产品收购发票或者销售发票上注明的农产品买价和10%的扣除率计算的进项税额。④从境外单位或者个人购进服务、无形资产或者不动产,从税务机关或者扣缴义务人取得的解缴税款的完税凭证上注明的增值税税额。⑤一般纳税人支付的道路、桥、闸通行费,凭取得的通行费发票上注明的收费金额和规定的方法计算的可抵扣的增值税进项税额。

当期销项税额小于当期进项税额不足抵扣时,其不足部分可以结转下期继续抵扣。

一般纳税人采用的税率分为13%、9%、6%和零税率。①一般纳税人销售货物、劳务、有形动产租赁服务或者进口货物,税率为13%。②一般纳税人销售或者进口粮食等农产品、食用植物油、食用盐、自来水、暖气、冷气、热水、煤气、石油液化气、天然气、二甲醚、沼气、居民用煤炭制品、图书、报纸、杂志、音像制品、电子出版物、饲料、化肥、农药、农机、农膜以及国务院及其有关部门规定的其他货物,税率为9%;提供交通运输、邮政、基础电信、建筑、不动产租赁服务,销售不动产,转让土地使用权,税率为9%。③其他应税行为,税率为6%。④一般纳税人出口货物,税率为零,但是,国务院另有规定的除外;境内单位和个人发生的跨境应税行为税率为零,具体范围由财政部和国家税务总局另行规定。

2) 核算增值税应设置的账户

企业应设置"应交税费"账户,核算企业的增值税,在"应交税费"账户下设置"应交增值税""未交增值税"等明细账户进行核算。

(1)"应交增值税"明细账户,借方发生额反映企业购进货物或接受应税劳务支付的进项税额、实际已交纳的增值税、转出未交增值税、减免税款、出口抵减内销产品应纳税额等;贷方发生额反映销售货物或提供应税劳务应交纳的销项税额、出口货物退税、转出多交增值税、进项税额转出等;期末借方余额反映企业尚未抵扣的增值税。

"应交税费——应交增值税"账户应分别设置以下三级账户进行明细核算,见表4-3。

表4-3 "应交税费——应交增值税"账户的明细账户设置

借方						贷方				余额
合计	进项税额	已交税金	减免税款	出口抵减内销产品应纳税额	转出未交增值税	合计	销项税额	出口退税	进项税额转出	转出多交增值税	

"进项税额"专栏,记录一般纳税人购进货物、加工修理修配劳务、服务、无形资产或不动

产而支付或负担的、准予从当期销项税额中抵扣的增值税税额；

"已交税金"专栏，记录一般纳税人当月已交纳的应交增值税税额；

"减免税款"专栏，记录一般纳税人按现行增值税制度规定准予减免的增值税税额；

"出口抵减内销产品应纳税额"专栏，记录实行"免、抵、退"办法的一般纳税人按规定计算的出口货物的进项税抵减内销产品的应纳税额；

"转出未交增值税"和"转出多交增值税"专栏，分别记录一般纳税人月度终了转出当月应交未交或多交的增值税税额；

"销项税额"专栏，记录一般纳税人销售货物、加工修理修配劳务、服务、无形资产或不动产应收取的增值税税额；

"出口退税"专栏，记录一般纳税人出口货物、加工修理修配劳务、服务、无形资产按规定退回的增值税税额；

"进项税额转出"专栏，记录一般纳税人购进货物、加工修理修配劳务、服务、无形资产或不动产等发生非正常损失以及其他原因而不应从销项税额中抵扣、按规定转出的进项税额。

（2）"未交增值税"明细账户，核算一般纳税人月度终了从"应交增值税"或"预交增值税"明细账户转入当月应交未交、多交或预交的增值税税额，以及当月交纳以前期间未交的增值税税额。

（3）"预交增值税"明细账户，核算一般纳税人转让不动产、提供不动产经营租赁服务、提供建筑服务、采用预收款方式销售自行开发的房地产项目等，以及其他按现行增值税制度规定应预交的增值税税额。

（4）"待抵扣进项税额"明细账户，核算一般纳税人已取得增值税扣税凭证并经税务机关认证，按照现行增值税制度规定准予以后期间从销项税额中抵扣的进项税额。

（5）"待认证进项税额"明细账户，核算一般纳税人由于未经税务机关认证而不得从当期销项税额中抵扣的进项税额。该科目包括：一般纳税人已取得增值税扣税凭证，按照现行增值税制度规定准予从销项税额中抵扣，但尚未经税务机关认证的进项税额；一般纳税人已申请稽核但尚未取得稽核相符结果的海关缴款书进项税额。

（6）"待转销项税额"明细账户，核算一般纳税人销售货物、加工修理修配劳务、服务、无形资产或不动产，已确认相关收入（或利得）但尚未发生增值税纳税义务而需于以后期间确认为销项税额的增值税税额。

（7）"简易计税"明细账户，核算一般纳税人采用简易计税方法发生的增值税计提、扣减、预交、交纳等业务。

（8）"转让金融商品应交增值税"明细账户，核算增值税纳税人转让金融商品发生的增值税税额。

（9）"代扣代缴增值税"明细账户，核算纳税人购进在境内未设经营机构的境外单位或个人在境内的应税行为代扣代缴的增值税。

3）一般纳税人购进货物、加工修理修配劳务、服务、无形资产或者不动产应交增值税的核算

按应计入相关成本费用或资产的金额，借记"材料采购""在途物资""原材料""库存商品""生产成本""无形资产""固定资产""管理费用"等账户，按当月已认证的可抵扣增值税税

额,借记"应交税费——应交增值税(进项税额)"账户;按当月未认证的可抵扣增值税额,借记"应交税费——待认证进项税额"账户,按应付或实际支付的金额,贷记"应付账款""应付票据""银行存款"等账户。购进货物等发生的退货,应根据税务机关开具的红字增值税专用发票编制相反的会计分录,如原增值税专用发票未做认证,应将发票退回并编制相反的会计分录。

企业购进农产品,除了取得增值税专用发票或者海关进口增值税专用缴款书,按照农产品收购发票或者销售发票上注明的农产品买价和9％的扣除率计算的进项税额;购进用于生产销售或委托加工13％税率货物的农产品,按照农产品收购发票或者销售发票上注明的农产品买价和10％的扣除率计算进项税额,借记"应交税费——应交增值税(进项税额)"账户,按农产品买价扣除进项税额后的差额,借记"材料采购""在途物资""原材料""库存商品"等账户,按照应付或实际支付的价款,贷记"应付账款""应付票据""银行存款"等账户。

【操作4.12】 甲公司为增值税一般纳税人,销售商品适用的增值税税率为13％,原材料按实际成本核算,销售商品价格为不含增值税的公允价格。2022年6月份,甲公司发生交易或事项以及相关的会计分录如下:

① 5日,购入原材料一批,增值税专用发票上注明的价款为120 000元,增值税税额为15 600元,材料尚未到达,全部款项已用银行存款支付。

借:在途物资 120 000
  应交税费——应交增值税(进项税额) 15 600
  贷:银行存款 135 600

② 10日,收到5日购入的原材料并验收入库,实际成本总额为120 000元。同日,与运输公司结清运输费用,增值税专用发票上注明的运输费用为5 000元,增值税税额为450元,运输费用和增值税税额已用转账支票付讫。

借:原材料 125 000
  应交税费——应交增值税(进项税额) 450
  贷:银行存款 5 450
    在途物资 120 000

③ 15日,购入不需要安装的生产设备一台,增值税专用发票上注明的价款为30 000元,增值税税额为3 900元,款项尚未支付。

借:固定资产 30 000
  应交税费——应交增值税(进项税额) 3 900
  贷:应付账款 33 900

④ 20日,购入农产品一批,农产品收购发票上注明的买价为200 000元,规定的扣除率为9％,货物尚未到达,价款已用银行存款支付。

借:在途物资 182 000
  应交税费——应交增值税(进项税额) 18 000
  贷:银行存款 200 000

进项税额=购买价款×扣除率=200 000×9％=18 000(元)

⑤ 25日,企业管理部门委托外单位修理机器设备,取得对方开具的增值税专用发票上

注明的修理费用为 20 000 元,增值税税额为 2 600 元,款项已用银行存款支付。

  借:管理费用   20 000
    应交税费——应交增值税(进项税额)   2 600
     贷:银行存款   22 600

  ⑥ 25 日,该公司购进一幢简易办公楼作为固定资产核算,并投入使用。已取得增值税专用发票并经税务机关认证,增值税专用发票上注明的价款为 1 500 000 元,增值税税额为 135 000 元,全部款项以银行存款支付。不考虑其他相关因素。

  借:固定资产   1 500 000
    应交税费——应交增值税(进项税额)   135 000
     贷:银行存款   1 635 000

  4)货物等已验收入库但尚未取得增值税扣税凭证的核算

  企业购进的货物等已到达并验收入库,但尚未收到增值税入扣税凭证并未付款的,应在月末按货物清单或相关合同协议上的价格暂估入账,不需要将增值税的进项税额暂估入账。下月初,用红字冲销原暂估入账金额,待取得相关增值税扣税凭证并经认证后,按应计入相关成本费用或资产的金额,借记"原材料""库存商品""固定资产""无形资产"等账户,按可抵扣的增值税额,借记"应交税费——应交增值税(进项税额)"账户,按应付或实际支付的金额,贷记"应付账款""应付票据""银行存款"等账户。

  【操作 4.13】 承[操作 4.12],2022 年 6 月 30 日,甲公司购进原材料一批已验收入库,但尚未收到增值税扣税凭证,款项也未支付。随货同行的材料清单列明的原材料销售价格为 260 000 元。甲公司应编制如下会计分录:

  借:原材料   260 000
    贷:应付账款   260 000

下月初,用红字冲销原暂估入账金额:

  借:原材料   260 000

    贷:应付账款   260 000

  7 月 10 日,甲公司取得相关增值税专用发票上注明的价款为 260 000 元,增值税税额为 33 800 元,增值税专用发票已经认证。全部款项以银行存款支付。甲公司应编制如下会计分录:

  借:原材料   260 000
    应交税费——应交增值税(进项税额)   33 800
     贷:银行存款   293 800

  5)进项税额转出的核算

  企业已单独确认进项税额的购进货物、加工修理修配劳务或者服务、无形资产或者不动产但其事后改变用途(如用于简易计税方法计税项目、免征增值税项目、非增值税应税项目等),或发生非正常损失,原已计入进项税额、待抵扣进项税额或待认证进项税额,按照现行增值税制度规定不得从销项税额中抵扣。这里所说的"非正常损失",根据现行增值税制度规定,是指因管理不善造成货物被盗、丢失、霉烂变质,以及因违反法律法规造成货物或者不动产被依法没收、销毁、拆除的情形。进项税额转出的账务处理为,借记"待处理财产损溢"

"应付职工薪酬""固定资产""无形资产"等账户,贷记"应交税费——应交增值税(进项税额转出)""应交税费——待抵扣进项税额"或"应交税费——待认证进项税额"账户。属于转作待处理财产损失的进项税额,应与非正常损失的购进货物、在产品或库存商品、固定资产或无形资产的成本一并处理。

【操作4.14】 承[操作4.12],2022年6月份,甲公司发生进项税额转出事项如下:

① 10日,库存材料因管理不善发生火灾损失,材料实际成本为20 000元,相关增值税专用发票上注明的增值税税额为2 600元。甲公司将毁损库存材料作为待处理财产损溢入账。

借:待处理财产损溢——待处理流动资产损溢   22 600
  贷:原材料   20 000
    应交税费——应交增值税(进项税额转出)   2 600

② 18日,领用一批外购原材料用于集体福利,该批原材料的实际成本为60 000元,相关增值税专用发票上注明的增值税税额为7 800元。

借:应付职工薪酬——职工福利费   67 800
  贷:原材料   60 000
    应交税费——应交增值税(进项税额转出)   7 800

需要说明的是,一般纳税人购进货物、加工修理修配劳务、服务、无形资产或不动产,用于简易计税方法计税项目、免征增值税项目、集体福利或个人消费等,即使取得的增值税专用发票上已注明增值税进项税额,该税额按照现行增值税制度规定也不得从销项税额中抵扣的,取得增值税专用发票时,应将待认证的目前不可抵扣的增值税进税额,借记"应交税费——待认证进项税额"账户,贷记"银行存款""应付账款"账户。经税务机关认证为不可抵扣的增值税进项税额时,借记"应交税费——应交增值税(进项税额)"账户,贷记"应交税费——待认证进项税额"账户;同时,将增值税进项税额转出,借记相关成本费用或资产科目,贷记"应交税费——应交增值税(进项税额转出)"账户。

【操作4.15】 承[操作4.12],2022年6月28日,甲公司外购空调扇300台作为福利发放给直接从事生产的职工,取得的增值税专用发票上注明的价款为150 000元、增值税税额为19 500元,以银行存款支付了购买空调扇的价款和增值税进项税额,增值税专用发票尚未经税务机关认证,甲公司应编制如下会计分录:

① 购入时:
借:库存商品——空调扇   150 000
   应交税费——待认证进项税额   19 500
  贷:银行存款   169 500

② 经税务机关认证不可抵扣时:
借:应交税费——应交增值税(进项税额)   19 500
  贷:应交税费-待认证进项税额   19 500

同时,
借:库存商品——空调扇   19 500
  贷:应交税费——应交增值税(进项税额转出)   19 500

③ 实际发放时：

借：应付职工薪酬——非货币性福利   169 500

    贷：库存商品——空调扇   169 500

6）销售等业务的核算

企业销售货物、加工修理修配劳务、服务、无形资产或不动产，应当按应收或已收的金额，借记"应收账款""应收票据""银行存款"等账户，按取得的收益金额，贷记"主营业务收入""其他业务收入""固定资产清理"等账户，按现行增值税制度规定计算的销项税额（或采用简易计税方法计算的应纳增值税额），贷记"应交税费——应交增值税（销项税额）"或"应交税费——简易计税"账户。

企业销售货物等发生销售退回的，应根据税务机关开具的红字增值税专用发票作相反的会计分录。根据会计准则相关规定的收入或利得确认时点早于按照现行增值税制度确认增值税纳税义务发生时点的，应将相关销项税额记入"应交税费——待转销项税"账户，待实际发生纳税义务时再转入"应交税费应交增值税（销项税额）"或"应交税费——简易计税"账户。按照增值税制度确认增值税纳税义务发生时点早于根据会计准则相关规定收入或利得确认时点的，应将应纳增值税额，借记"应收账款"账户，贷记"应交税费——应交增值税（销项税额）"或"应交税费——简易计税"账户，根据会计准则相关规定确认收入或利得时，应按扣除增值税销项税额后的金额确认收入或利得。

【操作 4.16】   承［操作 4.12］，2022 年 6 月份，甲公司发生与销售相关的交易或事项如下：

① 15 日，销售产品一批，开具增值税专用发票上注明的价款为 3 000 000 元，增值税税额为 390 000 元，提货单和增值税专用发票已交给买方，款项尚未收到。

借：应收账款   3 390 000

    贷：主营业务收入   3 000 000

        应交税费——应交增值税（销项税额）   390 000

② 28 日，为外单位代加工电脑桌 500 个，每个收取加工费 80 元，已加工完成。开具的增值税专用发票上注明的价款为 40 000 元，增值税税额为 5 200 元，款项已收到并存入银行。

借：银行存款   45 200

    贷：主营业务收入   40 000

        应交税费——应交增值税（销项税额）   5 200

7）视同销售的核算

企业有些交易和事项按照现行增值税制度规定，应视同对外销售处理，计算应交增值税。视同销售需要交纳增值税的事项主要有：企业将自产或委托加工的货物用于集体福利或个人消费、作为投资提供给其他单位或个体工商户、分配给股东或投资者、对外捐赠等，如表 4-4 所示。在这些情况下，企业应当根据视同销售的具体内容，按照现行增值税制度规定计算的销项税额（或采用简易计税方法计算的应纳增值税税额），借记"长期股权投资""应付职工薪酬""利润分配""营业外支出"等账户，贷记"应交税费——应交增值税（销项税额）"或"应交税费——简易计税"账户。

表 4-4　视同销售与进项税额转出的不同点

项　目	自产或委托加工	外　购
集体福利	视同销售	进项税额转出
个人消费	视同销售	进项税额转出
对外投资	视同销售	视同销售
分配给股东或投资者	视同销售	视同销售
无偿赠送他人	视同销售	视同销售

【操作4.17】　承[操作4.12],2022年6月份,甲公司发生的视同销售交易或事项如下:

① 10日,以公司生产的产品对外捐赠,该批产品的实际成本为200 000元,市场不含税售价为250 000元,开具的增值税专用发票上注明的增值税税额为32 500元。

借:营业外支出　　　　　　　　　　　　　　　　　　　　　　　　　　232 500

　　贷:库存商品　　　　　　　　　　　　　　　　　　　　　　　　　　200 000

　　　　应交税费——应交增值税(销项税额)　　　　　　　　　　　　　　32 500

甲公司以自产产品对外捐赠应交的增值税销项税额=250 000×13%=32 500(元)

② 25日,甲公司用一批原材料对外进行长期股权投资。该批原材料实际成本为600 000元,双方协商不含税价值为750 000元,开具的增值税专用发票上注明的增值税税额为97 500元。

借:长期股权投资　　　　　　　　　　　　　　　　　　　　　　　　　847 500

　　贷:其他业务收入　　　　　　　　　　　　　　　　　　　　　　　　750 000

　　　　应交税费——应交增值税(销项税额)　　　　　　　　　　　　　　97 500

同时结转成本:

借:其他业务成本　　　　　　　　　　　　　　　　　　　　　　　　　600 000

　　贷:原材料　　　　　　　　　　　　　　　　　　　　　　　　　　　600 000

甲公司对外投资原材料应交的增值税销项税额=750 000×13%=97 500(元)

8)缴纳增值税的核算

企业缴纳当月应交的增值税,借记"应交税费——应交增值税(已交税金)"账户,贷记"银行存款"账户;企业交纳以前期间未交的增值税,借记"应交税费——未交增值税"账户,贷记"银行存款"账户。

【操作4.18】　承[操作4.12]至[操作4.17],2022年6月份,甲公司当月发生增值税销项税额合计为525 200元,增值税进项税额转出合计为29 900元,增值税进项税额合计为228 850元。甲公司当月应交增值税计算结果如下:

当月应交增值税=525 200+29 900-228 850=326 250(元)

甲公司当月实际缴纳增值税款310 050元,编制如下会计分录:

借:应交税费——应交增值税(已交税金)　　　　　　　　　　　　　　　310 050

　　贷:银行存款　　　　　　　　　　　　　　　　　　　　　　　　　　310 050

9）月末转出多交增值税和未交增值税

月度终了,企业应当将当月应交未交或多交的增值税自"应交增值税"明细账户转入"未交增值税"明细账户。对于当月应交未交的增值税,借记"应交税费——应交增值税(转出未交增值税)"账户,贷记"应交税费——未交增值税"账户;对于当月多交的增值税,借记"应交税费——未交增值税"账户,贷记"应交税费——应交增值税(转出多交增值税)"账户。

【操作 4.19】 承[操作 4.18],2022 年 6 月 30 日,甲公司将尚未交纳的其余增值税税款 16 200 元进行转账。甲公司编制如下会计分录:

借:应交税费——应交增值税(转出未交增值税)	16 200
贷:应交税费——未交增值税	16 200

7 月份,甲公司交纳 6 月未交的增值税 16 200 元,编制如下会计分录:

借:应交税费——未交增值税	16 200
贷:银行存款	16 200

小贴士

需要说明的是,企业购入材料、商品等不能取得增值税专用发票的,发生的增值税应计入材料采购成本,借记"材料采购""在途物资""原材料""库存商品"等账户,贷记"银行存款"等账户。

2. 小规模纳税企业的核算

小规模纳税企业购入货物,不管是否取得增值税专用发票,其支付的增值税不计入进项税额,不得从销项税额中抵扣,而是计入货物成本。相应地,其他企业从小规模纳税企业购入货物,如果不能取得增值税专用发票,也不能作为进项税抵扣,而是计入货物成本。小规模纳税企业销售货物或提供劳务时,只能开具普通发票,普通发票不注明销项税额和进项税额,因而,小规模纳税企业的销售收入一般是销售额和应纳税额合并定价,应按照计算公式还原为不含税销售额:

小规模纳税人增值税的核算

$$不含税销售额=含税销售额÷(1+征收率)$$
$$应纳增值税税额=不含税销售额×征收率(征收率为3\%)$$

【操作 4.20】 A 公司的一个附属企业为小规模纳税企业,购入原材料价款为 1 000 000 元,增值税税额为 130 000 元。开出转账支票支付。该公司销售产品含税价款为 800 000 元,货款尚未收到,本月实际交纳增值税税额 40 000 元。会计处理:

① 购货时:

借:材料采购	1 130 000
贷:银行存款	1 130 000

② 销售时:

借:应收账款	800 000
贷:主营业务收入	776 699
应交税费——应交增值税	23 301

不含税价款=800 000÷(1+3%)=776 699(元)

应交增值税税额＝776 699×3％＝23 301(元)

③ 本月实际交纳增值税时：

借：应交税费——应交增值税 40 000

  贷：银行存款 40 000

请思考：该笔业务需要什么凭据？

3. 差额征税的核算

根据财政部和国家税务总局"营改增"相关规定,对于企业发生的某些业务(金融商品转让、经纪代理服务、融资租赁和融资性售后回租业务、一般纳税人提供客运场站服务、试点纳税人提供旅游服务、选择简易计税方法提供建筑服务等)无法通过抵扣机制避免重复征税的,应采用差额征税方式计算交纳增值税。

1) 企业按规定相关成本费用允许扣减销售额的账务处理

按现行增值税制度规定,企业发生相关成本费用允许扣减销售额的,发生成本费用时,按应付或实际支付的金额,借记"主营业务成本"等账户,贷记"应付账款""应付票据""银行存款"等账户。待企业取得合规增值税扣税凭证且纳税义务发生时,按照允许抵扣的税额,借记"应交税费——应交增值税(销项税额抵减)"或"应交税费——简易计税"账户(小规模纳税人应借记"应交税费——应交增值税"账户),贷记"主营业务成本"等账户。

【操作 4.21】 某旅行社为增值税一般纳税人,应交增值税采用差额征税方式核算。2022 年 7 月份,该旅行社为乙公司提供职工境内旅游服务,向乙公司收取含税价款318 000 元,其中增值税税额为 18 000 元,全部款项已收妥入账。旅行社以银行存款支付其他接团旅游企业的旅游费用和其他单位相关费用共计 254 400 元,其中,因允许扣减销售额而减少的销项税额为 14 400 元。该旅行社应编制如下会计分录：

① 确认旅游服务收入：

借：银行存款 318 000

  贷：主营业务收入 300 000

    应交税费——应交增值税(销项税额) 18 000

② 支付旅游费用等：

借：主营业务成本 254 400

  贷：银行存款 254 400

③ 根据增值税扣税凭证抵减销项税额,并调整成本：

借：应交税费——应交增值税(销项税额抵减) 14 400

  贷：主营业务成本 14 400

上述分录②、③合并编制如下会计分录：

借：主营业务成本 240 000

  应交税费——应交增值税(销项税额抵减) 14 400

  贷：银行存款 254 400

2) 企业转让金融商品按规定以盈亏相抵后的余额作为销售额

按现行增值税制度规定,企业实际转让金融商品,月末,如产生转让收益,则按应纳税额,借记"投资收益"等账户,贷记"应交税费——转让金融商品应交增值税"账户;如产生转让损失,则按可结转下月抵扣税额,借记"应交税费——转让金融商品应交增值税"账户,贷记"投资收益"等账户。交纳增值税时,应借记"应交税费——转让金融商品应交增值税"账户,贷记"银行存款"账户。年末,"应交税费——转让金融商品应交增值税"账户如有借方余额,则借记"投资收益"等账户,贷记"应交税费——转让金融商品应交增值税"账户。

4. 增值税税控系统专用设备和技术维护费用抵减增值税额的账务处理

按现行增值税制度规定,企业初次购买增值税税控系统专用设备支付的费用以及缴纳的技术维护费允许在增值税应纳税额中全额抵减。增值税税控系统专用设备,包括增值税防伪税控系统设备(如金税卡、IC卡、读卡器或金税盘和报税盘)、货物运输业增值税专用发票机控系统设备(如税控盘和报税盘)、机动车销售统一发票税控系统和公路、内河货物运输业发票税控系统的设备(如税控盘和传输盘)。

企业初次购入增值税税控系统专用设备,按实际支付或应付的金额,借记"固定资产"账户,贷记"银行存款""应付账款"等账户。按规定抵减的增值税应纳税额,借记"应交税费——应交增值税(减免税款)"账户(小规模纳税人应借记"应交税费——应交增值税"账户),贷记"管理费用"等账户。

企业发生增值税税控系统专用设备技术维护费,应按实际支付或应付的金额,借记"管理费用"账户,贷记"银行存款"等账户。按规定抵减的增值税应纳税额,借记"应交税费——应交增值税(减免税款)"账户(小规模纳税人应借记"应交税费——应交增值税"账户),贷记"管理费用"等账户。

【操作 4.22】 某公司为增值税一般纳税人,初次购买数台增值税税控系统专用设备作为固定资产核算,取得增值税专用发票上注明的价款为 38 000 元,增值税税额为 4 940 元,价款和税款以银行存款支付。该公司应编制如下会计分录:

① 取得设备,支付价款和税款时:

借:固定资产　42 940
　　贷:银行存款　42 940

② 按规定抵减增值税应纳税额时:

借:应交税费——应交增值税(减免税款)　42 940
　　贷:管理费用　42 940

小规模纳税人在取得销售收入时,应当按照现行增值税制度的规定计算应交增值税,并确认为应交税费,在达到增值税制度规定的免征增值税条件时,将有关应交增值税转入当期损益。

知识技能 4-4-3　消费税的核算与操作

一、消费税的认知

1. 消费税的定义

消费税是指对在我国境内从事生产、委托加工和进口应税消费品的单位和个人就其应税消费品的销售额或销售数量征收的一种流转税,即消费税在生产和进口环节征收,进入流通领域不再交纳消费税(注:金银首饰应缴纳消费税除外)。因此,消费税一般由生产及进口企业交纳。

2. 消费税的征收方法

按税法规定,消费税实行从价定率、从量定额以及从价定率和从量定额相结合的复合计税三种方法征收,计算公式如下:

"从价定率"征收:

$$应纳消费税额 = 应税销售额 \times 消费税税率(应税销售额中不含增值税款)$$

"从量定额"征收:

$$应纳消费税额 = 销售数量 \times 单位税额$$

"复合计税"征收:

$$应纳消费税额 = 应税销售额 \times 消费税税率 + 销售数量 \times 单位税额$$

二、消费税的核算与操作

1. 核算消费税应设置的账户

关于对超豪华小汽车加征消费税有关事项的通知

企业应在"应交税费"账户下设置"应交消费税"明细账户核算企业按规定应交的消费税。

"应交消费税"明细账户的借方发生额反映企业实际交纳的消费税和待扣的消费税;贷方发生额反映按规定应缴纳的消费税;期末贷方余额反映尚未缴纳的消费税;期末借方余额反映多交或待扣的消费税。

2. 消费税的核算

1)销售自己生产的应税消费品的核算

消费税实行价内征收,企业缴纳消费税在"税金及附加"账户中核算。企业生产的需要缴纳消费税的消费品,在销售时应当按照应交消费税额,借记"税金及附加"账户,贷记"应交税费——应交消费税"账户。

实际缴纳消费税时,借记"应交税费——应交消费税"账户,贷记"银行存款"账户。发生销货退回及退税时,用红字作相同的会计分录。

【操作4.23】 南方有限责任公司销售摩托车10辆,每辆售价为15 000元(不含增值税),收到转账支票一张。摩托车每辆成本为5 000元,增值税税率为13%,消费税税率为10%。会计处理:

① 实现销售收入:

借:银行存款　　　　　　　　　　　　　　　　　　　169 500
　　贷:主营业务收入　　　　　　　　　　　　　　　　　150 000
　　　　应交税费——应交增值税(销项税额)　　　　　　　19 500

② 计算应交消费税：

借：税金及附加   15 000
　　贷：应交税费——应交消费税   15 000

③ 结转销售成本：

借：主营业务成本   50 000
　　贷：库存商品   50 000

请思考：该笔业务需要什么凭据？

2）以自产商品换取生产资料、消费资料和抵偿债务的核算

【操作 4.24】　南方有限责任公司以其生产的应纳消费税的产品换取原材料一批，应税消费品的售价为 200 000 元（不含增值税），换回的原材料的售价也为 200 000 元（不含增值税）。应税消费品的成本为 150 000 元，增值税税率为 13％，消费税税率为 10％。产品已经交付对方，换回的原材料已验收入库（实际成本计价）。会计处理：

① 确认收入并换回原材料时：

借：原材料   200 000
　　应交税费——应交增值税（进项税额）   26 000
　　贷：主营业务收入   200 000
　　　　应交税费——应交增值税（销项税额）   26 000

② 计算和结转应交消费税时：

借：税金及附加   20 000
　　贷：应交税费——应交消费税   20 000

③ 结转销售成本：

借：主营业务成本   150 000
　　贷：库存商品   150 000

请思考：该笔业务需要什么凭据？

3）以自产商品换取股权投资及自产自用应税消费品的核算

企业将生产的应税消费品作为对外股权投资，或用于在建工程、非生产机构等其他方面，按规定应交纳的消费税，应计入有关的成本，借记"长期股权投资""固定资产""在建工程""营业外支出"等账户，贷记"应交税费——应交消费税"账户。

【操作 4.25】　南方有限责任公司将生产的应税消费品用于对外股权投资。该批应税消费品成本为 280 000 元，计税价格 400 000 元。该消费品的增值税税率为 13％，消费税税率为 10％。会计处理如下：

借：长期股权投资   372 000
　　贷：库存商品   280 000
　　　　应交税费——应交增值税（销项税额）   52 000
　　　　　　　　——应交消费税   40 000

应交的增值税税额＝400 000×13％＝52 000（元）
应交的消费税税额＝400 000×10％＝40 000（元）

请思考：该笔业务需要什么凭据？

財 务 会 计

4）委托加工应税消费品的核算

需要交纳消费税的委托加工应税消费品，在委托方提货时，由受托方代收代交税款。受托方按应交税款金额借记"应收账款""银行存款"等账户，贷记"应交税费——应交消费税"账户；委托加工应税消费品收回后，直接用于销售的，委托方应将代扣代交的消费税计入委托加工的应税消费品成本，借记"委托加工物资""生产成本""自制半成品"等账户，贷记"应付账款""银行存款"等账户；委托加工的应税消费品收回后用于连续生产应税消费品，按规定准予抵扣的，委托方按已由受托方代收代交的消费税款，借记"应交税费——应交消费"账户，贷记"应付账款""银行存款"等账户。

【操作 4.26】 南方有限责任公司委托 D 公司加工一批应税消费品，交付 D 公司加工的原材料成本为 7 000 元，用支票支付的加工费为 3 000 元（不含增值税）。消费税税率为 10％。双方均为一般纳税人，并开具增值税专用发票，增值税税率为 13％。加工物资收回后，用于连续生产应税消费品。

应税消费品的计税价＝（7 000＋3 000）÷（1－10％）＝11 111.11（元）

D 公司代收代缴的消费税税额＝11 111.11×10％＝1 111.11（元）

D 公司代收代缴的增值税税额＝3 000×13％＝390（元）

南方有限责任公司的会计处理：

借：委托加工物资	3 000.00
应交税费——应交增值税（进项税额）	390.00
——应交消费税	1 111.11
贷：银行存款	4 501.11

如果南方有限责任公司收回加工物资后用于直接对外销售，支付的消费税则应计入加工物资的成本：

借：委托加工物资	4 111.11
应交税费——应交增值税（进项税额）	390.00
贷：银行存款	4 501.11

D 公司的会计处理：

借：银行存款	4 501.11
贷：主营业务收入	3 000.00
应交税费——应交增值税（销项税额）	390.00
——应交消费税	1 111.11

请思考：该笔业务需要什么凭据？

5）进口应税消费品的核算

需要交纳消费税的进口消费品，其交纳的消费税应计入该项消费品的成本，借记"固定资产""商品采购""材料采购"或"在途物资"等账户，贷记"应交税费——应交消费税"或"银行存款"（直接在海关交纳）等账户。

进口商品消费税额采用从价定率办法计算时，其计算公式如下：

$$应纳消费税额＝组成计税价格×消费税税率$$
$$组成计税价格＝（关税完税价格＋关税额）÷（1－消费税税率）$$

不同的应税消费品适用不同的税率（3%～56%）。

进口商品消费税额采用从量定额办法计算时，其计算公式如下：

$$应纳消费税额＝应税消费品数量×消费税单位税额$$

【操作 4.27】 A 进出口公司从美国进口卷烟一批，关税完税价格为 660 000 元，关税额为 231 000 元，计算其应纳消费税额（卷烟产品适用消费税率为 56%）。该公司收到海关根据计算结果填发的税款交纳凭证时，会计处理：

借：材料采购   1 134 000

    贷：应交税费——应交消费税   1 134 000

卷烟组成计税价格＝（660 000＋231 000）÷（1－56%）＝2 025 000（元）

卷烟应纳消费税额＝2 025 000×56%＝1 134 000（元）

请思考：该笔业务需要什么凭据？

思政园地

优化办税流程，减轻纳税人负担[①]

为贯彻落实中共中央办公厅、国务院办公厅印发的《关于进一步深化税收征管改革的意见》，深入推进税务领域"放管服"改革，优化营商环境，切实减轻纳税人、缴费人申报负担，2021 年 7 月 9 日，国家税务总局发布《关于增值税 消费税与附加税费申报表整合有关事项的公告》。

自 2021 年 8 月 1 日起，纳税人申报增值税、消费税时，应一并申报附征的城市维护建设税、教育费附加和地方教育附加等附加税费，启用《增值税及附加税费申报表（一般纳税人适用）》《增值税及附加税费申报表（小规模纳税人适用）》《增值税及附加税费预缴表》及其附列资料和《消费税及附加税费申报表》。整合申报后，办税流程得到优化，解决了申报不同步等问题。新申报表减少了表单数量和数据项，从而大幅减轻纳税人、缴费人填报负担，降低申报错误概率。

知识技能 4-4-4 　其他税费的核算与操作

一、城市维护建设税的核算

城市维护建设税是以增值税、消费税为计税依据征收的一种税。其纳税人为交纳增值税、消费税的单位和个人，因纳税人所在地不同税率为 1%～7% 不等。计算公式如下：

$$应纳税额＝（应交增值税＋应交消费税）×适用税率$$

① 国家税务总局.国家税务总局关于增值税 消费税与附加税费申报表整合有关事项的公告［A/OL］.（2021-07-09）［2022-01-17］.http://www.chinatax.gov.cn/chinatax/n359/c5166427/content.html.

核算应交城市维护建设税时,借记"税金及附加"账户,贷记"应交税费——应交城市维护建设税"账户。实际交纳时,借记"应交税费——应交城市维护建设税"账户,贷记"银行存款"账户。

二、资源税的核算

资源税是国家对在我国境内开采矿产品或者盐的单位和个人征收的税种。资源税按照应税产品的课税数量和规定的单位税额计算,计算公式如下:

$$应纳税额＝课税数量×单位税额$$

这里的课税数量为:开采或者生产应税产品销售的,以销售数量为课税数量;开采或者生产应税产品自用的,以自用数量为课税数量。

在会计核算时,企业按规定计算出销售的应税产品应交纳的资源税,借记"税金及附加"账户,贷记"应交税费——应交资源税"账户;实际交纳时,借记"应交税费——应交资源税"账户,贷记"银行存款"账户。

企业计算出自产自用的应税产品应缴纳的资源税,借记"生产成本""制造费用"账户,贷记"应交税费——应交资源税"账户。

三、土地增值税的核算

企业转让国有土地使用权、地上建筑物及其附着物并取得收入的单位和个人,均应交纳土地增值税。土地增值税按照转让房地产所取得的增值额和规定的税率计算征收。这里的土地增值额是转让房地产所取得的收入减除按规定扣除项目金额后的余额。

兼营房地产业务的企业,应由当期营业收入负担土地增值税,借记"税金及附加"账户,贷记"应交税费——应交土地增值税"账户。转让的国有土地使用权连同地上建筑物及其附着物一并在"固定资产"或"在建工程"账户核算的,转让时应交纳土地增值税,借记"固定资产清理""在建工程"账户,贷记"应交税费——应交土地增值税"账户。

四、个人所得税的核算

职工的个人所得税应由支付其所得的单位代扣代缴。企业按规定计算出职工个人所得税,从工资薪酬中代扣时,借记"应付职工薪酬"账户,贷记"应交税费——应交个人所得税"账户。

奖励该"加"
处罚该"扣"

送高管读"EMBA"
"个税"不买单

五、房产税、土地使用税、车船税的核算

企业按规定缴纳房产税、土地使用税、车船税时,借记"税金及附加"账户,贷记"应交税费——房产税(土地使用税、车船税)"账户。

六、印花税的核算

印花税是对经济交往中书立、领受的应税经济凭证征收的一种税。企业应按规定计提时,借记"税金及附加"账户,贷记"应交税费——应交印花税"账户;交纳时,借记"应交税费——应交印花税"账户,贷记"银行存款"账户。

七、教育费附加的核算

教育费附加是根据企业交纳流转税的一定比例计算,并与流转税一起交纳的一种专门用于教育事业的款项。企业按规定计提教育费附加时,借记"税金及附加"账户,贷记"应交税费——应交教育费附加"账户;交纳时,借记"应交税费——应交教育费附加"账户,贷记"银行存款"账户。

八、矿产资源补偿费的核算

开采矿产资源的企业应当按规定计算交纳矿产资源补偿费。企业销售矿产品和对矿产品进行自行加工,应按月根据矿产品销售收入和开采回采率系数等资料计提矿产资源补偿费,计提时,借记"管理费用"账户,贷记"应交税费——应交矿产资源补偿费"账户。

九、企业所得税的核算

从 2008 年 1 月 1 日开始,我国开始实施《中华人民共和国企业所得税法》。企业所得税按纳税年度计算,纳税年度自公历 1 月 1 日起至 12 月 31 日止。但为了保证国家的财政支出,纳税人要按主管税务机关确认的纳税期分月或者分季预交。

所得税的具体核算见模块 5 中知识技能 5-2 利润形成和分配的管理与核算。

 思政园地

"阴阳合同"不是违法行为"遮羞布"①

国家税务总局于 2021 年 4 月 30 日表示,上海市税务机关 4 月初依法受理了群众关于郑爽(演员)涉嫌偷逃个人所得税问题的举报,税务总局高度重视,其间已要求上海等相关税务机关对通过"阴阳合同"等方式涉嫌偷逃税行为依法依规进行严肃查处。

所谓"阴阳合同",是指双方就同一事项订立两份合同,一份表达双方真实意思,另一份用以逃税、规避监管等。比如,在文娱领域,一些制片方利用"阴阳合同"支付艺人片酬,这不但使针对艺人天价薪酬的限薪令成为一纸空文,更造成了国家税收的大量流失。

在新闻报道的有关个案之外,人们也非常关注,"阴阳合同"是否已成为文娱领域普遍存在的问题? 3 年前,某女星因涉税问题被罚后,一众艺人曾扎堆补交税款。这次事件被曝出后,又有不少艺人忙着关停工作室、注销公司。这些看起来奇怪的现象,不得不让公众有所怀疑。

"阴阳合同"不是违法行为的"遮羞布"。要注意的是,此次事件若不是因恋人反目上演戏剧性的一幕,恐怕也不会被曝光出来。但依法惩治"阴阳合同",不能单纯靠恋人反目、同行不和、合作伙伴交恶等偶发性事件。监管部门在对个案进行调查处置的同时,也要就个案反映出的影视行业的共性问题,强化风险防控分析,进一步堵塞政策法规漏洞,加大税收征管处罚力度,不断建立健全文娱行业薪酬、税收管理的长效机制。唯有如此,才能激浊扬清,为文娱行业健康发展提供更强有力的法治保障。

---

① 马树娟."阴阳合同"不是违法行为"遮羞布"[EB/OL].(2021-04-30)[2022-01-17].https://baijiahao.baidu.com/s?id=1698433643009771947&wfr=spider&for=pc.

本模块小结

模块4 综合业务的管理与核算

知识技能4-1

职工薪酬的管理
与核算

- 职工薪酬的认知与管理
- 职工薪酬的核算与操作

知识技能4-2

借款的管理与
核算

- 借款的认知与管理
- 短期借款的核算与操作
- 长期借款的核算与操作

知识技能4-3

期间费用的管理
与核算

- 期间费用的认知与管理
- 销售费用的核算与操作
- 管理费用的核算与操作
- 财务费用的核算与操作

知识技能4-4

应交税费的管理
与核算

- 税费的认知与管理
- 增值税的核算与操作
- 消费税的核算与操作
- 其他税费的核算与操作

考证知识训练

I 单项选择题

1. 某企业本期支付给职工的计时工资 50 000 元,计件工资 150 000 元,综合奖金 70 000 元,缴纳住房公积金 20 000 元,董事的境外旅游开支 8 000 元,退休金 12 000 元。该企业本期的工资薪酬总额为( )元。

    A. 310 000   B. 298 000   C. 200 000   D. 290 000

2. 短期借款所发生的利息,一般应记入的会计账户是( )。

    A. "管理费用"   B. "财务费用"   C. "营业外支出"   D. "投资收益"

3. 企业从应付职工工资中代扣职工房租,应借记的会计账户是( )。

    A. "其他应收款"   B. "银行存款"   C. "应付职工薪酬"   D. "其他应付款"

4. 某企业本期应交房产税 3 万元,应交土地使用税 2 万元,应交印花税 1 万元,因扩建占地应交耕地占用税 10 万元,则本期影响"应交税费"账户的金额是( )万元。

    A. 5   B. 6   C. 15   D. 16

5. 企业交纳参加职工医疗保险的医疗保险费应通过( )账户进行核算。

    A. "应交税费"   B. "应交职工薪酬"   C. "其他应交款"   D. "其他应付款"

6. 某企业收购农产品,实际支付的价款为 2 万元,则购进存货的成本是( )元。

    A. 20 000   B. 18 000   C. 22 000   D. 16 600

7. 企业购进货物用于非应税项目(如在建工程用等)时,不论是否取得增值税专用发票,该货物负担的增值税税额均应记入( )账户。

    A."应交税费——应交增值税"   B."货物的采购成本"

    C."营业外支出"   D."管理费用"

8. 委托加工应纳消费税产品收回后,用于继续加工生产应纳消费税产品的,受托代扣代缴的消费税,应记入( )账户。

    A."生产成本"   B."应交税费"

    C."委托加工物资"   D."主营业务成本"

9. 企业福利部门自用应税产品计算出的应交消费税和增值税,应借记( )账户。

    A."制造费用"   B."生产成本"   C."应付职工薪酬"   D."税金及附加"

10. 下列项目中,按照现行会计制度的规定,企业应当作为财务费用处理的是( )。

    A. 购货方获得的现金折扣   B. 购货方获得的商业折扣

    C. 购货方获得的销售折扣   D. 购货方放弃的现金折扣

Ⅱ 多项选择题

1. 企业在计量应付职工薪酬时,应注意是否有相关的明确计提标准加以区别处理,下列项目中,国家统一规定了计提基础和计提比例的有( )。

    A. 工会经费   B. 住房公积金   C. 福利费   D. 养老保险

    E. 医疗保险

2. 下列各项中,应列为财务费用的有( )。

    A. 实际发生并确认的购货现金折扣   B. 应付票据承兑手续费

    C. 带息应付票据的应付利息   D. 短期借款利息

    E. 企业间借款利息收入

3. 职工工资的发放形式不是唯一的,下列各项中,应列为工资薪酬的项目有( )。

    A. 以现金发放工资   B. 结转代扣代缴的个人所得税

    C. 职工报支培训费、劳动保护费   D. 结转代扣、代垫款

    E. 职工困难补助

4. 下列税金中,通过"税金及附加"账户核算的有( )。

    A. 增值税   B. 消费税   C. 资源税   D. 城市维护建设税

    E. 土地使用税

5. 下列各项中,属于应交税费的有( )。

    A. 应交教育费附加   B. 代扣代缴的个人所得税

    C. 应交矿产资源补偿费   D. 计提工会经费

    E. 应补交的土地出让金

6. 属于购入货物时,即能认定其增值税不能抵扣的有( )。

    A. 购进固定资产   B. 购入的货物直接用于免税项目

    C. 购入的货物直接用于产品生产   D. 购入的货物用于集体福利

    E. 购入的货物直接用于非应税项目

7. ( )可能要记入"税金及附加"账户。

    A. 消费税   B. 增值税   C. 城市维护建设税   D. 车辆购置税

    E. 资源税

8. 应通过"应交税费"账户核算的税金有( )。

    A. 印花税   B. 土地使用税   C. 城市维护建设税   D. 车辆购置税

E. 车船税

9. 计算城市维护建设税的基数包括的流转税有(　　　)。

A. 应交增值税　　B. 应交消费税　　C. 应交资源税　　D. 应交土地使用税

E. 应交印花税

10. 下列流动负债中,一般不需要支付利息的有(　　　)。

A. 短期借款　　B. 预收账款　　C. 应付职工薪酬　　D. 应付税费

E. 不带息应付票据

11. 下列支付的税金中,应计入所购货物成本的有(　　　)。

A. 小规模纳税人购入生产用原材料所支付的增值税

B. 一般纳税人购入固定资产时,增值税专用发票上注明的增值税

C. 购入货物时所支付的价款中包含的消费税

D. 一般纳税人购入材料未取得增值税专用发票,所支付的增值税

E. 进口货物所支付的增值税

12. 下列税金中,应记入"管理费用"账户的有(　　　)。

A. 房产税　　B. 资源税　　C. 印花税　　D. 增值税

E. 车船税

13. 以职工工资总额为基数计提的项目有(　　　)。

A. 职工教育经费　　B. 工会经费　　C. 福利费　　D. 住房公积金

E. 教育费附加

14. 下列业务核算中,涉及"进项税额转出"的有(　　　)。

A. 购入免税农产品　　　　　　　　B. 购进的货物发生非常损失

C. 在产品发生非常损失　　　　　　D. 购进原材料改变用途

E. 货物被依法没收

15. 企业分配工资费用时,可能借记的账户有(　　　)。

A. "生产成本"　　B. "制造费用"　　C. "管理费用"　　D. "销售费用"

E. "财务费用"

16. 下列费用中,属于企业管理费用的有(　　　)。

A. 工会经费　　B. 董事会费　　C. 聘请中介机构费用　　D. 业务招待费

E. 办公费用

17. 可以根据长期借款的使用方向,将长期借款的利息费用直接计入(　　　)。

A. 在建工程　　B. 财务费用　　C. 管理费用　　D. 销售费用

E. 税金及附加

18. 某工业企业本期发生的下列支出中,应记入"销售费用"账户的有(　　　)。

A. 广告费和展览费　　　　　　　　B. 购入原材料过程中发生的运输费

C. 销售产品过程中发生的运输费　　D. 售后服务网点工作人员的工资

E. 销售部门使用的固定资产的折旧

Ⅲ　判断题

1. 企业向银行或其他金融机构借入的各种款项所发生的利息均应计入财务费用。　　　(　　　)

2. 因解除与职工的劳动关系给予的补偿,借记"生产成本"等账户。　　　(　　　)

3. 企业包括在工资总额内的各种工资、奖金、津贴,不论是否在当月支付,均应通过"应付职工薪酬"账户核算。　　　(　　　)

4. 企业按工资总额一定比例计提的职工教育经费、工会经费,均列入当期管理费用。　　　(　　　)

5. 应交税费是指企业按国家税法规定应交纳的各种税金,企业应交的各种税金均应通过"应交税费"账户核算。 ( )

6. 一般纳税人企业购进货物支付或负担的增值税税额,均可列为进项税额,从销项税额中抵扣。 ( )

7. 以商业保险形式提供给职工的各种保险待遇也属于企业提供的职工薪酬。 ( )

8. 企业代扣代缴的个人所得税属于代交性质,应作为其他应付款处理,不应通过"应交税费"账户核算。

( )

9. 一般纳税企业用产成品或原材料对外投资时,因会计核算中不作为销售处理,故不存在计算应交增值税的问题。 ( )

10. 企业对于购入的免税农产品,可以按照买价和规定的扣除率计算进项税额,并将计算的进项税额从其购买价格中扣除,以扣除后的余额作为购入农产品的采购成本入账。 ( )

模块 5 财务成果的管理与核算

业务引导

1. 企业收到投资者追加的投资 1 000 000 元,你将如何处理?
2. 年末企业要结转收入和支出,计算企业的盈亏情况,你将如何处理?
3. 年末进行所得税的核算清缴,你将如何处理?
4. 企业对净利润进行分配,你将如何处理?
5. 年度终了,你将如何进行年末账务结转处理?

......

本模块将告诉我们这些业务(或更多不同业务)将如何处理,并告诉我们通过学习、实训操作将拥有什么样的技能和具备什么样的能力。

业务描述

本模块是以财务成果核算岗位为载体进行的教学内容设计,要求本会计岗位人员熟练掌握企业所有者权益的核算与管理、一个会计年度的收入和支出的结转核算、计算所得税和利润总额、计算并分配净利润,并根据相关制度,通过有关凭证和账簿等工具熟练管理、核算和处理年末账务。

岗位工作流程图

本岗位在实际工作中主要与企业内部的各个部门和企业外部有紧密关联的机构有什么业务联系? 需完成什么工作任务? 这是我们每个学生必须了解的基本业务状态。下图为财务成果核算的简单会计岗位工作流程。

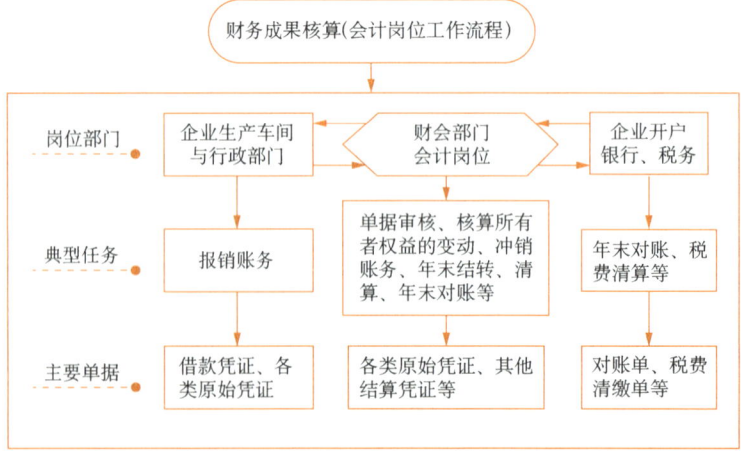

能力目标

专业能力:能够使用企业财务信息资源制订工作计划;了解所有者权益和财务成果核算的步骤;掌握所有者权益和财务成果核算的规章制度;熟练掌握凭证、账簿和工具的使用;熟练操作财务成果完整的核算过程。

方法和学习能力:扩展、延伸相应的知识和技能及收集相关信息的能力。

个人和社会能力:提高制订和实施团队工作计划能力,提高整体组织和管理能力。

 技能要求

1. 能熟练操作所有者权益的管理与核算。
2. 能熟练操作一个会计年度收入和支出的结转与核算。
3. 能熟练计算所得税和利润总额,并进行相应的会计核算。
4. 能熟练计算净利润和结转分配净利润,并进行会计核算。

思政目标

1. 培育和践行社会主义核心价值观。
2. 培养具有法律意识、知法守法、拥有制度自信的社会主义接班人。

知识技能 5-1 所有者权益的管理与核算

为了完成财务成果核算岗位知识技能 5-1 的工作任务,我们需要学习和掌握哪些基本知识和技能?

知识技能 5-1-1 所有者权益的认知与管理

一、所有者权益的认知

所有者权益是指所有者在企业资产中享有的经济利益。其金额为资产减去负债后的余额,也就是投资人对净资产的所有权。

1. 所有者权益是与投资者的投资活动相伴随的相关权益

在投资人的投资行为结束、投资人成为企业的所有者以后,其权益的大小完全取决于企业的经营情况。所有者权益将随企业的盈亏而增减,也就是说,企业所有者对企业的经营活动承担着最终的风险,同时也享受着最终的权益。

2. 所有者权益约束投资者的权利和收益

投资者一旦投资后,在企业的存续期,按照实缴的出资比例分取红利或亏损,投入资金只可以转让不可以抽逃、撤回。

二、所有者权益与负债的区别

对于企业而言,资金来源主要有两个:一是债权人,二是所有者。所有者权益和负债都是对企业资产的要求权,所有者权益和负债相加的总额等于资产总额。但所有者权益和负债有以下区别。

1. 对象不同

所有者权益是企业对投资人负担的经济责任;而负债是企业对债权人负担的经济责任,即债权人权益。

2. 享有权益的先后不同

所有者权益和负债都是对企业资产的要求权,但所有者的要求权在法律顺序上是排在债权人的要求权之后的。对于正常经营的企业,其息税前盈余只有按事前约定支付利息后,才可以归所有者享有。

3. 偿还期限和偿还金额不同

企业的负债通常都有偿还期限和偿还金额;而所有者权益在企业存续期内一般不能抽回,也就是说出资者可以依法转让出资,但不得直接从被投资企业抽回投资。

4. 享有的权利不同

债权人只享有到期收回本金和利息的权利,但无权参与企业的经营决策和收益分配;而所有者权益在很多情况下可以分享企业收益和参与企业经营管理。

5. 投资的风险不同

所有者权益具有比债权人权益更大的风险。债权人对企业的投资通常以获取利息为目的,利息是按照本金和事先确定的利率计算的固定数,一般不受企业盈亏的影响,风险较小;所有者权益能获得多少报酬取决于企业的盈利水平和利润分配政策,风险较大。

三、所有者权益的构成

所有者权益按其来源可分为所有者投入的资本、其他综合收益、留存收益等,通常由实收资本(或股本)、其他权益工具、资本公积、其他综合收益、专项储备、留存收益构成。下面重点介绍实收资本、资本公积和留存收益的有关内容。

1. 实收资本

实收资本是指投资者按照企业章程或合同、协议的约定,实际投入企业的资本。它是投资人对企业所筹集的注册资本的出资额,是企业注册登记的法定资本总额的重要来源。

2. 资本公积

资本公积是指由投资者在投入资本过程中所发生的与实收资本(或股本)有直接联系,但又不能构成实收资本的积存资金,以及从其他来源取得的属于所有者享有的资金。

资本公积包括投资者投入资本超过注册资本或者股本部分的金额以及直接计入所有者权益的利得和损失,即资本溢价或股本溢价。

3. 留存收益

留存收益是指企业从历年实现利润中提取或形成的留存企业内部的积累。它来源于企业在生产经营中所实现的净利润。留存收益分为盈余公积和未分配利润两部分。

计量留存收益的目的是保证企业实现的净利润有一部分留存在企业,不全部分配给投资者。这样做一方面是为了满足企业维持或扩大生产经营的资金需要,另一方面也是为了保证企业有足够的资金弥补以前年度的亏损或以后年度可能出现的亏损,也保证有足够的资金偿还债务。

 **思政园地**

恪守市场契约,优化营商环境①

"为什么以前对投资商说可以,现在又说不可以?"日前,某地方官员指出,一些市县在营商环境方面"新官不理旧账",之前招商的投资项目换了领导就不算数了,其"灵魂之问"引发社会热议。

"灵魂之问"所指向的问题其实并不复杂,解决的关键在于从招商引资到落地服务、从"最初一千米"到"最后一千米"的政策实施链条中,政府要全链条诚信守约。

政府不仅是向市场履约的一方,更是市场契约的维护者。一方面,政府通过法治维护市场契约的履行,保障市场主体在市场环境下公平竞争,恪守诚信;另一方面,政府以政策和法律发布的形式与市场建立契约关系,以言出必行的履约姿态以身作则,建立政策和法制威信。

广东深圳:迈入营商环境4.0时代②

2021年6月18日,深圳市发改委发布深圳营商环境4.0改革政策。在2018—2020年前三版方案"搭框架""夯基础""补短板"的基础上,深圳进一步加大营商环境改革力度,进入4.0"促提升"的关键阶段。

新发布的《重点任务清单》覆盖了全年改革内容,围绕构建要素高效配置的市场体系、对接国际通行经贸规则、打造创新驱动的产业发展生态、夯实规范高效的公共服务基础、营造更加公平公正的法治环境等5大方面,提出26个领域共计222项改革任务,全面涵盖世界银行营商环境评价的12项指标和中国营商环境评价的18项指标。

上述的《四个"十大"工作方案》是本次改革的主攻方向和发力重点,通过十大率先改革试点、十大功能性营商环境服务平台、十大营商环境前瞻性立法、十大市场主体获得感提升专项行动四个"十大"改革措施,以点带面推动营商环境全面优化提升。这十大率先改革试点是深圳在充分考虑当前营商环境重点领域提升的迫切需要和未来产业发展趋势,先行示范推出的创新性改革举措。

此外,深圳还将在政务服务、工程建设、基层执法等方面开展十大专项行动,进一步提升企业群众满意度和获得感。

———————————

① 盘和林.恪守市场契约,优化营商环境[EB/OL].(2021-06-18)[2022-01-17].https://baijiahao.baidu.com/s?id=1702851810972032085&wfr=spider&for=pc.

② 南方网.深圳发布营商环境4.0改革政策[EB/OL].(2021-06-25)[2022-01-17].https://www.ndrc.gov.cn/xwdt/ztzl/ygadwqjs1/202106/t20210625_1284246_ext.html.

知识技能 5-1-2 实收资本的核算与操作

一、实收资本的一般核算与操作

不同形式的企业对实收资本的核算方法不一样。股份有限公司对股东投入的资本金通过"股本"账户核算，其他企业都通过"实收资本"账户核算。

1. 一般企业实收资本的核算

企业应设置"实收资本"账户，核算除股份有限公司以外的一般公司性企业接受的投资者投入企业的实收资本。

"实收资本"账户属于所有者权益类账户，贷方登记企业实际收到的投资者的出资额和由资本公积、盈余公积转增的资本额；借方登记本期企业按照法定程序报经批准减少的资本金数额；余额在贷方，表示企业实际拥有的资本额。本账户应当分别不同的投资人进行明细核算。

投资人向企业投入的资本形式包括投入货币资金、非货币实物资产、无形资产等。

（1）接受现金投入的核算。企业收到投资者以现金方式投入的资本金，应以实际收到的金额借记"银行存款"等账户，贷记"实收资本"账户；实际收到的金额超过其在企业注册资本中所占份额的部分，记入"资本公积"账户。

【操作 5.1】 甲、乙、丙三方共同投资设立了南方有限责任公司，公司注册资本为 10 000 000 元，甲拥有 50%股份，乙、丙各占 25%股份。2020 年 10 月 1 日，南方有限责任公司收到三方投资者一次缴清的投资款项，分别为 5 000 000 元、2 500 000 元、2 500 000 元。

会计处理：

借：银行存款 10 000 000
　　贷：实收资本——甲 5 000 000
　　　　　　　——乙 2 500 000
　　　　　　　——丙 2 500 000

请思考：该业务需要什么凭据？

（2）接受非货币实物资产投入的核算。企业收到投资者投入的固定资产、原材料等非货币实物资产时，应在办理实物转移手续后，按照合同、协议确定的公允价值，借记"固定资产""原材料"等账户，贷记"实收资本"账户。

【操作 5.2】 南方有限责任公司收到甲公司投入的材料一批，协议确认的价值（不含可抵扣的增值税进项税部分）为 560 000 元，对方提供的增值税专用发票列示的增值税税额为 72 800 元，假设协议确定的价值与公允价值相符，原材料已验收入库。会计处理：

借：原材料——某材料 560 000
　　应交税费——应交增值税（进项税额） 72 800
　　贷：实收资本——甲公司 632 800

请思考：该业务需要什么凭据？

（3）接受无形资产投入的核算。企业在收到投资者以知识产权、土地使用权等无形资产投入时，应按照合同、协议或者企业章程规定，按确认的价值，借记"无形资产"账户，贷记"实收资本"账户。

【操作 5.3】 甲、乙、丙三方各出资 20 万元新建成立南方有限责任公司，甲以一项专利权出资，作价 10 万元，另投入 10 万元货币资金；乙投入 20 万元设备；丙投入 20 万元货币资金，货币资金投资全部以银行存款形式投入。会计处理：

```
借：银行存款                                    300 000
    无形资产——专利权                           100 000
    固定资产                                    200 000
    贷：实收资本——甲                                   200 000
              ——乙                                   200 000
              ——丙                                   200 000
```

请思考：该业务需要什么凭据？

2. 股份有限公司股本的核算

股份有限公司是指企业全部注册资本由等额股份构成，并通过发行股票筹集资本，股东以其所持有的股份对公司承担有限责任，公司以其全部资产对公司债务承担责任的企业法人。

1）股份有限公司的特点

（1）全部资本分为等额股份。

（2）通过发行股票筹集资本，股票可以交易或转让。

（3）股份有限公司财务公开，按规定向社会披露财务信息。

（4）股东以其所持有股份对公司承担有限责任，公司以其全部资产对公司债务承担责任。

股票发行有三种方式：面值发行、溢价发行和折价发行。《中华人民共和国公司法》（以下简称《公司法》）规定股票发行可以面值和溢价发行，不得折价发行。

2）股份有限公司股本的核算

股份有限公司应设置"股本"账户对投入的资本进行核算。"股本"账户的贷方登记股份有限公司发行股票的面值；借方登记按照法定程序报经批准减少注册资本而冲减的股票面值；余额在贷方，反映企业发行在外的股票的总面值。该账户按普通股和优先股分别设置明细账户。

股份有限公司发行股票时，在股票认购阶段一般不做会计处理。在收取股款时，按照实际收到的款项借记"银行存款"账户，按照股票面值贷记"股本"账户，超过面值的部分作为股本溢价，扣除发行费、佣金等费用后记入"资本公积"账户。

【操作 5.4】 A 股份公司经批准增发普通股 1 000 万股，每股面值为 1 元，溢价发行，扣除手续费后，实际收到款项 5 500 万元。会计处理如下：

```
借：银行存款                                    55 000 000
    贷：股本——普通股                                  10 000 000
        资本公积——股本溢价                            45 000 000
```

財务会计

请思考:该业务需要什么凭据?

二、实收资本变动的核算与操作

在一般情况下,企业的实收资本应相对固定不变,但在某些特殊情况下,实收资本可能会发生增减变动。

1. 实收资本(或股本)增加的核算

实收资本(或股本)的增加一般有三个途径:投资者追加投资、资本公积转增资本和盈余公积转增资本。投资者追加投资的核算可比照上述实收资本的核算,这里主要介绍后两种情况的核算。

(1)资本公积转增资本的核算。在企业采用资本公积转增资本时,企业应按照转增的资本金额,借记"资本公积"账户,贷记"实收资本"(或"股本")账户。

【操作5.5】 承[操作5.1],南方有限责任公司按法定程序办妥增资手续,以资本公积200万元转增注册资本,甲、乙、丙三方按各持股份享有权益。会计处理:

借:资本公积　　　　　　　　　　　　　　　　　　　　　2 000 000
　　贷:实收资本——甲　　　　　　　　　　　　　　　　　　1 000 000
　　　　　　——乙　　　　　　　　　　　　　　　　　　500 000
　　　　　　——丙　　　　　　　　　　　　　　　　　　500 000

请思考:该业务需要什么凭据?

(2)盈余公积转增资本的核算。企业应按照转增的资本金额,借记"盈余公积"账户,贷记"实收资本"或"股本"账户。

【操作5.6】 承[操作5.1],南方有限责任公司由于业务需要,经批准按照甲、乙、丙三方原出资比例将盈余公积500万元转增资本。会计处理:

借:盈余公积　　　　　　　　　　　　　　　　　　　　　5 000 000
　　贷:实收资本——甲　　　　　　　　　　　　　　　　　　2 500 000
　　　　　　——乙　　　　　　　　　　　　　　　　　　1 250 000
　　　　　　——丙　　　　　　　　　　　　　　　　　　1 250 000

请思考:该业务需要什么凭据?

2. 实收资本(或股本)减少的核算

企业由于经营方针发生变化,如经营规模缩小、资本过剩等,或者由于发生了重大亏损,在短期内无法弥补等原因,经批准并履行必要程序后,可减少注册资本(或股本)。

减资时,借记"实收资本"或"股本"账户,贷记"银行存款"等账户。

如果股份有限公司以收购本企业股票的方式减少注册资本,应按照股票市价和收购的股数增加库存股票,即借记"库存股"账户,按照付款金额贷记"银行存款"账户;收购以后注销本公司股票时,按照注销股票的面值总额减少股本,即借记"股本"账户,超出面值支付的价款,依次减少资本公积和留存收益,即借记"资本公积""盈余公积"和"利润分配——未分配利润"账户,贷记"库存股"账户;回购股票支付的价款低于面值的,按面值减少"股本",即借记"股本"账户,差额贷记"资本公积"账户。

【操作5.7】 A股份有限公司的普通股每股面值为8元,最初以每股10元发行,现在以每股12元收回3 000 000股,并予以注销。会计处理:

① 回购公司股票时：

库存股成本＝3 000 000×12＝36 000 000(元)

借：库存股 36 000 000

　　贷：银行存款 36 000 000

② 注销本公司股票时：

应冲减的资本公积＝3 000 000×12－3 000 000×8＝12 000 000(元)

借：股本 24 000 000

　　资本公积 12 000 000

　　贷：库存股 36 000 000

请思考:该业务需要什么凭据？

【操作 5.8】 承[操作 5.7],假如 A 股份公司股票回购前"资本公积"余额为 8 000 000 元,"盈余公积"余额为 12 000 000 元,其他条件不变。会计处理:

① 回购公司股票时：

借：库存股 36 000 000

　　贷：银行存款 36 000 000

② 注销本公司股票时：

借：股本 24 000 000

　　资本公积 8 000 000

　　盈余公积 4 000 000

　　贷：库存股 36 000 000

请思考:该业务需要什么凭据？

分析:应冲减的资本公积＝3 000 000×12－3 000 000×8＝12 000 000(元),由于 A 股份有限公司资本公积只有 8 000 000 元,不足以冲减,所以先冲减资本公积 8 000 000 元,其余 4 000 000 元冲减盈余公积。

知识技能 5-1-3　资本公积的核算与操作

一、资本公积的账户设置

企业应设置"资本公积"账户来核算和监督资本公积的形成和变动情况。

"资本公积"账户属于所有者权益类账户,贷方登记企业取得的资本公积;借方登记按规定用途转出的资本公积;期末贷方余额反映资本公积的结余数。本账户一般应下设"资本(或股本)溢价"和"其他资本公积"两个明细账户,以分别核算不同来源形成的资本公积。

二、资本公积的一般核算与操作

1. 资本(或股本)溢价的核算

资本(或股本)溢价是指企业在筹集资本金的过程中,投资者实际缴付的出资额超出其在注册资本中所占的份额,以及股份有限公司发行股票的溢价净收入。

(1) 企业重组或有新投资者加入时资本的核算。企业创立时,出资者认缴的出资额全部记入"实收资本"账户,一般不存在资本溢价的问题。在企业重组或者有新的投资者加入时为了维护原有投资者的利益,新加入的投资者的出资额一般要超过其在企业所有者权益中所占的份额,超过部分作为"资本公积"处理。

【操作 5.9】 南方有限责任公司由甲、乙、丙三位股东各自出资 200 万元设立。设立时的实收资本总额为 600 万元。经过 3 年的经营,该公司留存收益为 300 万元。这时又有丁有意投资该公司,并表示愿意出资 360 万元加入,投资各方确定丁在注册资本中占有 25% 的份额。会计处理:

```
借:银行存款                                      3 600 000
    贷:实收资本——丁                              2 000 000
        资本公积——资本溢价                        1 600 000
```

请思考:该业务需要什么凭据?

分析:同意丁在企业中占有 25% 的份额,与甲、乙、丙持有份额相同,即 200 万元作为资本份额,其余 160 万元作为资本公积。

【操作 5.10】 A 股份有限公司经批准发行股票 5 000 万股,股票发行事宜委托某证券公司办理,每股面值为 1 元,发行价为 4.2 元,发行费用按 3‰ 比例从发行收入中直接扣除。会计处理:

```
借:银行存款                                      209 370 000
    贷:股本——普通股                              50 000 000
        资本公积——股本溢价                        159 370 000
```

请思考:该业务需要什么凭据?

分析:公司收到的发行股票款=5 000×4.2×(1-3‰)=20 937(万元)

(2) 企业债务重组转为资本的核算。企业重组债务转为资本其公允价值总额超过相应的实收资本或股本时,应按重组债务的账面价值,借记"应付账款"等账户;按债权人放弃债权而享有本企业股份的面值总额贷记"股本"账户,贷记或借记"资本公积"账户(资本溢价或股本溢价);按照重组债务的账面价值与股份的公允价值总额之间的差额,贷记"营业外收入——债务重组利得"账户。

【操作 5.11】 A 股份有限公司从 C 公司购货一批,价款及税金合计 320 000 元。A 股份有限公司后因发生财务困难无法偿还货款,经双方协商,A 股份有限公司以其面值 1 元的普通股50 000 股偿债,用于抵债的股票市值为每股 6 元。假定不考虑其他税费。会计处理:

```
借:应付账款                                      320 000
    贷:股本——C 公司                              50 000
        资本公积——股本溢价                        250 000
        营业外收入——债务重组利得                   20 000
```

请思考:该业务需要什么凭据?

2. 其他资本公积的核算

企业的长期股权投资采用权益法核算的,在持股比例不变的情况下,被投资单位除净损益以外的所有者权益的其他变动,如果是利得,企业按照持股比例计算应享有的份额,借记"长期股权投资——所有者权益其他变动"账户,贷记"资本公积——其他资本公积"账户;如果是损失,作相反的会计处理。

【操作 5.12】 南方有限责任公司拥有 D 公司 30% 的股份,并对该公司有重大影响,对

D公司长期股权投资采用权益法核算。年末,D公司除了净损益、其他综合收益和利润分配的所有者权益增加了3 000 000元。假定除此之外,D公司的所有者权益没有变化,D公司资产的账面价值与公允价值一致,南方有限责任公司持股比例没有变化,不考虑其他因素,则南方有限责任公司按持股比例计算确认应享有的资本公积900 000元。会计处理:

  借:长期股权投资——所有者权益其他变动   900 000

    贷:资本公积——其他资本公积   900 000

  南方有限责任公司对D公司投资增加的资本公积＝3 000 000×30％＝900 000(元)

请思考:该业务需要什么凭据?

知识技能 5-1-4　留存收益的核算与操作

留存收益是指企业从历年实现利润中提取或形成的留存企业内部的积累。留存收益分为盈余公积和未分配利润两部分。

一、盈余公积的核算与操作

1. 盈余公积的定义和分类

盈余公积是企业按照规定从税后净利润中提取的积累资金。一般企业的盈余公积分为法定盈余公积和任意盈余公积两部分。

法定盈余公积是指企业按照规定的比例从净利润中提取的盈余公积。根据我国《公司法》规定,有限责任公司和股份有限公司应按照净利润的10％提取法定盈余公积,计提的法定盈余公积累计达到注册资本的50％时,可以不再提取。对于非公司制企业,其法定盈余公积可按超过10％的比例提取。

任意盈余公积是指企业经股东大会或类似机构批准,按照规定的比例从净利润中提取的盈余公积。它与法定盈余公积的区别在于其提取比例由企业自行决定,而法定盈余公积的提取比例由国家有关法规决定。

2. 盈余公积的用途

企业提取的盈余公积主要用于:弥补亏损、转增资本(或股本)、发放现金股利或利润。

(1)弥补亏损。企业发生经营亏损,可以用发生亏损后5年内实现的税前利润来弥补;当发生的亏损在5年内仍不足弥补的,应使用随后实现的所得税后利润弥补;当企业用所得税后利润仍不足弥补的,可以用所提取的盈余公积来弥补。企业用盈余公积弥补亏损时,应由董事会提议,经股东大会或类似机构批准。

(2)转增实收资本(或股本)。当企业提取的盈余公积累积较多时,可以将盈余公积转增实收资本(或股本),但是必须经股东大会或类似机构批准,而且用盈余公积转增实收资本后,留存的盈余公积不得少于注册资本的25％。

(3)发放现金股利或利润。企业当年无利润,原则上不得分配股利。但在盈余公积补亏后,经股东大会特别决议,可以用盈余公积分配利润或股利。在分配之后,企业法定盈余公积不得少于注册资本的25％。

3. 提取盈余公积的核算

企业应设置"盈余公积"账户,核算和监督盈余公积的形成和使用情况。

"盈余公积"账户属于所有者权益类账户,贷方登记企业取得的盈余公积;借方登记按规定用途转出和减少的盈余公积;期末贷方余额反映盈余公积的结余数。本账户应下设"法定盈余公积""任意盈余公积""盈余公积补亏""盈余公积转入"等明细账户分别核算。

企业提取盈余公积时,借记"利润分配——提取法定盈余公积(或提取任意盈余公积)"账户,贷记"盈余公积——法定盈余公积(或任意盈余公积)"账户。

【操作 5.13】 南方有限责任公司 2020 年实现税后利润 500 万元,按照 10% 的比例提取法定盈余公积。根据股东大会决议,该公司按照 8% 提取任意盈余公积,其余利润用于派发现金股利。会计处理:

① 结转本年利润时:

借:本年利润	5 000 000
贷:利润分配——未分配利润	5 000 000

② 提取盈余公积、宣告发放股利时:

借:利润分配——提取法定盈余公积	500 000
——提取任意盈余公积	400 000
——应付现金股利	4 100 000
贷:盈余公积——法定盈余公积	500 000
——任意盈余公积	400 000
应付股利	4 100 000

③ 结转利润分配各明细账户时:

借:利润分配——未分配利润	5 000 000
贷:利润分配——提取法定盈余公积	500 000
——提取任意盈余公积	400 000
——应付现金股利	4 100 000

请思考:该笔业务需要什么凭据?

4. 盈余公积使用或减少的核算

(1)弥补亏损的核算。企业用盈余公积补亏时,借记"盈余公积——盈余公积补亏"账户,贷记"利润分配——盈余公积补亏"账户。

【操作 5.14】 南方有限责任公司以前年度累计未弥补亏损 360 000 元,已经超过了用税前利润弥补的期间。2020 年经批准,该公司以盈余公积全额弥补以前年度未弥补亏损。会计处理:

借:盈余公积——盈余公积补亏	360 000
贷:利润分配——盈余公积补亏	360000

请思考:该笔业务需要什么凭据?

(2)转增资本的核算。企业用提取的盈余公积转增资本时,应按照批准的转增额,借记"盈余公积——任意盈余公积"账户,贷记"实收资本"(或"股本")账户。

【操作 5.15】 南方有限责任公司经批准本期将盈余公积 200 000 元用于转增资本。会计处理:

借:盈余公积——任意盈余公积	200 000
贷:实收资本	200 000

请思考:该笔业务需要什么凭据?

(3)分配股利或利润的核算。企业在用盈余公积分配股利或利润时,先借记"盈余公积——盈余公积转入"账户,贷记"利润分配——盈余公积转入"账户;然后再进行利润分配的会计处理。

【操作 5.16】 南方有限责任公司经批准,用盈余公积分配优先股股利 150 000 元。会计处理:

借:盈余公积——盈余公积转入	150 000	
贷:利润分配——盈余公积转入		150 000
借:利润分配——应付优先股股利	150 000	
贷:应付股利		150 000

请思考:该笔业务需要什么凭据?

二、未分配利润的核算与操作

1. 未分配利润的含义

未分配利润是指企业实现的净利润经过弥补亏损、提取盈余公积和向投资者分配利润后留存在企业的、历年结存的利润。它通常留待以后年度向投资者分配。未分配利润是企业所有者权益的组成部分。相对于所有者权益的其他部分来说,企业对于未分配利润的使用有着较大的自主权,受国家法律法规限制较少。

2. 未分配利润的核算

企业应设置"利润分配"账户,核算企业未分配利润情况。

"利润分配"账户属权益类账户。企业在"利润分配"账户下应设置"未分配利润"明细账户。年度终了,企业将全年实现的净利润(或发生的净亏损),自"本年利润"账户转入"利润分配——未分配利润"账户。如果企业当年实现盈利,借记"本年利润"账户,贷记"利润分配——未分配利润"账户;如果企业当年发生亏损,则作相反的分录。同时,企业应将"利润分配"账户下的其他明细账户余额转入"利润分配——未分配利润"明细账户。结转后,"未分配利润"明细账户的贷方余额为未分配利润,借方余额则为未弥补亏损。

【操作 5.17】 B 股份有限公司本年实现净利润 2 000 000 元。公司本年提取法定盈余公积后,提取任意盈余公积 300 000 元,应付股利 1 300 000 元。会计处理:

① 将本年实现的净利润结转时:

借:本年利润	2 000 000	
贷:利润分配——未分配利润		2 000 000

② 进行利润分配时:

借:利润分配——提取法定盈余公积	200 000	
——提取任意盈余公积	300 000	
——应付现金股利	1 300 000	
贷:盈余公积——法定盈余公积		200 000
——任意盈余公积		300 000
应付股利		1 300 000

③ 结转利润分配各明细账户时:

借：利润分配——未分配利润 1 800 000
　　贷：利润分配——提取法定盈余公积 200 000
　　　　　　　——提取任意盈余公积 300 000
　　　　　　　——应付现金股利 1 300 000

请思考：该笔业务需要什么凭据？

分析：如果上年年末未分配利润为 80 000 元，结转以后，"利润分配——未分配利润"账户的期末余额为 280 000 元(80 000＋2 000 000－1 800 000)，也就是说，期末资产负债表上所有者权益类项目"未分配利润"的金额为 280 000 元。

 案例

甲、乙、丙三家公司共同投资设立了 B 有限责任公司，公司注册资本为 20 000 000 元，甲公司拥有 50％股份，乙公司、丙公司各占 25％股份。2020 年 10 月 1 日，B 公司收到三方投资者一次性缴清的投资款项，分别为 10 000 000 元、5 000 000 元、5 000 000 元。12 月 5 日，乙公司以财务周转困难为理由，向新成立的 B 有限责任公司借款 3 000 000 元，借条注明借款期为 3 个月，但乙公司借款到期后并未归还该笔借款，占用该笔资金时间长达 8 个月之久。

问题　根据所学知识分析乙公司如此做法说明了什么。

分析：

乙公司在与其他公司共同投资设立了新公司 B 有限责任公司后，向新公司借款 3 000 000 元长期不还的做法，实际上是变相地将自己所投入的资金抽走，损害其他投资者的利益，也影响了 B 有限责任公司的正常运作。

对于新成立的 B 有限责任公司而言，在财务管理方面还不是很健全，存在很大的管理漏洞，所以出现投资者以借款名义抽走投资款的问题。

请大家讨论：如果你是财务总监，你将如何完善财务管理制度？

知识技能 5-2　利润形成和分配的管理与核算

为了完成财务成果核算岗位知识技能 5-2 的工作任务，我们需要学习和掌握哪些基本知识和技能？

知识技能 5-2-1　利润的认知与管理

一、利润的定义

利润是指企业在一定会计期间的经营成果。利润包括收入减去费用后的净额、直接计入当期利润的利得和损失等。其中,直接计入当期利润的利得和损失是指应当计入当期损益的、会导致所有者权益发生增减变动的与所有者投入资本或者向所有者分配利润无关的利得或者损失。

二、利润的构成

1. 营业利润的构成

营业利润是企业利润的主要来源。它是指企业在销售商品、提供劳务等日常活动中所产生的利润。其内容为主营业务利润和其他业务利润扣除期间费用之后的余额。

利润的认知与计算

营业利润的计算公式如下:

$$营业利润＝营业收入－营业成本－税金及附加－销售费用－管理费用－研发费用－财务费用－信用减值损失－资产减值损失±公允价值变动收益(或损失)±投资收益(或损失)±资产处置收益(或损失)＋其他收益±净敞口套期收益(或损失)$$

其中:

营业收入是指企业经营主要业务和其他业务所确认的收入总额,即主营业务收入和其他业务收入。

营业成本是指企业经营主要业务和其他业务发生的实际成本总额,即主营业务成本和其他业务成本。

研发费用是指企业进行研究与开发过程中发生的费用化支出,以及计入管理费用的自行开发无形资产的摊销。

信用减值损失是指企业计提各项金融工具信用减值准备所确认的信用损失。

资产减值损失是指企业计提各种资产减值准备所形成的损失。

公允价值变动收益(或损失)是指企业交易性金融资产等公允价值变动形成的应当计入当期损益的利得(或损失)。

投资收益(或损失)是指企业以各种方式对外投资所取得的收益(或发生的损失)。

资产处置收益(损失),反映企业出售划分为持有待售的非流动资产(金融工具、长期股权投资和投资性房地产除外)或处置组(子公司和业务除外)时确认的处置利得(或损失),以及处置未划分为持有待售的固定资产、在建工程、生产性生物资产及无形资产而产生的处置利得(或损失),还包括非货币性资产交换中换出非流动资产产生的利得(或损失)。

其他收益主要是指与企业日常活动相关,除冲减相关成本费用以外的政府补助。

2. 利润总额的构成

利润总额取决于收入和费用、直接计入当期利润的利得和损失金额的计量。

利润总额的计算公式如下:

$$利润总额＝营业利润＋营业外收入－营业外支出$$
$$净利润＝利润总额－所得税费用$$

所得税费用是指企业确认的应从当期利润总额中扣除的所得税费用。

知识技能 5-2-2　本年利润的核算与操作

一、构成利润总额项目的核算与操作

1. 营业外收支的核算

（1）营业外收入的核算。营业外收入是指企业发生的与其经营活动无直接关系的各项净收入。

营业外收入主要包括以下内容：处置非流动资产利得、非货币性资产交换利得、债务重组利得、罚没利得、政府补助利得、确实无法支付而按规定程序经批准后转作营业外收入的应付款项、捐赠利得、盘盈利得等。

企业应设置"营业外收入"账户核算发生的营业外收入。

轻松学营业
外收支

"营业外收入"账户属损益类账户，应按照"营业外收入"账户中利得项目进行明细核算。企业发生的营业外收入，借记"库存现金""银行存款""待处理财产损溢""固定资产清理""应付账款"等账户，贷记"营业外收入"账户。企业对收到的返还的消费税等税金，应按实际收到的金额，借记"银行存款"账户，贷记"营业外收入"账户。

期末，企业应将"营业外收入"账户余额转入"本年利润"账户，结转后"营业外收入"账户应无余额。

【操作 5.18】　2021 年 12 月南方有限责任公司报废清理固定资产净收益 8 000 元，作营业外收入后并进行年末结转处理。会计处理：

借：固定资产清理		8 000
贷：营业外收入——处置非流动资产利得		8 000
借：营业外收入		8 000
贷：本年利润		8 000

请思考：该笔业务需要什么凭据？

（2）营业外支出的核算。营业外支出是指企业发生的与其经营活动无直接关系的各项净支出。

营业外支出主要包括以下内容：处置非流动资产损失、非货币性资产交换损失、债务重组损失、罚款支出、捐赠支出、非常损失等。

企业应设置"营业外支出"账户核算发生的营业外支出。

"营业外支出"账户属损益类账户，应按照支出项目进行明细核算。企业发生的营业外支出，借记"营业外支出"账户，贷记"待处理财产损溢""库存现金""银行存款""固定资产清理"等账户。

期末应将"营业外支出"账户余额转入"本年利润"账户，结转后"营业外支出"账户应无余额。

2. 所得税费用的核算

所得税是根据企业应纳税所得额的一定比例上交的一种税金。企业的所得税费用包括当期所得税和递延所得税两部分。

计算公式如下：

$$所得税费用＝当期所得税＋递延所得税$$

（1）当期所得税的计算。应交所得税是指企业按照所得税法规定计算确定的针对当期发生的交易和事项,应交纳给税务部门的所得税金额,即当期应交所得税。应纳税所得额是在企业税前会计利润（即利润总额）的基础上调整确定的。由于会计处理与税法要求不同,企业在计算确定当期应纳税所得额时,需要在税前会计利润（即利润总额）的基础上进行纳税调整。

计算公式如下：

$$应纳税所得额＝税前会计利润＋纳税调整增加额－纳税调整减少额$$

纳税调整增加额是指税法规定允许扣除项目中,企业已计入当期费用但超过税法规定扣除标准的金额,如超过税法规定标准的工资支出、业务招待费支出等,以及企业已计入当期损失但税法规定不允许扣除项目的金额,如税收的滞纳金、罚金、罚款等。

纳税调整减少额是指税法规定允许弥补的亏损和准予免税的项目,如前5年内尚未弥补完的亏损和国债的利息收入等。

企业当期应交所得税的计算公式如下：

$$当期应交所得税＝应纳税所得额×适用的所得税税率$$

小贴士

2008年1月1日起,一般企业所得税法定税率为25％,国家需要扶持的高新技术企业,所得税税率为15％。

【操作5.19】 2021年度,南方有限责任公司税前会计利润21 800 000元。当年按税法规定全年计税工资为2 100 000元,南方有限责任公司全年实发工资为2 260 000元；营业外支出中各项罚款合计81 000元；国债利息收入200 000元。

南方有限责任公司当期所得税的计算如下：

纳税调整增加额＝（2 260 000－2 100 000）＋81 000＝241 000（元）

纳税调整减少额＝200 000（元）

应纳税所得额＝21 800 000＋241 000－200 000＝21 841 000（元）

当期应交所得税＝21 841 000×25％＝5 460 250（元）

分析:以上南方有限责任公司的业务中有三项纳税调整项目:一是已计入当期费用但超过税法规定标准的工资支出,二是已计入当期营业外支出但按税法规定不允许扣除的罚款项目,两个项目均应调整增加应纳税所得额；三是国债利息收入免交所得税,应调整减少应纳税所得额。

（2）递延所得税的计算。递延所得税包括递延所得税资产和递延所得税负债。递延所得税资产是指以未来期间很可能取得的可抵扣暂时性差异的应纳税所得额为限确认的一项资产。递延所得税负债是指根据应纳税暂时性差异计算的未来期间应付所得税的金额。

计算公式如下：

$$递延所得税＝（期末递延所得税负债－期初递延所得税负债）－$$
$$（期末递延所得税资产－期初递延所得税资产）$$

（3）所得税费用的核算。企业应设置"所得税费用""应交税费——应交所得税""递延所得税资产""递延所得税负债"等账户核算企业所得税。

"所得税费用"账户核算企业所得税费用的确认及结转。期末结转"所得税费用"账户的余额，借记"本年利润"账户，贷记"所得税费用"账户。"所得税费用"账户分设"当期所得税费用""递延所得税费用"两个明细账户。

"递延所得税资产"账户为借方余额，表示未来可以少交的所得税金额。该账户借方登记递延所得税资产增加额，贷方登记递延所得税资产减少额。

"递延所得税负债"账户为贷方余额，表示未来应多交的所得税金额。该账户贷方登记递延所得税负债增加额，借方登记递延所得税负债减少额。

 思政园地

鼓励市场主体恢复元气、增强活力，进一步优化减税政策

2021 年 5 月 10 日，国家发改委发布《关于做好 2021 年降成本重点工作的通知》。该《通知》要求进一步优化减税政策，将小规模纳税人增值税起征点从月销售额 10 万元提高到 15 万元；对小微企业和个体工商户年应纳税所得额不到 100 万元的部分，在现行优惠政策基础上，再减半征收所得税；对先进制造业企业按月全额退还增值税增量留抵税额；继续执行企业研发费用加计扣除 75％政策，将制造业企业加计扣除比例提高到 100％。

【操作 5.21】 2021 年度，南方有限责任公司应交所得税 5 460 250 元，递延所得税负债年初数为 330 000 元，年末数为 550 000 元；递延所得税资产年初数为 250 000 元，年末数为 230 000 元。

所得税费用计算如下：

递延所得税＝（550 000－330 000）－（230 000－250 000）＝240 000（元）

所得税费用＝当期所得税＋递延所得税＝5 460 250＋240 000＝5 700 250（元）

南方有限责任公司的会计处理：

借：所得税费用   5 700 250
     贷：应交税费——应交所得税   5 460 250
         递延所得税负债   220 000
         递延所得税资产   20 000

请思考：该笔业务需要什么凭据？

二、利润形成的核算与操作

1. 本年利润的结转方法

会计期末结转本年利润的方法有表结法和账结法两种。

表结法是指企业在月末、季末计算本期利润和本年累计利润时将全部损益类账户的余

额按利润表的填制要求,填入利润表中的各个项目中,在表中计算本期利润和本年累计利润的方法。

账结法是指企业在每个会计期末将全部损益类账户的余额转入"本年利润"账户,通过"本年利润"账户结出当期利润和本年累计利润的方法。

2. 核算本年利润应设置的账户

为了进行本年利润的核算,企业应设置"本年利润""利润分配"账户。

"本年利润"账户属于所有者权益类账户。本账户核算企业当年实现的净利润(或发生的净亏损)。期末结转利润时,企业应将各项收入的期末余额分别转入"本年利润"账户贷方,将各项支出的期末余额分别转入本账户借方;将"公允价值变动损益""投资收益"账户的净收益,转入本账户贷方,如为净损失,做相反的会计分录。

"利润分配"账户属于所有者权益类账户。年度终了,企业应将本年收入和支出相抵后结出的本年实现的净利润,转入"利润分配"账户,借记"本年利润"账户,贷记"利润分配——未分配利润"账户;如为净亏损,做相反的会计分录。结转后"本年利润"账户应无余额。

【操作 5.22】 2022 年度,南方有限责任公司年末转账前损益类账户的余额见表 5-1。

表 5-1　损益类账户余额表

单位:元

收入类账户	贷方余额	支出类账户	借方余额
主营业务收入	7 000 000	主营业务成本	2 000 000
其他业务收入	1 000 000	其他业务成本	200 000
投资收益	300 000	税金及附加	200 000
营业外收入	800 000	销售费用	100 000
		管理费用	38 000
		财务费用	20 000
		营业外支出	80 000
		资产处置损益	2 000
		信用减值损失	3 000
合计	9 100 000	合计	2 643 000

根据上述资料,南方有限责任公司 2022 年年末会计处理:

① 将所有收入类账户余额转入"本年利润"账户时:

借:主营业务收入　　　　　　　　　　　　　　　　　　　　　7 000 000
　　其他业务收入　　　　　　　　　　　　　　　　　　　　　1 000 000
　　投资收益　　　　　　　　　　　　　　　　　　　　　　　300 000
　　营业外收入　　　　　　　　　　　　　　　　　　　　　　800 000
　　贷:本年利润　　　　　　　　　　　　　　　　　　　　　　　9 100 000

请思考:该笔业务需要什么凭据?

② 将所有支出类账户余额转入"本年利润"账户时：

借：本年利润   2 643 000

  贷：主营业务成本   2 000 000

   其他业务成本   200 000

   税金及附加   200 000

   销售费用   100 000

   管理费用   38 000

   财务费用   20 000

   营业外支出   80 000

   资产处置损益   2 000

   信用减值损失   3 000

税金及附加的前世今生

请思考：该笔业务需要什么凭据？

分析：经过以上结转后，南方有限责任公司 2022 年年末"本年利润"账户贷方余额为 6 457 000 元，即 2022 年实现的利润总额为 6 457 000 元。假设按照会计准则进行调整后计算确认的所得税费用为 5 700 250 元，则本年度净利润为 756 750 元。

③ 确认所得税费用时：

借：所得税费用   5 700 250

  贷：应交税费——应交所得税   5 700 250

④ 将所得税费用转入"本年利润"账户时：

借：本年利润   5 700 250

  贷：所得税费用   5 700 250

⑤ 将"本年利润"账户年末余额 756 750 元（6 457 000－5 700 250）转入"利润分配——未分配利润"账户时：

借：本年利润   756 750

  贷：利润分配——未分配利润   756 750

知识技能 5-2-3   利润分配的核算与操作

一、利润分配的管理

根据规定，企业当年实现的净利润，一般应按照下列顺序分配：

（1）弥补以前年度亏损。

（2）提取法定盈余公积。

（3）支付优先股股利（适用股份有限公司）。

（4）提取任意盈余公积。

（5）支付普通股股利（适用股份有限公司）。

（6）转作股本的普通股股利（适用股份有限公司）。

小贴士

外商投资企业实现的净利润,应首先弥补以前年度尚未弥补的亏损,其次再按照法律、行政法规的规定提取储备基金、企业发展基金、职工奖励及福利基金等。

企业本年实现的净利润进行了上述分配后,仍有余额,即为本年的未分配利润,本年未分配利润加上年初未分配利润的合计数,即为本期期末未分配利润累计数。

二、利润分配的核算与操作

1. 进行利润分配应设置的账户

企业应设置"利润分配"账户进行利润分配的核算。

"利润分配"账户属所有者权益类账户。本账户核算企业利润的分配(或亏损的弥补)和历年分配(或弥补)后的积存余额。本账户应当按照具体项目进行明细核算。

"提取储备基金""提取企业发展基金""提取职工奖励及福利基金"账户是外商投资企业在利润分配账户下设置的明细核算账户。

2. 利润分配的核算

(1) 提取盈余公积的核算。借记"利润分配——提取法定盈余公积""利润分配——提取任意盈余公积"账户,贷记"盈余公积——法定盈余公积""盈余公积——任意盈余公积"账户。

外商投资企业提取储备基金、企业发展基金、职工奖励及福利基金时,借记"利润分配——提取储备基金(或提取企业发展基金、提取职工奖励及福利基金)"账户,贷记"盈余公积——储备基金(或企业发展基金)""应付职工薪酬"账户。

(2) 企业分配现金股利或利润的核算。借记"利润分配——应付现金股利(或利润)"账户,贷记"应付股利"账户。

(3) 企业用盈余公积弥补亏损时的核算。借记"盈余公积——法定盈余公积(或任意盈余公积)"账户,贷记"利润分配——盈余公积补亏"账户。

期末,企业应将全年实现的净利润,自"本年利润"账户转入"利润分配"账户时,借记"本年利润"账户,贷记"利润分配——未分配利润"账户,为净亏损的,做相反的会计分录;同时,将"利润分配"账户所属其他明细账户的余额转入"利润分配——未分配利润"明细账户。结转后,"利润分配"账户除了"利润分配——未分配利润"明细账户,其他明细账户应无余额。

"利润分配"账户年末余额反映企业历年积存的未分配利润或未弥补亏损。

【操作 5.23】 2022 年度,南方有限责任公司"利润分配"账户年初贷方余额为 1 000 000 元,本年实现净利润为 756 750 元。该公司进行 2022 年净利润的结转及利润分配的会计处理:

① 结转 2022 年净利润:

借:本年利润   756 750

  贷:利润分配——未分配利润   756 750

② 按 10% 提取盈余公积时:

借:利润分配——提取盈余公积   75 675

  贷:盈余公积——法定盈余公积   75 675

③ 向投资者分配利润 400 000 元时:

　　借：利润分配——应付利润　　　　　　　　　　　　　　　　　　　400 000
　　　　贷：应付股利　　　　　　　　　　　　　　　　　　　　　　　　　400 000

请思考:年末结转需要什么凭据?

分析:年终利润分配后的结算,该公司 2022 年实现净利润为 756 750 元,提取盈余公积 75 675 元,向投资者分配利润 400 000 元,年初"利润分配——未分配利润"明细账户贷方余额为 1 000 000 元。

④ 结转本年已分配利润时:

　　借：利润分配——未分配利润　　　　　　　　　　　　　　　　　475 675
　　　　贷：利润分配——提取盈余公积　　　　　　　　　　　　　　　　75 675
　　　　　　　　　　——应付利润　　　　　　　　　　　　　　　　　400 000

则:南方有限责任公司 2022 年末未分配利润额为 1 281 075 元(1 000 000＋756 750－475 675)。

本模块小结

```
            ┌──────────────────────────┐
            │ 模块5 财务成果的管理与核算 │
            └────────────┬─────────────┘
                         │
        ┌────────────────┴────────────────┐
        │                                 │
┌───────────────────┐         ┌───────────────────┐
│   知识技能5-1       │         │   知识技能5-2       │
│                   │         │                   │
│   所有者权益        │         │  利润形成和分配的    │
│  的管理与核算       │         │   管理与核算        │
│                   │         │                   │
│ • 所有者权益的认知与管理 │     │ • 利润的认知与管理    │
│ • 实收资本的核算与操作  │     │ • 本年利润的核算与操作 │
│ • 资本公积的核算与操作  │     │ • 利润分配的核算与操作 │
│ • 留存收益的核算与操作  │     │                   │
└───────────────────┘         └───────────────────┘
```

考证知识训练

Ⅰ　单项选择题

1. 企业分次筹集资本时,公司全体股东的首次出资额不得低于注册资本的(　　　),也不得低于法定的注册资本最低限额。

　　A. 10％　　　　　　　B. 15％　　　　　　　C. 20％　　　　　　　D. 25％

2. 盈余公积用于弥补亏损、转增资本和发放股利后不得低于注册资本的(　　　)。

　　A. 10％　　　　　　　B. 20％　　　　　　　C. 25％　　　　　　　D. 30％

3. 某股份有限公司委托某证券机构发行股票 1 000 万股,每股面值 1 元,发行价 5.2 元,共募集资金

5 200 万元。发行费用按 3‰从募集资金中扣除,该公司应计入资本公积(　　)万元。

A. 4 044　　　　　　B. 5 044　　　　　　C. 5 356　　　　　　D. 4 200

4. 有限责任公司在增资扩股时,新投资者的出资额大于其在注册资本中所占份额的部分,记入(　　)账户。

A. "实收资本"　　　B. "资本公积"　　　C. "股本"　　　　　D. "盈余公积"

5. 企业采用权益法核算长期股权投资时,对于被投资企业因其他债权投资公允价值变动影响其他综合收益增加,期末因该事项投资企业应按所拥有的表决权资本的比例计算应享有的份额,将其计入(　　)。

A. 营业外收入　　　B. 投资收益　　　　C. 其他业务收入　　　D. 资本公积

6. 某企业年初所有者权益总额为 160 万元,当年以其中的资本公积转增资本 50 万元。当年实现净利润 300 万元,提取盈余公积 30 万元,向投资者分配利润 20 万元。该企业年末所有者权益总额为(　　)万元。

A. 360　　　　　　　B. 440　　　　　　　C. 410　　　　　　　D. 460

7. 下列经济业务中,能引起所有者权益总额发生增减变化的是(　　)。

A. 提取盈余公积　　　　　　　　　　　B. 以资本公积转增资本

C. 以利润弥补以前年度亏损　　　　　　D. 以盈余公积发放现金股利

8. 下列项目中,不属于留存收益的是(　　)。

A. 未分配利润　　　　　　　　　　　　B. 已宣告未发放的现金股利

C. 法定盈余公积　　　　　　　　　　　D. 任意盈余公积

9. 如果企业上年年末企业未分配利润为 500 000 元,本年度实现净利润 2 700 000 元,提取法定盈余公积后,提取任意盈余公积 50 000 元,分配股利 2 000 000 元,则期末资产负债表上应列示"未分配利润"(　　)元。

A. 880 000　　　　　B. 650 000　　　　　C. 700 000　　　　　D. 750 000

10. 2020 年 1 月 1 日,某企业所有者权益情况如下:实收资本 200 万元,资本公积 17 万元,盈余公积 38 万元,未分配利润 32 万元。则该企业 2020 年 1 月 1 日留存收益为(　　)万元。

A. 32　　　　　　　　B. 38　　　　　　　C. 70　　　　　　　　D. 87

11. 企业取得与收益相关的政府补助,用于补偿已发生相关费用的,直接计入补偿当期的(　　)。

A. 资本公积　　　　　B. 营业外收入　　　C. 其他业务收入　　　D. 主营业务收入

12. 某企业 2020 年 12 月主营业务收入为 100 万元,主营业务成本为 80 万元,管理费用为 5 万元,资产减值损失为 2 万元,投资收益为 10 万元。假定不考虑其他因素,该企业当月的营业利润为(　　)万元。

A. 13　　　　　　　　B. 15　　　　　　　C. 18　　　　　　　　D. 23

Ⅱ　多项选择题

1. 下列事项中,能增加企业资本公积的有(　　)。

A. 溢价发行股票

B. 溢价发行债券

C. 接受现金捐赠

D. 某项资产转为投资性房地产,其转换日公允价值大于账面价值的差额

2. 盈余公积减少可能是因为用盈余公积(　　)。

A. 转增资本　　　　　B. 对外捐赠　　　　C. 弥补亏损　　　　　D. 派发股利

3. 按照我国现行会计制度规定,下列项目中,能转增资本的有(　　)。

A. 资本(或股本)溢价　B. 未分配利润　　　C. 法定盈余公积　　　D. 资本公积

4. 下列事项中,能增加或减少企业所有者权益的有(　　)。

A. 股东追加投资　　　B. 按面值发行股票　　C. 宣布发放现金股利　D. 用资本公积转增资本

5. 下列各项中,应当计入企业利润总额的有(　　　)。

    A. 营业利润　　　　　　B. 投资收益　　　　　　C. 营业外收入　　　　　　D. 营业外支出

6. 下列各项中,作为当期营业利润扣除项目的有(　　　)。

    A. 销售价款中包含的增值税　　　　　　　　B. 本期无形资产摊销额

    C. 实际发生的广告费支出　　　　　　　　　D. 出售无形资产发生的净损失

7. 下列项目中,可以用来弥补以前年度亏损的有(　　　)。

    A. 法定盈余公积　　　　B. 任意盈余公积　　　　C. 资本公积　　　　D. 实收资本

8. 企业吸收投资者出资时,下列会计账户中,余额可能发生变化的有(　　　)。

    A. "盈余公积"　　　　B. "资本公积"　　　　C. "实收资本"　　　　D. "利润分配"

9. 下列项目中,属于所有者权益的有(　　　)。

    A. 所有者投入的资本　　　　　　　　　　　B. 直接计入所有者权益的利得和损失

    C. 应付职工薪酬　　　　　　　　　　　　　D. 留存收益

10. 股份公司经批准以收购本企业股票方式减资的,购回股票支付的价款超过面值总额部分,应依次减少(　　　)。

    A. 股本　　　　　　　　　　　　　　　　　B. 实收资本

    C. 盈余公积　　　　　　　　　　　　　　　D. 利润分配——未分配利润

11. 下列项目中,可能引起企业利润增加的有(　　　)。

    A. 接受现金捐赠　　　　　　　　　　　　　B. 出租包装物

    C. 确认无法支付的应付账款　　　　　　　　D. 向子公司销售商品

12. 下列账户中,年度终了需要将余额转入"利润分配——未分配利润"账户的有(　　　)。

    A. "本年利润"　　　　　　　　　　　　　　B. "利润分配——应付现金股利"

    C. "利润分配——盈余公积补亏"　　　　　　D. "利润分配——提取法定盈余公积"

13. 下列各账户中,年末应无余额的有(　　　)。

    A. "管理费用"　　　　B. "所得税费用"　　　　C. "本年利润"　　　　D. "长期待摊费用"

Ⅲ 判断题

1. 投资者投入企业的资金就是企业实收资本。(　　　)

2. 债权人只享有到期收回本金和利息的权利,无权参与企业的经营决策和收益分配,而所有者权益在很多情况下可以分享企业收益和参与企业经营管理。(　　　)

3. 资本公积只有在所有者投入企业的资金超过注册资本份额时才有可能发生。(　　　)

4. 资本公积是投资者或其他人投入到企业、所有权归属于投资者且投资额超过法定资本部分。(　　　)

5. 资本公积来源多样,它可以来源于投资者的额外投入,也可以来源于企业中某项资产的公允价值变动。(　　　)

6. 企业按规定用盈余公积弥补以前年度亏损,会使企业所有者权益总额减少。(　　　)

7. "利润分配——未分配利润"账户年终转账后一般应无余额。(　　　)

8. 企业以盈余公积向投资者分配现金股利,不会引起留存收益总额的变动。(　　　)

9. 营业外收入、管理费用和销售费用都会影响企业的营业利润。(　　　)

10. 所得税是企业的一项费用支出,而非利润分配。(　　　)

11. 年度终了,除了"未分配利润"明细账户,"利润分配"账户下的其他明细账户应当无余额。(　　　)

12. 企业采用表结法结转本年利润的,年度内每月月末损益类账户发生额合计数和月末累计余额无须转入"本年利润"账户,但要将其填入利润表,在年末时将损益类账户全年累计余额转入"本年利润"账户。(　　　)

模块 6　财务报表的编制与报告

业务引导

1. 企业要编制资产负债表,你将如何编制?
2. 企业要编制利润表,你将如何编制?
3. 企业要编制现金流量表,你将如何编制?

……

本模块将告诉我们这些业务(或更多不同业务)将如何处理,并告诉我们通过学习、实训操作将拥有什么样的技能和具备什么样的能力。

业务描述

本模块是以财务报表编制岗位为参考进行的教学内容设计,要求企业会计人员以日常核算资料为依据,根据相关准则及制度编制企业资产负债表、利润表和现金流量表。

岗位工作流程图

本岗位在实际工作中主要与企业内部的各个部门和企业外部有紧密关联的机构有什么业务联系? 需完成什么工作任务? 这是我们每个学生必须了解的基本业务状态。下图为财务报表编制有关会计岗位工作流程。

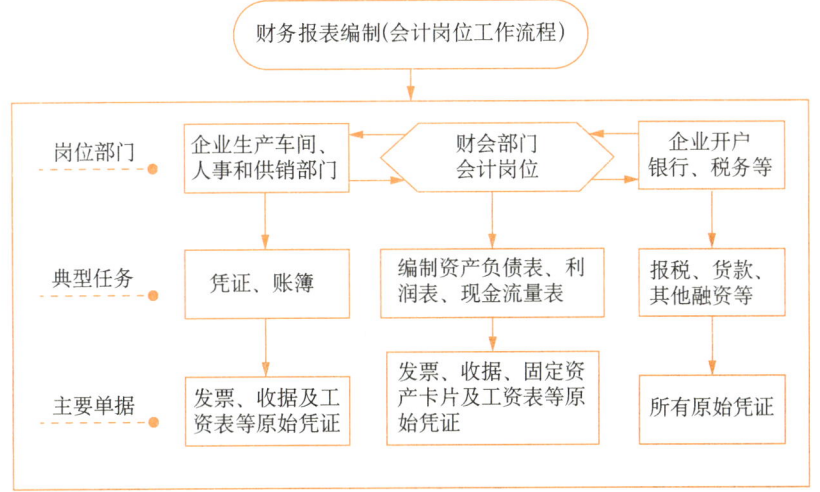

 能力目标

专业能力:能够使用企业财务信息资源制订工作计划;明确编制财务报表的步骤;熟悉会计准则和会计制度;熟练掌握资产负债表、利润表和现金流量表的使用;熟练编制各种主要财务报表。

方法和学习能力:扩展、延伸相应的知识和技能及收集相关信息的能力。

个人和社会能力:提高和实施制订团队工作计划能力,提高整体组织和管理能力。

 技能要求

1. 能熟练利用账簿和凭证编制各种主要财务报表。
2. 熟悉各报表之间的勾稽关系。

 思政目标

1. 培育和践行社会主义核心价值观。
2. 培养诚信做账、知法守法、具有奋斗精神的社会主义接班人。

知识技能 6-1　资产负债表的认知与编制

为了完成财务报表编制岗位知识技能 6-1 的工作任务,我们需要学习和掌握哪些基本知识和技能?

知识技能 6-1-1　资产负债表的认知

一、资产负债表的定义及其作用

1. 资产负债表的定义

资产负债表是反映企业在某一特定日期(月末、季末、半年末、年末)财务状况的会计报表。它反映企业在某一特定日期所拥有或控制的经济资源、所承担的现时义务和所有者对净资产的要求权。这些会计信息不仅有助于企业的所有者和债权人评估企业资产的变现能力和偿债能力,而且可以根据企业的资本结构分析企业的财务实力。资产负债表是企业最基本的、静态的财务会计报表。

2. 资产负债表的作用

(1)资产负债表可以反映企业特定日期的资产总额及其结构,表明企业拥有或控制的经济资源及其分布情况。

（2）资产负债表可以反映企业特定日期的负债总额及其结构，表明企业未来需要多少资产或劳务清偿债务。

（3）资产负债表可以反映所有者权益，表明投资者的投资在企业资产中所占份额及所有者权益的构成情况。

（4）资产负债表能提供进行财务分析的基本资料，如流动比率、速动比率、资产负债率及资本结构等，进而帮助报表的使用者了解企业资产和负债的流动性、短期偿债能力和长期偿债能力。

（5）资产负债表可以预测企业未来财务状况的发展趋势。通过对本表不同时期项目进行比较，报表的使用者可以了解企业财务状况的变动情况，预测企业未来财务状况的发展趋势，从而进行决策。

二、资产负债表的结构和内容

资产负债表上资产和负债应当按照流动性分别分为流动资产和非流动资产、流动负债和非流动负债列示。流动性，通常按资产的变现或耗用时间长短或者负债的偿还时间长短来确定。企业应当先列报流动性强的资产或负债，再列报流动性弱的资产或负债。资产负债表遵循了"资产＝负债＋所有者权益"这一会计恒等式，把企业在特定时日所拥有的经济资源和与之相对应的企业所承担的债务及偿债以后属于所有者的权益充分反映出来。

1. 资产负债表的结构

资产负债表的结构有报告式和账户式两种。

报告式资产负债表是将资产负债表的项目自上而下地排列，顺序列示资产、负债、所有者权益数额，使用的是"资产－负债＝所有者权益"的会计平衡公式。

账户式资产负债表是将资产负债表的项目分为左右两方，将资产项目列在报表的左方，负债及所有者权益列在报表的右方，使用的是"资产＝负债＋所有者权益"的会计平衡公式。按照我国会计制度规定，资产负债表采用账户式结构。资产负债表的格式如表 6-7 所示。

2. 资产负债表的内容

资产负债表一般由表首、正表和脚注三部分内容构成。

（1）表首部分。资产负债表的表首部分列明报表名称、编制单位、编报日期、报表编号和货币单位。

（2）正表部分。正表部分是资产负债表的主体和核心，其左方为资产，右方为负债和所有者权益，如表 6-1 所示。

（3）脚注部分。脚注部分列明制表人、审核人等。

表 6-1 正　　表

左方项目	右方项目
左方资产项目是按照资产的流动性即变现能力分类排列的。所谓资产的变现能力，是指一项资产从其现状到变换为现金或被耗用所需要的时间 资产满足下列条件之一的，应当归类为流动资产： （1）预计在一个正常营业周期中变现、出	资产负债表右方项目包括负债和所有者权益两大类 资产负债表负债项目，以负债的偿还期长短为标准，分为流动负债和非流动负债两类 负债满足下列条件之一的，应当归类为流动负债： （1）预计在一个正常营业周期中清偿 （2）主要为交易目的而持有

左方项目	右方项目
售或耗用 　（2）主要为交易目的而持有 　（3）预计在资产负债表日起 1 年内（含 1 年）变现 　（4）自资产负债表日起 1 年内，交换其他资产或清偿负债的能力不受限制的现金或现金等价物 　流动资产以外的资产应当归类为非流动资产 　资产负债表资产项目按流动资产、非流动资产顺序排列，至少应当单独列示：货币资金、交易性金融资产、应收票据、应收账款、预付款项、存货、持有待售资产、1 年内到期的非流动资产、债权投资、长期股权投资、投资性房地产、固定资产、生产性生物资产、递延所得税资产、无形资产	（3）自资产负债表日起 1 年内到期应予以清偿 　（4）企业无权自主地将清偿推迟至资产负债表日后 1 年以上 　流动负债以外的负债应当归类为非流动负债 　负债项目按流动负债、非流动负债顺序排列，至少应当单独列示：短期借款、交易性金融资产、应付票据、应付账款、预收款项、应交税费、持有待售负债、1 年内到期的非流动负债、应付职工薪酬、长期借款、长期应付款、应付债券、递延所得税负债 　所有者权益是企业投资者对企业的所有权，也就是企业全部资产中由投资者提供并属其所有的部分。其数额等于企业资产总额减去全部负债后的余额，这一余额又称为企业的净资产。所有者权益类项目至少应当单独列示：实收资本（或股本）、其他权益工具、资本公积、其他综合收益、专项储备、盈余公积、未分配利润
资产负债表还应当列示流动资产、非流动资产、资产、流动负债、非流动负债、负债、所有者权益、负债和所有者权益的合计项目	

知识技能 6-1-2　资产负债表的编制

　　资产负债表的编制是以日常会计核算记录的数据为基础进行归类、整理、汇总和加工成报表项目的过程。资产负债表应当按照资产、负债和所有者权益三大类别分类列报，并且资产和负债应当按照流动性列示。我国资产负债表主体部分的各项目都列有"上年年末余额"和"期末余额"两个栏目，是一种比较资产负债表。以下分别说明各栏目的填列方法。

一、"上年年末余额"的填列方法

　　表中"上年年末余额"栏内各项目数字，应根据上年年末（即上年 12 月 31 日）的资产负债表"期末余额"栏内所列数字填列。如果本年度资产负债表规定的各个项目的名称和内容同上年度不相一致，应对上年度末资产负债表各项目的名称和数字按照本年度的规定进行调整，按调整后的数字填入本表"上年年末余额"栏内，一经确定，1 年内不变，每月编制资产负债表都将该数字填入"上年年末余额"栏内。

二、"期末余额"的填列方法

　　表中"期末余额"是指某一会计期末的数字，如每月末或年末的数字。资产负债表各项目"期末余额"的数据来源于每月末结账后的总分类账和明细分类账期末余额，可通过以下几种方法填列。

　　1. 直接根据总分类账户的余额填列

　　资产负债表某些项目需要根据总分类账户的期末余额直接填列，如"短期借款""实收资本"等项目应根据各总分类账户的期末余额直接填列。

2.根据几个总分类账户余额计算填列

资产负债表中某些项目需要根据总分类账户的期末余额计算填列,如"货币资金"项目应根据"库存现金""银行存款"和"其他货币资金"账户的期末余额合计填列。

3.根据有关明细分类账户余额计算填列

资产负债表某些项目需要根据有关总分类账户所属的相关明细分类账户的期末余额计算填列,如"应付账款"项目,应根据"应付账款"账户所属各明细分类账户的期末贷方余额合计及"预付账款"账户所属各明细分类账户的期末贷方余额合计相加填列。

4.根据总分类账户和明细分类账户的余额分析计算填列

资产负债表某些项目需要根据总分类账户和明细分类账户的期末余额分析计算填列,如"长期借款"项目,应根据"长期借款"总分类账户的期末余额扣除其所属明细分类账户中反映的将于1年内到期的长期借款部分分析计算填列。

5.根据有关账户余额与其备抵账户抵销后的净额填列

资产负债表某些项目需要根据有关账户期末余额减去其备抵账户期末余额计算填列,以反映其净额。如"无形资产"项目,应根据"无形资产"账户的期末余额减去"无形资产减值准备"账户期末余额后的净额填列。

"两收两付款"的填列方法

三、资产负债表"期末余额"栏各项目的具体编制方法

资产负债表"期末余额"栏各项目的具体编制方法如表6-2和表6-3所示。

表6-2 资产负债表(左方)各项目的期末余额编制方法说明表

编制单位:　　　　　　　　　　　年　月　日　　　　　　　　　　　单位:元

资产	行次	期末余额
流动资产:	1	
货币资金	2	本项目反映企业库存现金、银行结算户存款、外埠存款、银行汇票存款、银行本票存款、信用卡存款、信用证保证金存款等的合计数。本项目应根据"库存现金""银行存款""其他货币资金"等账户的期末余额合计填列
交易性金融资产	3	本项目反映资产负债表日企业分类为以公允价值计量且其变动计入当期损益的金融资产,以及企业持有的直接指定为以公允价值计量且其变动计入当期损益的金融资产的期末账面价值。本项目根据"交易性金融资产"账户的相关明细账户期末余额分析填列。资产负债表日起超过1年到期且预期持有超过1年的以公允价值计量且其变动计入当期损益的非流动金融资产的期末账面价值,在"其他非流动金融资产"项目反映
应收票据	4	本项目反映资产负债表日以摊余成本计量的、企业因销售商品、提供服务等经营活动应收取的款项,以及收到的商业汇票,包括银行承兑汇票和商业承兑汇票。该项目应根据"应收票据"账户的期末余额,减去"坏账准备"账户中相关坏账准备期末余额后的金额填列
应收账款	5	本项目反映资产负债表日以摊余成本计量的、企业因销售商品、提供服务等经营活动应收取的款项。该项目应根据"应收账款"账户的期末余额,减去"坏账准备"账户中相关坏账准备期末余额后的金额分析填列
应收款项融资	6	本项目反映资产负债表日以公允价值计量且其变动计入其他综合收益的应收票据和应收账款等

资产	行次	期末余额
预付款项	7	本项目反映企业预付给供应单位的款项。本项目应根据"预付账款"账户所属各明细账户的期末借方余额合计填列,如"预付账款"账户所属有关明细账户期末有贷方余额的,应在本表"应付账款"项目内填列;若"应付账款"账户所属明细账户有借方余额的,也应包括在本项目内填列
其他应收款	8	本项目反映企业对其他单位和个人的应收和暂付的款项,减去已计提的坏账准备后的净额。本项目应根据"其他应收款"账户的期末余额,减去"坏账准备"账户中有关其他应收款计提的坏账准备期末余额后的金额填列。
存货	9	本项目反映企业期末在库、在途和在加工中的各项存货的实际成本或可变现净值,包括原材料、周转材料等。本项目应根据"材料采购""在途物资""原材料""库存商品""发出商品""委托加工物资""周转材料""生产成本"等账户的期末余额合计,减去"存货跌价准备"账户期末余额后的金额填列
持有待售资产	10	本项目反映资产负债表日划分为持有待售类别的非流动资产及划分为持有待售类别的处置组中的流动资产和非流动资产的期末账面价值。本项目根据"持有待售资产"账户的期末余额,减去"持有待售资产减值准备"账户的期末余额后的金额填列
一年内到期的非流动资产	11	本项目反映企业将于1年内到期的非流动资产。本项目应根据有关账户的期末余额分析填列
其他流动资产	12	本项目反映企业除以上流动资产项目外的其他流动资产,如企业"衍生工具""套期工具""被套期工具"的借方余额。本项目应根据有关账户的期末余额填列。如其他流动资产价值较大的,应在会计报表附注中披露其内容和金额
流动资产合计	13	2+3+4+5+6+7+8+9+10+11+12
非流动资产:	14	
债权投资	15	本项目反映资产负债表日企业以摊余成本计量的长期债权投资的期末账面价值。该项目应根据"债权投资"账户的相关明细账户期末余额,减去"债权投资减值准备"账户中相关减值准备的期末余额后的金额分析填列
长期应收款	16	本项目反映企业持有的长期应收款的可收回金额。本项目应根据"长期应收款"账户的期末余额,减去"坏账准备"账户所属相关明细账户余额,再减去"未实现融资收益"账户期末余额后的金额分析填列
长期股权投资	17	本项目反映企业不准备在1年内(含1年)变现的各种股权性质的投资的可收回金额。本项目应根据"长期股权投资"账户的期末余额,减去"长期股权投资减值准备"账户期末余额后的金额填列
投资性房地产	18	本项目反映企业持有的投资性房地产。本项目应根据"投资性房地产"账户的期末余额,减去"累计折旧(或累计摊销)""固定资产减值准备(或无形资产减值准备)"账户期末余额后的金额分析计算填列
固定资产	19	本项目反映企业的各种固定资产期末的实际价值和企业尚未清理完毕的固定资产清理净损益。本项目应根据"固定资产"账户的期末余额,减去"累计折旧""固定资产减值准备"账户期末余额后的金额,以及"固定资产清理"账户的期末余额填列

资产	行次	期末余额
在建工程	20	本项目反映企业期末各项未完工程的实际支出,包括:支付安装的设备价款,未完建筑安装工程已经耗用的材料、工资和费用支出,预付出包工程的价款,已经建筑安装完毕但尚未交付使用的工程等的可收回金额。本项目应根据"在建工程"账户的期末余额,减去"在建工程减值准备"账户期末余额后的金额填列
生产性生物资产	21	本项目反映企业(农业)持有的生产性生物资产期末的实际价值。本项目应根据"生产性生物资产"账户的期末余额,减去"生产性生物资产累计折旧""生产性生物资产减值准备"账户期末余额后的金额分析计算填列
油气资产	22	本项目反映企业(石油天然气开采)持有的矿区权益和油气井及相关设施期末的实际价值。本项目应根据"油气资产"账户的期末余额,减去"累计折耗"账户期末余额后的金额分析计算填列
无形资产	37	本项目反映企业各项无形资产的期末可收回金额。本项目应根据"无形资产"账户的期末余额,减去"累计摊销""无形资产减值准备"账户期末余额后的金额填列
开发支出	24	本项目反映企业正在进行研究开发项目中满足资本化条件的支出。本项目根据"研发支出"账户的期末余额填列
商誉	25	本项目反映企业外购商誉的实际价值。本项目根据"商誉"账户的期末余额填列
长期待摊费用	26	本项目反映企业尚未摊销的摊销期限在1年以上(不含1年)的各种费用,如租入固定资产改良支出、大修理支出以及摊销期限在1年以上(不含1年)的其他待摊费用。本项目应根据"长期待摊费用"账户的期末余额减去1年内(含1年)摊销的数额后的金额填列
递延所得税资产	27	本项目反映企业已确认的递延所得税资产的余额。本项目应根据"递延所得税资产"账户的期末借方余额填列
其他非流动资产	28	本项目反映企业除以上资产以外的其他非流动资产。本项目应根据有关账户的期末余额填列
非流动资产合计	29	15+16+17+18+19+20+21+22+23+24+25+26+27+28
资产总计	30	13+29

表6-3　资产负债表(右方)

编制单位：　　　　　　　　　　　　　年　月　日　　　　　　　　　　　　　单位:元

负债和所有者权益 (或股东权益)	行次	期末余额
流动负债:	31	
短期借款	32	本项目反映企业借入尚未归还的1年期以下(含1年)的借款本金。本项目应根据"短期借款"账户的期末余额填列
交易性金融负债	33	本项目反映企业承担的交易性金融负债的公允价值。本项目包括企业持有以公允价值计量且其变动计入当期损益的金融负债和直接指定为以公允价值计量且其变动计入当期损益的金融负债。本项目应根据"交易性金融负债"账户期末余额填列

负债和所有者权益（或股东权益）	行次	期末余额
应付票据	34	本项目反映资产负债表日以摊余成本计量的、企业因购买材料、商品和接受服务等开出的商业汇票，包括银行承兑汇票和商业承兑汇票。本项目应根据"应付票据"账户的期末余额填列
应付账款	35	本项目反映资产负债表日以摊余成本计量的、企业购买原材料、商品和接受服务等经营活动应支付的款项。本项目应根据"应付账款"账户和"预付账款"账户所属的相关明细账户的期末贷方余额合计数填列
预收款项	36	本项目反映企业预收购买单位的账款。本项目应根据"预收账款"账户所属各有关明细账户的期末贷方余额合计填列。如"预收账款"账户所属有关明细账户期末有借方余额的，应在本表"应收账款"项目内填列；如"应收账款"账户所属明细账户有贷方余额的，也应包括在本项目内
应付职工薪酬	37	本项目反映企业应付职工各种薪酬的结余。本项目应根据"应付职工薪酬"账户期末贷方余额填列。如"应付职工薪酬"账户期末为借方余额，以"－"号填列
应交税费	38	本项目反映企业期末尚未交纳的各种税费。本项目应根据"应交税费"账户的期末贷方余额填列；如"应交税费"账户期末为借方余额，以"－"号填列
其他应付款	39	本项目反映企业所有应付和暂收其他单位和个人的款项。本项目应根据"其他应付款"账户的期末余额填列
持有待售负债	40	本项目反映资产负债表日处置组中与划分为持有待售类别的资产直接相关的负债的期末账面价值。本项目根据"持有待售负债"账户的期末余额分析填列
一年内到期的非流动负债	41	本项目反映企业承担的 1 年内到期的非流动负债。本项目应根据有关非流动负债账户的期末余额分析填列
其他流动负债	42	本项目反映企业除上述流动负债以外的其他流动负债。本项目应根据有关账户的期末余额填列，如其他流动负债价值较大的，应在会计报表附注中披露其内容及金额
流动负债合计	43	32＋33＋34＋35＋36＋37＋38＋39＋40＋41＋42
非流动负债：	44	
长期借款	45	本项目反映企业借入尚未归还的 1 年期以上（不含 1 年）的借款本息。本项目应根据"长期借款"账户的期末余额填列
应付债券	46	本项目反映企业发行的尚未偿还的各种长期债券的本息。本项目应根据"应付债券"账户的期末余额填列
长期应付款	47	本项目反映企业除长期借款和应付债券以外的其他各种长期应付款。本项目应根据"长期应付款"账户的期末余额，减去"未确认融资费用"账户期末余额后的金额以及"专项应付款"账户的期末余额填列
预计负债	48	本项目反映企业已预计尚未清偿的债务，包括对外提供担保、未决诉讼、产品质量保证等有可能产生的负债。本项目应根据"预计负债"账户的期末余额填列

负债和所有者权益（或股东权益）	行次	期末余额
递延收益	49	本项目反映未确认的收入或收益。递延收益分为两种：一种是与资产相关的政府补助；另一种是与收益相关的政府补助
递延所得税负债	50	本项目反映企业根据所得税准则确认的应纳税暂时性差异确认的递延所得税负债。本项目应根据"递延所得税负债"账户的期末余额分析填列
其他非流动负债	51	本项目反映企业除以上非流动负债以外的其他非流动负债。本项目应根据有关账户的期末余额填列。其他非流动负债价值较大的，应在附注中披露其内容和金额。其中将于 1 年内（含 1 年）到期的非流动负债，应在流动负债类下"一年内到期的非流动负债"项目内单独反映
非流动负债合计	52	45＋46＋47＋48＋49＋50＋51
负债合计	53	43＋52
所有者权益（或股东权益）：	54	
实收资本（或股本）	55	本项目反映企业投资者实际投入的资本（或股本）总额。本项目应根据"实收资本（或股本）"账户的期末余额填列。其中中外合作经营企业"实收资本"按扣除"已归还投资"后的净额填列
资本公积	56	本项目反映企业资本公积的期末余额。本项目应根据"资本公积"账户的期末余额填列
减：库存股	57	本项目反映企业收购的尚未转让或注销的本公司股份金额。本项目应根据"库存股"账户余额填列
其他综合收益	58	本项目反映企业根据其他会计准则规定未在当期损益中确认的各项利得和损失。本项目应根据"其他综合收益"账户余额填列
专项储备	59	本项目反映高危行业企业按国家规定提取的安全生产费的期末账面价值。本项目应根据"专项储备"科目的期末余额填列
盈余公积	60	本项目反映企业盈余公积的期末余额。本项目应根据"盈余公积"账户的期末余额填列
未分配利润	61	本项目反映企业尚未分配的利润。本项目应根据"本年利润"账户和"利润分配"账户的余额计算填列。未弥补的亏损，在本项目内以"－"号填列
所有者权益（或股东权益）合计	62	55＋56＋57＋58＋59＋60＋61
负债和所有者（或股东）权益总计	63	53＋62

 思政园地

瑞幸咖啡造假事件①

　　2020 年 4 月 2 日，瑞幸咖啡发布公告，承认虚假交易 22 亿元人民币，股价暴跌 80％，盘

---

　　① 百度百科.瑞幸咖啡造假事件［EB/OL］.［2022-01-17］. https://baike.baidu.com/item/％E7％91％9E％E5％B9％B8％E5％92％96％E5％95％A1％E9％80％A0％E5％81％87％E4％BA％8B％E4％BB％B6/49730215?fr＝aladdin.

中数次暂停交易。4月5日,瑞幸咖啡发布道歉声明。

2020年4月22日,银保监会谈瑞幸咖啡财务造假,表示将积极配合主管部门依法严厉惩处。4月27日,瑞幸咖啡官方称,公司正在积极配合市场监管部门开展对瑞幸咖啡经营情况进行了解的相关工作。5月12日,瑞幸咖啡宣布调整董事会和高级管理层,CEO钱治亚和COO刘剑被暂停职务。5月19日晚间,瑞幸咖啡发布公告称,收到纳斯达克交易所通知,要求从纳斯达克退市。6月27日,瑞幸咖啡发布声明:于6月29日停牌并进行退市备案。

2020年7月31日,财政部表示,自2019年4月起至2019年年末,瑞幸咖啡通过虚构商品券业务增加交易额22.46亿元。7月31日,证监会宣布,瑞幸咖啡财务造假调查取得重要进展。

2020年9月18日,市场监管总局及上海、北京市场监管部门,对瑞幸咖啡(中国)有限公司、瑞幸咖啡(北京)有限公司等公司作出行政处罚决定。2021年4月,美股投资者在中国上海起诉瑞幸,法院正式立案,这将是中概股首例在中国境内起诉。截至2021年4月29日午时,已起诉的投资者有3个,有意向起诉的则大概有20个。

 **案例**

南方有限责任公司2021年年末有关会计账户余额见表6-4。

表6-4 账户余额表

单位:元

编号	账户名称	借方金额	编号	账户名称	贷方金额
1001	库存现金	5 000	2001	短期借款	500 000
1002	银行存款	2 325 000	2201	应付票据	550 000
1012	其他货币资金	234 000	2202	应付账款	1 097 000
1101	交易性金融资产	150 000	2211	应付职工薪酬	232 000
1121	应收票据	486 000	2221	应交税费	125 000
1122	应收账款	584 900	2231	应付利息	16 000
1231	坏账准备	−2 924.50	2241	其他应付款	34 800
1123	预付账款	270 000	2501	长期借款	2 000 000
1131	应收股利	9 000		其中:一年内到期的长期借款	1 000 000
1221	其他应收款	18 000	4001	实收资本	10 000 000
1402	在途物资	620 000	4002	资本公积	354 000
1403	原材料	1 322 000	4101	盈余公积	268 800
1411	周转材料	231 000	4104	利润分配	300 375.50
1405	库存商品	2 976 000		其中:未分配利润	300 375.50

编号	账户名称	借方金额	编号	账户名称	贷方金额
1511	长期股权投资	500 000			
1601	固定资产	2 800 000			
1602	累计折旧	−700 000			
1604	在建工程	2 200 000			
1701	无形资产	1 100 000			
1801	长期待摊费用	350 000			
	合计	15 477 975.50		合计	15 477 975.50

企业已编制的资产负债表见表6-5(假定不考虑年初数)。

表6-5　资产负债表

编制单位：南方有限责任公司　　　　2021年12月31日　　　　　　　单位：元

资产	期末余额	负债和所有者权益 (或股东权益)	期末余额
流动资产：		流动负债：	
货币资金	2 564 000	短期借款	500 000
交易性金融资产	150 000	交易性金融负债	
衍生金融资产		衍生金融负债	
应收票据	486 000	应付票据	550 000
应收账款	581 975.50	应付账款	1 097 000
预付款项	270 000	合同负债	
其他应收款	27 000	应付职工薪酬	232 000
存货	5 149 000	应交税费	125 000
合同资产		其他应付款	50 800
持有待售资产		持有待售负债	
一年内到期的非流动资产		一年内到期的非流动负债	1 000 000
其他流动资产		其他流动负债	
流动资产合计	9 227 975.50	流动负债合计	3 554 800
非流动资产：		非流动负债：	
债权投资		长期借款	1 000 000
其他债权投资		应付债券	
长期应收款		其中：优先股	

资产	期末余额	负债和所有者权益 （或股东权益）	期末余额
长期股权投资	500 000	永续债	
投资性房地产		租赁负债	
固定资产	2 100 000	长期应付款	
在建工程	2 200 000	预计负债	
生产性生物资产		递延收益	
油气资产		递延所得税负债	
无形资产	1 100 000	其他非流动负债	
开发支出		非流动负债合计	1 000 000
商誉		负债合计	4 554 800
长期待摊费用	350 000	所有者权益（或股东权益）：	
递延所得税资产		实收资本（或股本）	10 000 000
其他非流动资产		其他权益工具	
非流动资产合计	6 250 000	其中：优先股	
		永续债	
		资本公积	354 000
		减：库存股	
		其他综合收益	
		专项储备	
		盈余公积	268 800
		未分配利润	300 375.50
		所有者权益（或股东权益）合计	10 923 175.50
资产总计	15 477 975.50	负债和所有者（或股东）权益总计	15 477 975.50

2022 年，该公司发生的经济业务如下：

（1）购入原材料一批，增值税专用发票上注明的材料价款为 500 000 元，增值税税额为 65 000 元，全部款项以银行存款支付，材料已经验收入库。会计处理：

借：原材料 　　　　　　　　　　　　　　　　　　　500 000
　　应交税费——应交增值税（进项税额）　　　　　　 65 000
　　贷：银行存款 　　　　　　　　　　　　　　　　　　　　　565 000

（2）向银行提交"银行汇票申请书"，申请办理银行汇票 134 000 元。会计处理：

借：其他货币资金——银行汇票   134 000

    贷：银行存款   134 000

（3）从银行借入 3 年期借款 1 500 000 元，已存入本公司的账户。会计处理：

借：银行存款   1 500 000

    贷：长期借款   1 500 000

（4）将到期的一张面值为 200 000 元的无息银行承兑汇票，连同解讫通知和进账单交银行办理转账，款项已收妥。会计处理：

借：银行存款   200 000

    贷：应收票据   200 000

（5）销售商品一批，销售价款为 2 200 000 元，增值税税额为 286 000 元，款项已收妥。该批产品的实际成本为 1 540 000 元。会计处理：

借：银行存款   2 486 000

    贷：主营业务收入   2 200 000

        应交税费——应交增值税（销项税额）   286 000

借：主营业务成本   1 540 000

    贷：库存商品   1 540 000

（6）购入原材料一批，增值税专用发票上注明的材料价款为 200 000 元，增值税税额为 26 000 元，公司以银行汇票支付 126 000 元，其余款项 100 000 元尚未支付，原材料已经验收入库。会计处理：

借：原材料   200 000

    应交税费——应交增值税（进项税额）   26 000

    贷：其他货币资金——银行汇票   126 000

        应付账款   100 000

（7）购入小汽车一辆自用，价款为 85 000 元，增值税税额为 11 050 元，包装运杂费 1 400 元，全部款项以银行存款支付。会计处理：

借：固定资产   86 400

    应交税费——应交增值税（进项税额）   11 050

    贷：银行存款   97 450

（8）收到银行通知，胜利公司前欠本公司的购货款 226 000 元已收入本公司账户。其中：货款为 200 000 元，增值税税额为 26 000 元。会计处理：

借：银行存款   226 000

    贷：应收账款——胜利公司   226 000

（9）以银行存款偿还到期的长期借款 1 000 000 元。会计处理：

借：长期借款   1 000 000

    贷：银行存款   1 000 000

（10）销售商品一批，销售价款为 800 000 元，增值税税额为 104 000 元，收到商业承兑汇票一张。该批产品的实际成本为 560 000 元。会计处理：

借:应收票据	904 000
贷:主营业务收入	800 000
应交税费——应交增值税(销项税额)	104 000
借:主营业务成本	560 000
贷:库存商品	560 000

(11)以银行存款支付广告费 180 000 元。会计处理:

借:销售费用	180 000
贷:银行存款	180 000

(12)出售不需用的原材料一批,售价为 100 000 元,增值税税额为 13 000 元,该批原材料的实际成本为 98 000 元,款项已收妥。会计处理:

借:银行存款	113 000
贷:其他业务收入	100 000
应交税费——应交增值税(销项税额)	13 000
借:其他业务成本	98 000
贷:原材料	98 000

(13)收到现金股利 9 000 元,款项存入银行。会计处理:

借:银行存款	9 000
贷:应收股利	9 000

(14)被投资单位宣告发放现金股利,本公司可得现金股利 28 000 元(成本法)。会计处理:

借:应收股利	28 000
贷:投资收益	28 000

(15)收到银行通知,以银行存款支付到期的商业承兑汇票款 285 000 元。会计处理:

借:应付票据	285 000
贷:银行存款	285 000

(16)用银行存款归还短期借款 400 000 元。会计处理:

借:短期借款	400 000
贷:银行存款	400 000

(17)提取现金 2 500 000 元备发工资。会计处理:

借:库存现金	2 500 000
贷:银行存款	2 500 000

(18)以现金 2 500 000 元支付职工工资,其中:生产工人工资 1 200 000 元,车间管理人员工资 500 000 元,行政管理人员工资 300 000 元,在建工程人员工资 500 000 元。会计处理:

借:生产成本	1 200 000
制造费用	500 000
管理费用	300 000
在建工程	500 000
贷:库存现金	2 500 000

(19)计提职工福利费 350 000 元,其中:生产工人福利费 168 000 元,车间管理人员福利费

70 000元,行政管理部门福利费42 000元,在建工程应负担的福利费70 000元。会计处理:

借:生产成本	168 000
制造费用	70 000
管理费用	42 000
在建工程	70 000
贷:应付职工薪酬	350 000

(20)基本生产领用原材料实际成本1 200 000元,领用低值易耗品实际成本100 000元。会计处理:

借:生产成本	1 300 000
贷:原材料	1 200 000
周转材料	100 000

(21)计提应计入当期损益的短期借款利息5 000元,计提应计入在建工程的长期借款利息150 000元(不考虑利率差异)。会计处理:

借:财务费用	5 000
在建工程——借款利息	150 000
贷:应付利息	155 000

(22)将尚未到期的商业承兑汇票向银行办理贴现,支付贴现息18 720元,收到贴现款917 280元存入本公司账户。会计处理:

借:财务费用	18 720
银行存款	917 280
贷:应收票据	936 000

(23)计提固定资产折旧100 000元,其中:计入制造费用80 000元,计入管理费用20 000元。会计处理:

借:制造费用	80 000
管理费用	20 000
贷:累计折旧	100 000

(24)计提无形资产摊销100 000元,摊销固定资产改良支出(已计入长期待摊费用)80 000元。会计处理:

借:管理费用	180 000
贷:累计摊销	100 000
长期待摊费用	80 000

(25)销售商品一批,价款为400 000元,增值税税额为52 000元,款项尚未收到。该批产品的实际成本为280 000元。会计处理:

借:应收账款	452 000
贷:主营业务收入	400 000
应交税费——应交增值税(销项税额)	52 000
借:主营业务成本	280 000
贷:库存商品	280 000

(26) 将交易性金融资产(全部为股票投资)30 000 元兑现,收回本金 30 000 元,投资收益 2 000 元,全部存入本公司账户。会计处理:

借:银行存款 32 000

  贷:交易性金融资产 30 000

    投资收益 2 000

(27) 用现金交纳印花税 320 元。会计处理:

借:税金及附加 320

  贷:库存现金 320

(28) 提取坏账准备 1 160 元。会计处理:

借:信用减值损失 1 160

  贷:坏账准备 1 160

(29) 已付款的材料到达验收入库,货款 500 000 元。会计处理:

借:原材料 500 000

  贷:在途物资 500 000

(30) 用银行存款支付前欠货款 650 000 元。会计处理:

借:应付账款 650 000

  贷:银行存款 650 000

(31) 计提应交城市维护建设税 22 400 元,教育费附加 9 600 元。会计处理:

借:税金及附加 32 000

  贷:应交税费——应交城市维护建设税 22 400

      ——应交教育费附加 9 600

(32) 以银行存款上缴应交增值税 320 000 元,城市维护建设税 22 400 元,教育费附加 9 600 元。会计处理:

借:应交税费——应交增值税(已交税金) 320 000

    ——应交城市维护建设税 22 400

    ——应交教育费附加 9 600

  贷:银行存款 352 000

(33) 开出转账支票一张,金额为 2 400 元,预付下一年书报费。会计处理:

借:预付账款 2 400

  贷:银行存款 2 400

(34) 以银行存款支付职工医疗费 75 000 元。会计处理:

借:应付职工薪酬 75 000

  贷:银行存款 75 000

(35) 结转制造费用 650 000 元,结转本期完工产品成本 3 318 000 元(期初、期末无在产品)。会计处理:

借:生产成本 650 000

  贷:制造费用 650 000

借：库存商品　　　　　　　　　　　　　　　　　　　　3 318 000
　　贷：生产成本　　　　　　　　　　　　　　　　　　　　3 318 000

（36）结转应交所得税 68 200 元。会计处理：

借：所得税费用　　　　　　　　　　　　　　　　　　　68 200
　　贷：应交税费——应交所得税　　　　　　　　　　　　　68 200

（37）以银行存款交纳所得税 68 200 元。会计处理：

借：应交税费——应交所得税　　　　　　　　　　　　　68 200
　　贷：银行存款　　　　　　　　　　　　　　　　　　　　68 200

（38）将各损益类账户的余额结转到"本年利润"账户。会计处理：

借：本年利润　　　　　　　　　　　　　　　　　　　332 500
　　贷：主营业务成本　　　　　　　　　　　　　　　　2 380 000
　　　　其他业务成本　　　　　　　　　　　　　　　　　98 000
　　　　税金及附加　　　　　　　　　　　　　　　　　　32 320
　　　　所得税费用　　　　　　　　　　　　　　　　　　68 200
　　　　销售费用　　　　　　　　　　　　　　　　　　　180 000
　　　　管理费用　　　　　　　　　　　　　　　　　　　542 000
　　　　财务费用　　　　　　　　　　　　　　　　　　　23 720
　　　　信用减值损失　　　　　　　　　　　　　　　　　1 160
借：主营业务收入　　　　　　　　　　　　　　　　　3 400 000
　　其他业务收入　　　　　　　　　　　　　　　　　　100 000
　　投资收益　　　　　　　　　　　　　　　　　　　　30 000
　　贷：本年利润　　　　　　　　　　　　　　　　　　3 530 000

（39）将"本年利润"账户的余额转入"利润分配"账户。会计处理：

借：本年利润　　　　　　　　　　　　　　　　　　　204 600
　　贷：利润分配——未分配利润　　　　　　　　　　　　204 600

（40）提取盈余公积 30 690 元。会计处理：

借：利润分配——提取盈余公积　　　　　　　　　　　30 690
　　贷：盈余公积　　　　　　　　　　　　　　　　　　　30 690

（41）董事会提供的利润分配方案中向投资者分配现金股利 100 000 元，并以银行存款支付。会计处理：

借：利润分配——应付现金股利　　　　　　　　　　　100 000
　　贷：应付股利　　　　　　　　　　　　　　　　　　　100 000
借：应付股利　　　　　　　　　　　　　　　　　　　100 000
　　贷：银行存款　　　　　　　　　　　　　　　　　　　100 000

（42）将"利润分配"其他各明细账户的余额转入"未分配利润"明细账户。会计处理：

借：利润分配——未分配利润　　　　　　　　　　　　130 690
　　贷：利润分配——提取盈余公积　　　　　　　　　　　30 690
　　　　　　　——应付现金股利　　　　　　　　　　　100 000

　　根据上述业务及所编制的会计分录等资料登记有关的账簿,结账后编制"总分类账户本期发生额及余额试算平衡表",见表6-6。

表6-6　总分类账户本期发生额及余额试算平衡表

编制单位:南方有限责任公司　　　　　　　2022 年 12 月 31 日　　　　　　　　单位:元

账户名称	年初数		本期发生额		年末数	
	借方	贷方	借方	贷方	借方	贷方
库存现金	5 000		2 500 000	2 500 320	4 680	
银行存款	2 325 000		5 483 280	6 409 050	1 399 230	
其他货币资金	234 000		134 000	126 000	242 000	
交易性金融资产	150 000			30 000	120 000	
应收票据	486 000		904 000	1 136 000	254 000	
应收账款	584 900		452 000	226 000	810 900	
坏账准备		2 924.50		1 160		4 084.50
预付账款	270 000		2 400		272 400	
应收股利	9 000		28 000	9 000	28 000	
其他应收款	18 000				18 000	
在途物资	620 000			500 000	120 000	
原材料	1 322 000		1 200 000	1 298 000	1 224 000	
周转材料	231 000			100 000	131 000	
库存商品	2 976 000		3 318 000	2 380 000	3 914 000	
长期股权投资	500 000				500 000	
固定资产	2 800 000		86 400		2 886 400	
累计折旧		700 000		100 000		800 000
在建工程	2 200 000		720 000		2 920 000	
无形资产	1 100 000				1 100 000	
累计摊销				100 000		100 000
长期待摊费用	350 000			80 000	270 000	
短期借款		500 000	400 000			100 000
应付票据		550 000	285 000			265 000
应付账款		1 097 000	650 000	100 000		547 000
应付职工薪酬		232 000	75 000	350 000		507 000

续 表

账户名称	年初数		本期发生额		年末数	
	借方	贷方	借方	贷方	借方	贷方
应交税费		125 000	522 250	555 200		157 950
应付利息		16 000		155 000		171 000
应付股利			100 000	100 000		
其他应付款		34 800				34 800
长期借款		2 000 000	1 000 000	1 500 000		2 500 000
其中:一年内到期的长期借款		1 000 000	1 000 000			
实收资本		10 000 000				10 000 000
资本公积		354 000				354 000
盈余公积		268 800		30 690		299 490
利润分配		300 375.50	261 380	335 290		374 285.50
合计	16 180 900	16 180 900	18 121 710	18 121 710	16 214 610	16 214 610

根据上述资料,编制资产负债表,见表 6-7。

表 6-7 资产负债表　　　　会企 01 表

编制单位:南方有限责任公司　　　　2022 年 12 月 31 日　　　　单位:元

资产	期末余额	上年年末余额	负债和所有者权益(或股东权益)	期末余额	上年年末余额
流动资产:			流动负债:		
货币资金	1 645 910	2 564 000	短期借款	100 000	500 000
交易性金融资产	120 000	150 000	交易性金融负债		
应收票据	254 000	486 000	应付票据	265 000	550 000
应收账款	806 815.50	581 975.50	应付账款	547 000	1 097 000
预付款项	272 400	270 000	预收款项		
其他应收款	46 000	27 000	应付职工薪酬	507 000	232 000
存货	5 389 000	5 149 000	应交税费	157 950	125 000
持有待售资产			其他应付款	205 800	50 800
一年内到期的非流动资产			持有待售负债		

资产	期末余额	上年年末余额	负债和所有者权益(或股东权益)	期末余额	上年年末余额
其他流动资产			一年内到期的非流动负债		1 000 000
流动资产合计	8 534 125.50	9 227 975.50	其他流动负债		
非流动资产:			流动负债合计	1 782 750	3 554 800
可供出售金融资产			非流动负债:		
持有至到期投资			长期借款	2 500 000	1 000 000
长期应收款			应付债券		
长期股权投资	500 000	500 000	其中:优先股		
投资性房地产			永续债		
固定资产	2 086 400	2 100 000	长期应付款		
在建工程	2 920 000	2 200 000	预计负债		
生产性生物资产			递延所得税负债		
油气资产			其他非流动负债		
无形资产	1 000 000	1 100 000	非流动负债合计	2 500 000	1 000 000
开发支出			负债合计	4 282 750	4 554 800
商誉			所有者权益(或股东权益):		
长期待摊费用	270 000	350 000	实收资本(或股本)	10 000 000	10 000 000
递延所得税资产			其他权益工具		
其他非流动资产			其中:优先股		
非流动资产合计	6 776 400	6 250 000	永续债		
			资本公积	354 000	354 000
			减:库存股		
			其他综合收益		
			盈余公积	299 490	268 800
			未分配利润	374 285.50	300 375.50
			所有者权益(或股东权益)合计	11 027 775.50	10 923 175.50
资产总计	15 310 525.50	15 477 975.50	负债和所有者权益(或股东权益)总计	15 310 525.50	15 477 975.50

知识技能 6-2　利润表的认知与编制

　　为了完成财务报表编制岗位知识技能 6-2 的工作任务,我们需要学习和掌握哪些基本知识和技能?

知识技能 6-2-1　利润表的认知

一、利润表的定义及其作用

1. 利润表的定义

利润表是反映企业在一定会计期间(月份、季度、半年度、年度)经营成果的报表。它是根据"收入－费用＝利润"这一会计等式,把企业一定会计期间的收入与其同一会计期间的相关费用进行配比,计算出企业一定时期的净利润(或净亏损)。利润表是企业对外报送的会计报表主表,是一张动态报表。

2. 利润表的作用

(1) 通过利润表中收入与成本、费用相配比,可以全面反映企业在一定期间的经营成果,向有关部门和人员提供经营成果方面的信息资料。

(2) 通过利润表可以分析企业的盈利能力,通过对同行业的不同企业在同一时期盈利能力指标的对比分析,可以了解企业盈利能力的大小,评估投资的价值和报酬,衡量企业经营管理工作的成败。

(3) 通过利润表所反映的财务信息,可以从获利能力及水平上预测企业未来一定时期内的盈利趋势。

二、利润表的结构和内容

1. 利润表的结构

利润表的结构通常有账户式和报告式两种,报告式又分为单步式和多步式。

单步式利润表将当期所有的收入加总在一起,然后将所有的费用加总在一起,通过一次计算求出当期损益。

多步式利润表通过对当期的收入、费用项目按性质加以归类,按利润形成的重要环节列示一些中间性指标,如营业利润、利润总额、净利润等。按照我国企业会计制度规定,利润表应采用多步式利润表结构。利润表的格式见表 6-10。

2. 利润表的内容

利润表一般由表首、正表和脚注三部分内容构成。

1) 表首部分

利润表的表首部分列明报表名称、编制单位、编报日期、报表编号和货币单位。

2) 正表部分

正表部分是利润表的主体和核心,按利润的形成过程顺序排列,包括以下内容:

（1）构成营业利润的各项要素。

（2）构成利润总额或亏损总额的各项要素。

（3）构成净利润（或净亏损）的各项要素。

（4）每股收益的各项要素。

以上各项至少应当单独列示：营业收入、营业成本、税金及附加、销售费用、管理费用、研发费用、财务费用、投资收益、公允价值变动损益、信用减值损失、资产减值损失、资产处置损益、所得税费用、净利润。

3）脚注部分

脚注部分列明制表人、审核人等。

知识技能 6-2-2　利润表的编制

一、利润表中"本期金额""上期金额"栏的填列方法

企业编制的月度利润表中"本期金额"栏反映各项目的本月实际发生数，"上期金额"栏反映各项目的上月实际发生数。企业在编报半年度报表时，"上期金额"栏应填列上年同期累计实际发生额，"本期金额"栏应填列本年上半年累计实际发生额；在编报年度报表时，"上期金额"栏应填列上年全年累计实际发生数，"本期金额"栏应填列全年累计实际发生额。如果上年度利润表与本年度利润表的项目名称和内容不相一致，应对上年度利润表项目的名称和数字按本年度的规定调整后填入本年度报表。

二、利润表各项目的内容及填列方法

利润表各项目的内容及填列方法见表6-8。

表 6-8　利 润 表　　　　　　　　　　　　会企02表

编制单位：　　　　　　　　　　　　年　月　　　　　　　　　　　　单位：元

项目	填列方法
一、营业收入	本项目反映企业经营主要业务和其他业务所取得的收入总额。本项目应根据"主营业务收入"账户与"其他业务收入"账户的发生额合计填列
减：营业成本	本项目反映企业经营主要业务和其他业务发生的实际成本总额。本项目应根据"主营业务成本"账户与"其他业务成本"账户的发生额合计填列
税金及附加	本项目反映企业经营业务应负担的消费税、城市维护建设税、资源税、教育费附加、房产税、土地使用税、车船使用税、印花税等相关税费。本项目应根据"税金及附加"账户的发生额填列
销售费用	本项目反映企业在销售商品过程中发生的包装费、广告费等费用和为销售本企业商品而专设的销售机构的职工薪酬、业务费等经营费用。本项目应根据"销售费用"账户的发生额填列
管理费用	本项目反映企业为组织和管理生产经营发生的管理费用。本项目应根据"管理费用"账户的发生额分析填列
研发费用	本项目反映企业进行研究与开发过程中发生的费用化支出。该项目应根据"管理费用"账户下的"研发费用"明细账户的发生额分析填列

项目	填列方法
财务费用	本项目反映企业筹集生产经营所需资金等而发生的财务费用。本项目应根据"财务费用"账户的发生额填列
加：其他收益	本项目反映计入其他收益的政府补助等。该项目应根据"其他收益"账户的发生额分析填列
投资收益（损失以"－"号填列）	本项目反映企业以各种方式对外投资所取得的收益。本项目应根据"投资收益"账户的发生额分析填列；如为投资净损失，以"－"号填列
公允价值变动收益（损失以"－"号填列）	本项目反映企业按照相关准则规定应当计入当期损益的资产或负债公允价值变动净收益，如交易性金融资产当期公允价值的变动额。如为净损失，以"－"号填列。本项目应当根据"公允价值变动损益"账户的发生额分析填列
信用减值损失（损失以"－"号填列）	本项目反映企业按照要求计提的各项金融工具信用减值准备所确认的信用损失。本项目应根据"信用减值损失"账户的发生额分析填列
资产减值损失（损失以"－"号填列）	本项目反映企业各项资产发生的减值损失。本项目应根据"资产减值损失"账户的发生额填列
资产处置收益（损失以"－"号填列）	本项目反映企业出售划分为持有待售的非流动资产（金融工具、长期股权投资和投资性房地产除外）或处置组（子公司和业务除外）时确认的处置利得或损失，以及处置未划分为持有待售的固定资产、在建工程、生产性生物资产及无形资产而产生的处置利得或损失。债务重组中因处置非流动资产产生的利得或损失和非货币性资产交换中换出非流动资产产生的利得或损失也包括在本项目内。本项目应根据"资产处置损益"账户的发生额分析填列；如为处置损失，以"－"号填列
二、营业利润（亏损以"－"号填列）	营业收入－营业成本－税金及附加－销售费用－管理费用－研发费用－财务费用＋投资收益＋净敞口套期收益＋公允价值变动收益＋信用减值损失＋资产减值损失＋资产处置收益
加：营业外收入	本项目反映企业发生的除营业利润以外的收益，主要包括债务重组利得、与企业日常经营活动无关的政府补助、盘盈利得、捐赠所得等。本项目应根据"营业外收入"账户的发生额分析填列
减：营业外支出	本项目反映企业发生的除营业利润以外的支出，主要包括债务重组损失、公益性捐赠支出、非常损失、盘亏损失、非流动资产毁损报废损失等。本项目应根据"营业外支出"账户的发生额分析填列
三、利润总额（亏损以"－"号填列）	营业利润＋营业外收入－营业外支出
减：所得税费用	本项目反映企业根据所得税准则确认的应从本期利润总额中扣除的所得税费用。本项目应根据"所得税费用"账户的发生额填列
四、净利润（净亏损以"－"号填列）	利润总额－所得税费用
（一）持续经营净利润（净亏损以"－"号填列）	
（二）终止经营净利润（净亏损以"－"号填列）	

财 务 会 计

项目	填列方法
五、其他综合收益的税后净额	本项目及其各组成部分根据其他综合收益相关项目计算填列
（一）不能重分类进损益的其他综合收益	
1. 重新计量设定受益计划变动额	
2. 权益法下不能转损益的其他综合收益	
……	
（二）将重分类进损益的其他综合收益	
1. 权益法下可转损益的其他综合收益	
2. 其他债权投资公允价值变动	
3. 金融资产重分类计入其他综合收益的金额	
4. 其他债权投资信用减值准备	
5. 现金流量套期储备	
6. 外币财务报表折算差额	
……	
六、综合收益总额	本项目根据本表中相关项目计算填列 净利润＋其他综合收益税后净额
七、每股收益	本项目应当根据每股收益准则的规定计算的金额填列
（一）基本每股收益	
（二）稀释每股收益	

案例

根据知识技能 6-1-2 资产负债表的编制所给案例的南方有限责任公司资料编制利润表。

根据表 6-4 至表 6-7 及其他南方有限责任公司有关资料，南方有限责任公司 2022 年有关损益类账户发生额，见表 6-9。

表 6-9　损益类账户发生额

2022 年

编码	账户	借方发生额	贷方发生额
6001	主营业务收入		3 400 000
6051	其他业务收入		100 000
6401	主营业务成本	2 380 000	
6402	其他业务成本	98 000	
6403	税金及附加	32 320	
6601	销售费用	180 000	
6602	管理费用	542 000	
6603	财务费用	23 720	
6701	信用减值损失	1 160	
6111	投资收益		30 000
6801	所得税费用	68 200	

根据上述资料编制 2022 年南方有限责任公司的利润表,见表 6-10。

表 6-10　利　润　表　　　　　　　　会企 02 表

编制单位：南方有限责任公司　　　　　2022 年 12 月　　　　　　　单位:元

项目	本期金额
一、营业收入	3 500 000
减:营业成本	2 478 000
税金及附加	32 320
销售费用	180 000
管理费用	542 000
研发费用	
财务费用	23 720
加:其他收益	
投资收益(损失以"—"号填列)	30 000
其中:对联营企业和合营企业的投资收益	
公允价值变动收益(损失以"—"号填列)	
信用减值损失(损失以"—"号填列)	−1 160
资产减值损失(损失以"—"号填列)	
资产处置收益(损失以"—"号填列)	
二、营业利润(亏损以"—"号填列)	272 800
加:营业外收入	

续　表

项目	本期金额
减：营业外支出	
三、利润总额(亏损总额以"一"号填列)	272 800
减：所得税费用	68 200
四、净利润(净亏损以"一"号填列)	204 600
(一)持续经营净利润(净亏损以"一"号填列)	
(二)终止经营净利润(净亏损以"一"号填列)	
五、其他综合收益的税后净额	
(一)不能重分类进损益的其他综合收益	
1.重新计量设定受益计划变动额	
2.权益法下不能转损益的其他综合收益	
……	
(二)将重分类进损益的其他综合收益	
1.权益法下可转损益的其他综合收益	
2.其他债权投资公允价值变动	
3.金融资产重分类计入其他综合收益的金额	
4.其他债权投资信用减值准备	
5.现金流量套期储备	
6.外币财务报表折算差额	
……	
六、综合收益总额	204 600
七、每股收益：	
(一)基本每股收益	
(二)稀释每股收益	

 **思政园地**

严厉打击财务造假,这些上市公司被证监会点名①

　　2021 年 4 月 24 日,证监会发布消息,2019 年以来,证监会严厉打击上市公司财务造假,已累计对 22 家上市公司财务造假行为立案调查,对 18 起典型案件做出行政处罚,向公安机关移送财务造假涉嫌犯罪案件 6 起。

　　证监会表示,上述案件呈现以下特点：

---

　　① 昝秀丽.严厉打击财务造假 这些上市公司被证监会点名[EB/OL].(2020-04-24)[2022-01-17].https://baijiahao.baidu.com/s?id=1664851765211916432&wfr=spider&for=pc.

一是造假周期长,涉案金额大。经查,索菱股份(002766)2016年至2018年连续3年虚构海外业务,伪造回款单据,虚增巨额利润。

二是手段隐蔽、复杂。经查,藏格控股(000408)2017年7月至2018年串通上百家客户,利用大宗商品贸易的特殊性实施造假。

三是系统性造假突出。经查,龙力生物(002604)2015年至2017年上半年为虚增公司利润,定期通过删改财务核算账套实施造假。

四是主观恶性明显。经查,东方金钰(600086)2016年至2018年上半年以全资孙公司为平台,虚构翡翠原石购销业务,通过造假方式实现业绩目标。

此外,上市公司财务造假往往伴随未按规定披露重大信息、大股东非法占用上市公司资金等严重损害投资者利益的其他违法犯罪行为,审计、评估等中介机构未能勤勉尽责执业、"看门人"作用缺失的问题依然突出。

知识技能 6-3　现金流量表的认知与编制

为了完成财务报表编制岗位知识技能 6-3 的工作任务,我们需要学习和掌握哪些基本知识和技能?

知识技能 6-3-1　现金流量表的认知

一、现金流量表的定义及其作用

1. 现金流量表的定义

现金流量表是指反映企业在一定会计期间现金和现金等价物流入和流出的报表,其中:

现金是指企业库存现金以及可以随时用于支付的存款,包括库存现金、银行存款和其他货币资金。不能随时用于支付的存款不属于现金,如定期存款(提前通知银行便可支取的除外)和保证金存款。

现金等价物是指企业持有的期限短、流动性强、易于转换为已知金额现金、价值变动风险很小的投资。期限短一般是指从购买日起3个月内到期。现金等价物通常包括3个月内到期的短期债券投资等。权益性投资变现的金额通常不确定,因而不属于现金等价物。企业应当根据具体情况,确定现金等价物的范围,一经确定不得随意变更(除特别说明外,以下所称的现金均含现金等价物)。

现金流量是指一定会计期间企业现金和现金等价物的流入和流出。

2. 现金流量表的作用

编制现金流量表,是为了向会计报表使用者提供企业一定会计期间内现金和现金等价物流入和流出的信息,以便于会计报表使用者了解和评价企业获取现金和现金等价物的能力,并据以预测企业未来现金流量。现金流量表的主要作用有以下几点:

（1）企业管理者可以掌握现金流动的信息，做好资金调度，最大限度地提高资金的使用效率。

（2）投资人和债权人可以了解企业是否有足够的现金支付股利或偿付到期的债务，或者能否取得足够的现金来支付未来期间的利息和股利以及能否满足企业扩大生产经营规模的现金需要，投资人和债权人可以据此做出正确的决策。

（3）报表使用者可以了解企业与现金收付无关但却对企业有重要影响的投资及筹资活动。现金流量表除了反映企业与现金有关的投资和筹资活动，还通过补充资料（附注）方式提供不涉及现金的投资和筹资活动方面的信息，使会计报表使用者或阅读者能够全面了解和分析企业的投资和筹资活动。

（4）可以用来分析企业投资和理财活动对经营成果和财务状况的影响。现金流量表提供一定时期现金流入和流出的动态财务信息，表明企业在报告期内由经营活动、投资活动和筹资活动获得多少现金，又是如何运用的，能够说明资产、负债、净资产变动的原因，对资产负债表和利润表起到补充说明的作用。

（5）便于和国际惯例相协调，将对企业开展跨国经营、境外筹资、加强国际经济合作起到积极的作用。

二、现金流量表的结构和内容

1. 现金流量表的结构

现金流量表的格式分为三部分：表首、基本部分（主表）和补充资料（附表）。

表首标明企业名称、现金流量的会计期间、报表编号和货币单位。

基本部分（主表）采用报告式的结构，按照现金流量的性质，依次分类反映经营活动、投资活动和筹资活动产生的现金流量，最后汇总反映企业现金及现金等价物净增加额。

补充资料（附表）是对基本部分的补充，全面揭示企业的理财活动并能起到与主表进行校对的作用。补充资料包括三部分内容：①将净利润调节为经营活动的现金流量；②不涉及现金收支的重大投资和筹资活动；③现金及现金等价物净变动情况。

2. 现金流量表的内容

现金流量通常按企业经营业务的性质分为三类，即经营活动产生的现金流量、投资活动产生的现金流量和筹资活动产生的现金流量。

（1）经营活动产生的现金流量。经营活动是指企业投资活动和筹资活动以外的所有交易和事项，包括销售商品、提供劳务、经营性租赁、购买货物、接受劳务、制造产品、广告宣传、推销产品、支付税款等。经营活动产生的现金流量可以说明企业的经营活动对现金流入和流出的影响程度，判断企业在不动用对外筹得资金的情况下，是否可以维持生产经营、偿还债务、支付股利和对外投资等。

（2）投资活动产生的现金流量。投资活动是指企业长期资产的购建和不包括在现金等价物范围内的投资及其处置活动，包括取得或收回权益性证券的投资；购买或收回债券投资；购建和处置固定资产、无形资产和其他长期资产等。投资活动产生的现金流量中不包括作为现金等价物的投资，作为现金等价物的投资属于现金自身的增减变动。投资者通过投资活动产生的现金流量，可以判断投资活动对企业现金流量净额的影响程度。

（3）筹资活动产生的现金流量。筹资活动是指导致企业资本及债务规模和构成发生变化的活动,包括吸收投资、发行股票、分配利润、发行债券、向金融企业借入款项、偿还债务等。投资者通过筹资活动产生的现金流量可以分析企业通过筹资活动获取现金的能力,判断筹资活动对企业现金流量净额的影响程度。

企业在进行现金流量分类时,对于现金流量表中未特别指明的现金流量,应按照现金流量表的分类方法和重要性原则,判断某项交易或事项所产生的现金流量应当归属的类别或项目,对于重要的现金流入或流出项目应当单独反映。对于一些特殊的、不经常发生的项目,如自然灾害损失、保险赔款等,应根据其性质,分别归并到经营活动、投资活动或筹资活动项目中。

知识技能 6-3-2　现金流量表的编制

一、现金流量表基本部分(主表)的编制方法

现金流量表主表各项目的内容及填列方法见表 6-11。

表 6-11　现金流量表

会企 03 表

编制单位：　　　　　　　　　　　年　月　　　　　　　　　　　单位:元

项目	序号	排列方法
一、经营活动产生的现金流量	1	
销售商品、提供劳务收到的现金	2	本项目反映企业销售商品、提供劳务实际收到的现金(包括销售收入和应向购买者收取的增值税销项税额),包括本期销售商品、提供劳务收到的现金,以及前期销售商品和提供劳务本期收到的现金和本期预收的账款,减去本期退回本期销售的商品和前期销售本期退回的商品支付的现金。企业销售材料和代购代销业务收到的现金,也在本项目反映。本项目可以根据"库存现金""银行存款""应收账款""应收票据""预收账款""主营业务收入""其他业务收入"等账户的记录分析填列
收到的税费返还	3	本项目反映企业收到返还的各种税费,如收到的增值税、消费税、所得税、关税和教育费附加返还等。本项目可以根据"库存现金""银行存款""税金及附加""其他应收款"等账户的记录分析填列
收到其他与经营活动有关的现金	4	本项目反映企业除了上述各项目,收到的其他与经营活动有关的现金,如罚款收入、经营租赁收到的租金和流动资产损失中由个人赔偿的现金收入等。其他现金流入如价值较大的,应单列项目反映。本项目可以根据"库存现金""银行存款""营业外收入"等账户的记录分析填列
经营活动现金流入小计	5	2+3+4
购买商品、接受劳务支付的现金	6	本项目反映企业购买材料、商品、接受劳务实际支付的现金,本项目包括本期购入材料、商品和接受劳务支付的现金(包括增值税进项税额),以及本期支付的前期购入商品、接受劳务的未付款项和本期预付款项。本期发生的购货退回收到的现金应从本项目内减去。本项目可以根据"库存现金""银行存款""应付账款""应付票据""预付账款""主营业务成本"等账户的记录分析填列

项目	序号	排列方法
支付给职工以及为职工支付的现金	7	本项目反映企业实际支付给职工以及为职工支付的现金。本项目包括本期实际支付给职工的工资、奖金、各种津贴和补贴等，以及为职工支付的养老、失业等社会保障基金、补充养老保险、住房公积金、支付给职工的住房困难补助和支付给职工或为职工支付的其他福利费用等其他费用。本项目不包括支付离退休人员的职工薪酬、支付的由无形资产负担的职工薪酬和支付给在建工程人员的职工薪酬等。企业支付给离退休人员的各项费用，包括支付的统筹退休金以及未参加统筹的退休人员的费用，在"支付的其他与经营活动有关的现金"项目中反映；支付的由无形资产负担的职工薪酬和支付的在建工程人员的工资，在"购建固定资产、无形资产和其他长期资产所支付的现金"项目中反映。本项目可以根据"应付职工薪酬""库存现金""银行存款"等账户的记录分析填列
支付的各项税费	8	本项目反映企业按规定支付的各项税费，包括本期发生并支付的税费，以及本期支付以前各期发生的税费和预交的税金，如支付的教育费附加、矿产资源补偿费、印花税、房产税、土地增值税、车船税等。本项目不包括计入固定资产价值、实际支付的耕地占用税等，也不包括本期退回的增值税、所得税。本期退回的增值税、所得税在"收到的税费返还"项目反映。本项目可以根据"应交税费""库存现金""银行存款"等账户的记录分析填列
支付其他与经营活动有关的现金	9	本项目反映企业除上述各项目外，支付的其他与经营活动有关的现金流出，如罚款支出、支付的差旅费、保险费、业务招待费现金支出和经营租赁支付的现金等。其他现金流出如价值较大的，应单列项目反映。本项目可以根据有关账户的记录分析填列
经营活动现金流出小计	10	6＋7＋8＋9
经营活动产生的现金流量净额	11	5－10
二、投资活动产生的现金流量	12	
收回投资收到的现金	13	本项目反映企业出售、转让或到期收回除了现金等价物的交易性金融资产、其他债权投资、长期股权投资而收到的现金，以及收回债权投资本金而收到的现金。不包括收回其他债权投资、债权投资的利息，以及收回的非现金资产。本项目可以根据"库存现金""银行存款""交易性金融资产""长期股权投资""其他债权投资""债权投资"等账户的记录分析填列
取得投资收益收到的现金	14	本项目反映企业因股权性投资和债权性投资而取得的现金股利、利息，以及从子公司、联营企业和合营企业分回利润而收到的现金。不包括股票股利。本项目可以根据"库存现金""银行存款""投资收益"等账户的记录分析填列
处置固定资产、无形资产和其他长期资产收回的现金净额	15	本项目反映企业处置固定资产、无形资产和其他长期资产所取得的现金，减去为处置这些资产而支付的有关费用后的净额。由于自然灾害所造成的固定资产等长期资产损失而收到的保险赔偿收入，也在本项目反映。如所收回的现金净额为负数，则应在"支付的其他与投资活动有关的现金"项目反映。本项目可以根据"固定资产清理""库存现金""银行存款"等账户的记录分析填列

项目	序号	排列方法
处置子公司及其他营业单位收到的现金净额	16	本项目反映企业处置子公司及其他营业单位所取得的现金减去相关费用后的净额。本项目可以根据有关账户的记录分析填列
收到其他与投资活动有关的现金	17	本项目反映企业除了上述各项以外,收到的其他与投资活动有关的现金。如企业收回购买股票和债券时支付的已宣告但尚未领取的现金股利或已到期但尚未领取的债券利息。其他现金流入如价值较大的,应单列项目反映。本项目可以根据有关账户的记录分析填列
投资活动现金流入小计	18	13+14+15+16+17
购建固定资产、无形资产和其他长期资产支付的现金	19	本项目反映企业购买、建造固定资产,取得无形资产和其他长期资产所支付的现金及增值税款,支付的应由在建工程和无形资产负担的职工薪酬现金支出,不包括为购建固定资产而发生的借款利息资本化的部分,以及融资租入固定资产支付的租赁费。借款利息和融资租入固定资产支付的租赁费,在筹资活动中产生的现金流量中反映。本项目可以根据"固定资产""在建工程""无形资产""库存现金""银行存款"等账户的记录分析填列
投资支付的现金	20	本项目反映企业取得的除现金等价物以外的权益性投资和债权性投资所支付的现金以及支付的佣金、手续费等附加费用。本项目可以根据"长期股权投资""债权投资""其他债权投资""交易性金融资产""库存现金""银行存款"等账户的记录分析填列。企业购买股票和债券时,实际支付的价款中包含的已宣告但尚未领取的现金股利或已到付息期但尚未领取的债券的利息,应在投资活动的"支付其他与投资活动有关的现金"项目反映;收回购买股票和债券时支付的已宣告但尚未领取的现金股利或已到付息期但尚未领取的债券的利息,在投资活动的"收到其他与投资活动有关的现金"项目反映
取得子公司及其他营业单位支付的现金净额	21	本项目反映企业购买子公司及其他营业单位购买出价中以现金支付的部分,减去子公司或其他营业单位持有的现金和现金等价物后的净额。本项目可以根据有关账户的记录分析填列
支付其他与投资活动有关的现金	22	本项目反映企业除了上述各项,支付的其他与投资活动有关的现金流出。其他现金流出如价值较大的,应单列项目反映。本项目可以根据有关账户的记录分析填列
投资活动现金流出小计	23	19+20+21+22
投资活动产生的现金流量净额	24	18—23
三、筹资活动产生的现金流量	25	
吸收投资收到的现金	26	本项目反映企业收到的投资者投入的现金,包括以发行股票、债券等方式筹集的资金实际收到的款项净额(发行收入减去直接支付给金融企业的佣金、手续费、宣传费、咨询费、印刷费等发行费用后的净额)。以发行股票、债券等方式筹集资金而由企业直接支付的审计、咨询等费用,在"支付其他与筹资活动有关的现金"项目反映,不从本项目内减去。本项目可以根据"实收资本(或股本)""库存现金""银行存款"等账户的记录分析填列

项目	序号	排列方法
取得借款收到的现金	27	本项目反映企业举借各种短期、长期借款所收到的现金。本项目可以根据"短期借款""长期借款""库存现金""银行存款"等账户的记录分析填列
收到其他与筹资活动有关的现金	28	本项目反映企业除上述项目外，收到的其他与筹资活动有关的现金，如接受现金捐赠等。其他现金流入如价值较大的，应单列项目反映。本项目可以根据有关账户的记录分析填列
筹资活动现金流入小计	29	26＋27＋28
偿还债务支付的现金	30	本项目反映企业以现金偿还债务的本金，包括偿还金融企业的借款本金、偿还债券本金等。企业偿还的借款利息、债券利息，在"分配股利、利润或偿付利息所支付的现金"项目反映，不包括在本项目内。本项目可以根据"短期借款""长期借款""库存现金""银行存款"等账户的记录分析填列
分配股利、利润或偿付利息支付的现金	31	本项目反映企业实际支付的现金股利，支付给其他投资单位的利润以及支付的借款利息、债券利息等。本项目可以根据"应付股利""财务费用""长期借款""库存现金""银行存款"等账户的记录分析填列
支付其他与筹资活动有关的现金	32	本项目反映企业除了上述各项，支付的其他与筹资活动有关的现金，包括以发行股票、债券等方式筹集资金而由企业直接支付的审计和咨询等费用、为购建固定资产而发生的借款利息资本化部分、融资租入固定资产所支付的租赁费、以分期付款方式购建固定资产以后各期支付的现金等。其他现金流出如价值较大的，应单列项目反映。本项目可以根据有关账户的记录分析填列
筹资活动现金流出小计	33	30＋31＋32
筹资活动产生的现金流量净额	34	29－33
四、汇率变动对现金及现金等价物的影响	35	本项目反映企业外币现金流量及境外子公司的现金流量折算为人民币时，所采用的现金流量发生日的即期汇率或按照系统、合理的方法确定的与现金流量发生日的即期汇率近似的汇率折算的人民币金额与"现金及现金等价物净增加额"中外币现金净增加额按期末汇率折算的人民币金额之间的差额
五、现金及现金等价物净增加额	36	11＋24＋34＋35
加：期初现金及现金等价物余额	37	本项目反映本期现金及现金等价物期末比期初净增加（减少）的金额。通过对"库存现金""银行存款""其他货币资金"账户以及现金及现金等价物的期末余额与期初余额比较确定（注意：不能随时用于支付的存款，应当作为投资处理）
六、期末现金及现金等价物余额	38	36＋37

小贴士

在编制现金流量表时,企业可逐笔计算外汇业务发生的汇率变动对现金的影响,也可不必逐笔计算,而采用简化的计算方法,即通过报表补充资料中的"现金及现金等价物净增加额"数额与主表中"经营活动产生的现金流量净额""投资活动产生的现金流量净额""筹资活动产生的现金流量净额"三项之和比较,其差额即为"汇率变动对现金及现金等价物的影响"项目的金额。

二、现金流量表补充资料的编制方法

1. 将净利润调节为经营活动现金流量净额

按间接法计算经营活动的现金流量净额与基本部分中按直接法计算的结果进行核对。

间接法是以净利润为起点,调整不涉及现金的收入、费用、营业外支出等有关项目,据此计算出经营活动产生的现金流量。

2. 不涉及现金收支的投资和筹资活动

不涉及现金收支的投资和筹资活动反映企业一定期间内影响资产或负债但不形成该期现金收支的所有投资和筹资活动的信息,发挥补充基本部分的作用。

3. 现金及现金等价物净变动情况

现金及现金等价物净变动情况反映企业一定会计期间现金及现金等价物的期末余额减去期初余额的净增加额或净减少额。

现金流量表补充资料各项目的内容及填列方法见表6-12。

表6-12 现金流量表　　　　　　　　　　　会企03表

编制单位:　　　　　　　　　　　年　月　　　　　　　　　　　单位:元

项目	序号	填列方法
1. 将净利润调节为经营活动现金流量	39	
净利润	40	利润表中的净利润
加:资产减值准备	41	本项目反映企业本期计提存货跌价准备、长期股权投资减值准备、债权投资减值准备、投资性房地产减值准备、固定资产减值准备、在建工程减值准备、无形资产减值准备、商誉减值准备。本项目可以根据"存货跌价准备""长期股权投资减值准备""投资性房地产减值准备""固定资产减值准备""在建工程减值准备""无形资产减值准备"等账户的记录分析填列
信用减值损失	42	本项目反映金融资产减值准备所形成的预期信用损失,包括贷款损失准备、债权投资减值准备、坏账准备、合同资产减值准备、租赁应收款减值准备等。本项目可以根据"债权投资减值准备""坏账准备"等账户的记录分析填列
固定资产折旧、油气资产折耗、生产性生物资产折旧	43	本项目反映企业本期累计提取的固定资产折旧。本项目可以根据"累计折旧"账户的贷方发生额分析填列

项目	序号	填列方法
无形资产摊销	44	本项目反映企业本期累计摊入成本费用的无形资产的价值。本项目可以根据"累计摊销"账户的贷方发生额分析填列
长期待摊费用摊销	45	本项目反映企业本期累计计入成本费用的长期待摊费用。本项目可以根据"长期待摊费用"账户的贷方发生额分析填列
处置固定资产、无形资产和其他长期资产的损失（收益以"－"号填列）	46	本项目反映企业本期由于处置固定资产、无形资产和其他长期资产而发生的净损失。本项目可以根据"营业外收入""营业外支出""其他业务收入""其他业务成本"账户所属有关明细账户的记录分析填列；如为净收益，以"－"号填列
固定资产报废损失（收益以"－"号填列）	47	本项目反映企业本期由于固定资产报废而发生的净损失。本项目可以根据"营业外收入""营业外支出"账户所属有关明细账户的记录分析填列；如为净收益，以"－"号填列
公允价值变动损失（收益以"－"号填列）	48	本项目反映公司持有的金融资产、金融负债以及采用公允价值计量模式的投资性房地产的公允价值变动损益。本项目可以根据"交易性金融资产""其他债权投资""投资性房地产""交易性金融负债"等账户所属有关明细账户的记录分析填列
财务费用（收益以"－"号填列）	49	本项目反映企业本期发生的应属于投资活动或筹资活动的财务费用。属于投资活动或筹资活动的部分，在计算净利润时已扣除，但这部分发生的现金流出不属于经营活动现金流量的范畴，所以，在将净利润调节为经营活动现金流量时，需要予以加回。本项目可以根据"财务费用"账户的本期借方发生额分析填列；如为收益，以"－"号填列
投资损失（收益以"－"号填列）	50	本项目反映企业本期投资所发生的损失减去收益后的净损失。本项目可以根据利润表"投资收益"项目的数字填列；如为投资收益，以"－"号填写
递延所得税资产减少（增加以"－"号填列）	51	本项目反映公司资产负债表"递延所得税资产"项目的期初余额与期末余额的差额
递延所得税负债增加（减少以"－"号填列）	52	本项目反映公司资产负债表"递延所得税负债"项目的期初余额与期末余额的差额
存货的减少（增加以"－"号填列）	53	本项目反映企业本期存货的减少（减；增加）。本项目可以根据资产负债表"存货"项目的期初、期末余额的差额填列；期末数大于期初数的差额，以"－"号填列
经营性应收项目的减少（增加以"－"号填列）	54	本项目反映企业本期经营性应收项目（包括应收账款、应收票据、预付账款、长期应收款和其他应收款中与经营活动有关的部分及应收的增值税销项税额等）的期初余额与期末余额的差额
经营性应付项目的增加（减少以"－"号填列）	55	本项目反映企业本期经营性应付项目（包括应付账款、应付票据、预收账款、应付职工薪酬、应交税费、应付利息、应付股利、长期应付款、其他应付款中与经营活动有关的部分及应付的增值税进项税额等）的期初余额与期末余额的差额
其他	56	
经营活动产生的现金流量净额	57	40＋41＋42＋43＋44＋45＋46＋47＋48＋49＋50＋51＋52＋53＋54＋55＋56

续　表

项目	序号	填列方法
2. 不涉及现金收支的重大投资和筹资活动	58	
债务转为资本	59	本项目反映企业本期转为资本的债务金额
一年内到期的可转换公司债券	60	本项目反映企业 1 年内到期的可转换公司债券的本息
融资租入固定资产	61	本项目反映企业本期融资租入固定资产的最低租赁付款额扣除应分期计入利息费用的未确认融资费用的净额
3. 现金及现金等价物净变动情况	62	
现金的期末余额	63	资产负债表中现金期末余额
减:现金的期初余额	64	资产负债表中现金期初余额
加:现金等价物的期末余额	65	资产负债表中现金等价物期末余额
减:现金等价物的期初余额	66	资产负债表中现金等价物期初余额
现金及现金等价物净增加额	67	本项目反映企业一定会计期间现金及现金等价物的期末余额减去期初余额的净增加额(或净减少额),与基本部分中各类现金流量净额的汇总结果(主表中最后一项"现金及现金等价物净增加额")进行核对相符

 思政园地

切实规范财务审计秩序,有效发挥财会监督作用

2021 年 7 月 30 日,国务院办公厅印发《关于进一步规范财务审计秩序促进注册会计师行业健康发展的意见》,这是改革开放以来经国务院同意、由国务院办公厅直接印发的指导我国注册会计师行业改革与发展的首个文件。

当前,为何出台该《意见》?《意见》有哪些重点内容? 财政部有关负责人进行了解读。

有关统计数据显示,截至 2021 年 7 月底,全国共有执业注册会计师 11.1 万人,会计师事务所 8 782 家,为全国 4 000 多家上市公司、1 万多家新三板企业和 400 多万家企事业单位提供审计鉴证和其他业务服务。

财政部有关负责人介绍,我国注册会计师行业规模不断扩大,服务范围不断拓展,行业发展总体向好,但也存在会计师事务所"看门人"职责履行不到位、行业监管和执法力度不足、行业治理水平有待进一步提升、事中事后监管手段有待进一步创新等问题。

诚信建设是注册会计师行业的灵魂和底线。近年来,会计师事务所审计失败的案例时有发生,上市公司财务造假数目触目惊心,引发社会公众对注册会计师的执业能力特别是诚信操守的质疑。

　　该《意见》以全面提升注册会计师行业服务国家建设能力为目标,明确提出诚信为本、质量为先,从严监管、从严执法等 5 项原则,并从依法整治财务审计秩序、强化行业日常管理、优化执业环境和能力 3 方面提出 12 项主要任务,为"十四五"和今后一段时期我国注册会计师行业发展指明了方向,标志着我国注册会计师行业迎来新的重大发展机遇。

<h1 style="text-align:center">本模块小结</h1>

<h1 style="text-align:center">考证知识训练</h1>

Ⅰ　单项选择题

1. 财务报表是由(　　)组成的。

　　A. 资产负债表、利润表、利润表分配表和现金流量表

　　B. 资产负债表、利润表、现金流量表和所有者权益变动表

　　C. 会计报表附注

　　D. B 和 C

2. 下列各项中,能根据相应的总分类账户的期末余额直接填列的资产负债表项目是(　　)。

　　A. "应付账款"　　　　　　　B. "应收账款"　　　　　　　C. "长期借款"　　　　　　　D. "实收资本"

3. 会计报表的编制要求包括(　　)。

　　A. 数字真实、内容完整　　　　　　　　　　B. 计算准确、及时报送

　　C. 便于理解　　　　　　　　　　　　　　　D. A 和 B

4. 下列项目中,属于资产负债表中流动负债项目的是(　　)。

　　A. "长期借款"　　　　　　　B. "预计负债"　　　　　　　C. "应付股利"　　　　　　　D. "应付债券"

5. 对固定资产多提折旧,将使企业的资产负债表中的(　　)。

　　A. 资产净值减少　　　　　B. 资产净值增加　　　　　C. 负债增加　　　　　D. 负债减少

6. 年末资产负债表中的"未分配利润"项目,其填列依据是(　　)。

A. "利润分配"账户年末余额   B. "应付利润"账户年末余额

C. "本年利润"账户借方余额   D. "盈余公积"账户年末余额

7. 下列资产负债表项目中,不能根据总账余额直接填列的是( )。

 A. 应收票据   B. 无形资产   C. 短期借款   D. 应付票据

8. "预收账款"明细账户的借方余额应填列在资产负债表的( )项目中。

 A. "应付账款"   B. "应收账款"   C. "预收账款"   D. "预付账款"

9. 资产负债表的下列项目中,不属于流动负债的是( )。

 A. "预付账款"   B. "应交税费"   C. "预收账款"   D. "交易性金融负债"

10. 下列资产负债表项目中,可直接根据有关总账账户余额填列的是( )。

 A. "货币资金"   B. "应收票据"   C. "存货"   D. "应收账款"

11. 能够提供有关资金流动性和偿债能力的资料,有助于预计企业履行支付承诺的能力的报表是( )。

 A. 资产负债表   B. 利润表   C. 所有者权益变动表   D. 现金流量表

12. 下列税金中,与企业(一般纳税人)损益无关的是( )。

 A. 所得税   B. 消费税   C. 印花税   D. 增值税

13. 出租无形资产使用权取得的收益,在利润表中应列入( )项目。

 A. "营业收入"   B. "公允价值变动收益"

 C. "投资收益"   D. "营业外收入"

14. 利润表的各项目基本上是根据有关账户的( )填列的。

 A. 本期实际发生额   B. 本期借方发生额

 C. 期末余额   D. 期初余额

15. 利润表中,只需要根据有关账户的借方发生额填列的项目是( )项目。

 A. "营业成本"   B. "税金及附加"

 C. "营业收入"   D. "营业利润"

16. 利润表中,需要根据多个总账账户的发生额汇总填列的项目是( )项目。

 A. "营业收入"   B. "管理费用"

 C. "税金及附加"   D. "投资收益"

17. 企业利润表中的"税金及附加"项目不包括的税金为( )。

 A. 消费税   B. 印花税   C. 增值税   D. 城市维护建设税

18. 下列各项中,不影响企业营业利润的是( )。

 A. 商品销售收入   B. 劳务收入   C. 罚款收入   D. 房屋出租收入

19. 编制现金流量表时,企业因资金短缺,变卖旧设备收到的现金属于( )活动的现金流量。

 A. 经营   B. 收回投资   C. 筹资   D. 非正常

20. 采用间接法计算经营活动的现金流量净额时,应从净利润中扣除的项目是( )。

 A. "处置固定资产的收益"   B. "计提的固定资产折旧"

 C. "无形资产摊销"   D. "计提的坏帐准备"

21. 下列事项中,引起期末现金流量净额变动的项目是( )。

 A. 将现金存入银行   B. 用现金等价物清偿债务

 C. 用存货抵偿债务   D. 用银行存款购入三个月到期的债券

22. 下列项目中,属于投资活动产生的现金流出是( )。

 A. 购买固定资产所支付的现金   B. 分配股利所支付的现金

 C. 支付的所得税款   D. 融资租赁所支付的现金

23. 下列项目中,没有减少现金流量的是( )。

A. 交纳增值税款   B. 计提固定资产折旧

C. 偿付利息   D. 支付职工工资

24. 下列项目中,减少现金流量的是(　　)。

A. 无形资产摊销   B. 计提固定资产折旧

C. 偿付利息   D. 计提坏帐准备

25. 下列经济业务所产生的现金流量中,属于"经营活动产生的现金流量"的是(　　)。

A. 变卖固定资产所产生的现金流量

B. 取得债券利息收入所产生的现金流量

C. 支付经营租赁费用所产生的现金流量

D. 支付融资租赁费用所产生的现金流量

26. 下列经济业务所产生的现金流量中,不属于"经营活动产生的现金流量"的是(　　)。

A. 支付所得税   B. 购买设备款   C. 支付广告费   D. 支付印花税

27. 下列业务中,不影响现金流量的是(　　)。

A. 无形资产摊销   B. 商业汇票贴现

C. 收回以前年度核销的坏账   D. 收到现金股利

28. 对一般企业而言,下列项目中,可视为现金及现金等价物的是(　　)。

A. 委托贷款   B. 可提前支取的定期存款

C. 商业承兑汇票   D. 持有期1个月的股票

29. 企业应当采用直接法列示(　　)活动产生的现金流量。

A. 投资   B. 经营   C. 筹资   D. 上述三种

30. 企业购买股票所支付价款中包含的已宣告但尚未领取的现金股利,在现金流量表中应计入的项目是(　　)。

A. "投资所支付的现金"

B. "支付的其他与经营活动有关的现金"

C. "支付的其他与投资活动有关的现金"

D. "分配股利、利润或偿付利息所支付的现金"

Ⅱ 多项选择题

1. 根据《企业会计准则》规定,财务报表至少应当包括(　　)。

A. 资产负债表   B. 利润表

C. 现金流量表   D. 所有者权益(股东权益)变动表

E. 附注

2. 《企业会计准则第30号——财务报表列报》规定了企业财务报表列报的一般要求,按照不同类型企业,对其财务报表列报的结构和内容等作出了规定,其规定适用于(　　)财务报表。

A. 个别   B. 合并   C. 中期   D. 年度

E. 季度

3. 下列账户的余额中,在编制资产负债表时应列入"存货"项目金额的有(　　)。

A. "在途物资"   B. "工程物资"

C. "消耗性生物资产"   D. "委托加工物资"

E. "生产成本"

4. 资产负债表中"应付职工薪酬"项目,反映企业应付职工各种薪酬的结余,包括(　　)等。

A. 工资   B. 职工福利   C. 社会保险费   D. 住房公积金

E. 辞退福利

5. 资产负债表中"应收票据及应收账款"项目的期末数包括(　　)。

    A. "应收账款"账户所属明细账户的期末借方余额

    B. "预收账款"账户所属明细账户的期末借方余额

    C. "其他应收款"账户所属明细账户的期末借方余额

    D. "应收票据"账户所属明细账户的期末借方余额

    E. "应付账款"账户所属明细账户的期末借方余额

6. 资产负债表中"货币资金"项目应根据(　　)账户的期末余额填列。

    A. "应收账款"　　　　　　B. "库存现金"　　　　　　C. "银行存款"　　　　　　D. "其他货币资金"

    E. "应收利息"

7. 企业利润表中的"税金及附加"项目包括(　　)。

    A. 消费税　　　　　　　　B. 资源税　　　　　　　　C. 城市维护建设税　　　　D. 增值税

    E. 土地增值税

8. 本月发生的下列各项支出或损失中,影响企业本月净利润的有(　　)。

    A. 计提坏账准备　　　　　　　　　　　　B. 处理固定资产盘亏损失

    C. 支付固定资产安装费　　　　　　　　　D. 预交所得税

    E. 支付投资人现金股利

9. 下列各项中,影响利润表中营业利润的有(　　)。

    A. 营业外收入　　　　　B. 管理费用　　　　　　C. 投资收益　　　　　　D. 公允价值变动收益

    E. 资产减值损失

10. 企业利润表中"营业收入"项目包括(　　)。

    A. 主营业务收入　　　　B. 其他业务收入　　　　C. 公允价值变动收益　　D. 投资收益

    E. 营业外收入

11. 现金等价物应同时具备的条件有(　　)。

    A. 期限短　　　　　　　　　　　　　　　B. 流动性强

    C. 易于转换为已知金额的现金　　　　　　D. 无价值变动风险

    E. 价值变动风险很小

12. 现金流量表中的现金包括(　　)。

    A. 库存现金　　　　　　B. 银行存款　　　　　　C. 其他货币资金　　　　D. 保证金存款

    E. 应收票据

13. 下列业务中,不产生现金流量的有(　　)。

    A. 现金购买 3 个月内到期的国库券　　　　B. 收回以前年度已核销的坏账

    C. 以固定资产抵债　　　　　　　　　　　D. 存货的盘亏

    E. 应付票据转为短期借款

14. 下列业务中,产生现金流量的有(　　)。

    A. 现金购买 3 个月内到期的国库券　　　　B. 收回以前年度已核销的坏账

    C. 支付应付账款　　　　　　　　　　　　D. 非货币性资产交换支付的补价

    E. 现金购买普通股股票

15. 在现金流量表中,销售商品、提供劳务收到的现金包括(　　)。

    A. 本期销售商品、提供劳务收到的现金(包括价款和税费)

    B. 前期销售商品、提供劳务本期收到的现金(包括价款和税费)

    C. 本期预收的款项

    D. 扣减本期销售、本期退回而支付的现金

E. 扣减前期销售、本期退回而支付的现金

16. 在现金流量表中,购买商品、接受劳务支付的现金包括(　　)。

A. 本期购买商品、接受劳务支付的现金(包括价款和税费)

B. 前期购买商品、接受劳务本期支付的现金(包括价款和税费)

C. 本期预付的款项

D. 扣减本期发生的购货退回而收到的现金

E. 本期支付给职工以及为职工支付的现金

17. 下列交易或事项产生的现金流量中,属于投资活动产生的现金流量的有(　　)。

A. 为购建固定资产支付的增值税进项税额

B. 为购建固定资产支付的已资本化的利息费用

C. 因火灾造成固定资产损失而收到的保险赔款

D. 分期付款购入固定资产的最后一次付款

E. 购买交易性金融资产所支付的现金以及支付的佣金、手续费

18. 下列交易或事项产生的现金流量中,属于筹资活动产生的现金流量的有(　　)。

A. 融资租赁固定资产支付的租金

B. 经营租赁固定资产支付的租金

C. 为购建固定资产支付的已资本化的利息费用

D. 为购建固定资产支付的已费用化的利息费用

E. 分配股利支付的现金

19. 在现金流量表中,支付的其他与经营活动有关的现金包括(　　)。

A. 罚款支出

B. 购买股票时支付的已宣告但尚未领取的现金股利

C. 支付的差旅费

D. 支付的业务招待费

E. 发行股票时由企业直接支付的审计、咨询等费用

20. 在现金流量表补充资料中将净利润调整为经营活动的现金流量时,需要调整的项目有(　　)。

A. 固定资产折旧　　　　　　　　　　B. 无形资产摊销

C. 投资损益　　　　　　　　　　　　D. 公允价值变动损益

E. 经营性应付项目的增减变动

Ⅲ　判断题

1. 资产负债表的编制依据为"资产＝负债＋所有者权益"。　　　　　　　　　　　　　(　　)

2. "应收账款"项目,应根据"应收账款"和"预付账款"账户所属明细账户的借方余额合计数填列。(　　)

3. 如"预付账款"账户所属有关明细账户期末有贷方余额的,应在资产负债表"应付账款"项目内填列。

(　　)

4. 资产负债表中的"存货"项目,应根据"在途物资""工程物资""委托加工物资""生产成本"等账户的期末余额合计填列。　　　　　　　　　　　　　　　　　　　　　　　　　　　　　(　　)

5. "交易性金融资产"项目,包括为交易目的所持有的债券投资、股票投资、基金投资、权证投资等,和直接指定为以公允价值计量且其变动计入当期损益的金融资产。　　　　　　　　　　(　　)

6. 我国利润表的格式采用多步式。　　　　　　　　　　　　　　　　　　　　　　(　　)

7. 企业各项资产发生的损失均在利润表中的"营业外支出"项目集中反映。　　　　　　(　　)

8. 利润表中"税金及附加"项目反映企业经营业务应负担的增值税、消费税、城市维护建设税等。(　　)

9. 利润表中的"公允价值变动收益"项目反映企业交易性金融资产、交易性金融负债,以及采用公允价值

模式计量的投资性房地产等公允价值变动形成的应计入当期损益的利得或损失。（   ）

10. 在我国，现金流量表正表和补充资料都按直接法编制。（   ）

11. 现金与现金等价物之间的此增彼减，不会影响现金流量净额。（   ）

12. 现金流量表正表中的"经营活动产生的现金流量净额"与附表中的"经营活动产生的现金流量净额"是相等的。（   ）

13. 在现金流量表中，如果本期有购货退回的，其实际收到的现金应当在销售商品收到的现金中反映。（   ）

14. 现金流量表中的"支付给职工以及为职工支付的现金"项目，反映企业实际支付给所有职工以及为所有职工支付的现金。（   ）

15. 为购建固定资产而发生的借款利息资本化的部分，以及融资租入固定资产支付的租赁费，在投资活动产生的现金流量中反映。（   ）

Ⅳ 计算题

1. A 公司 2020 年 12 月 31 日的"库存商品"账户余额为 30 万元，"发出商品"账户余额为 20 万元，"在途物资"账户余额为 15 万元，"周转材料"账户余额为 5 万元，"工程物资"账户余额为 10 万元。则资产负债表中"存货"项目的金额应为多少万元？

2. "应收账款"总账账户期末借方余额为 300 万元，所属两个明细账户余额为："应收账款——A 公司"期末借方余额 350 万元，"应收账款——B 公司"期末贷方余额 50 万元；"预收账款"总账账户期末贷方余额为 100 万元，所属明细账户"预收账款——A 公司"期末贷方余额 100 万元；则"资产负债表"中应收账款"项目的数额是多少万元？

3. 2020 年度，A 公司应支付给职工的费用如下：工资 100 万元，职工福利 10 万元，社会保险费 16 万元，住房公积金 8 万元，辞退福利 6 万元。试计算应付职工薪酬。

4. 甲企业 2020 年 1 月 1 日至 12 月 31 日损益类账户的累计发生额如下：
主营业务收入 200 万元（贷方），主营业务成本 80 万元（借方），其他业务收入 80 万元（贷方），其他业务成本 50 万元（借方），税金及附加 24 万元（借方），销售费用 26 万元（借方），管理费用 14 万元（借方），财务费用 10 万元（借方），投资收益 50 万元（贷方），营业外收入 10 万元（贷方），营业外支出 8 万元（借方），所得税费用 32 万元（借方）。试计算该企业本年度的营业利润、利润总额和净利润。

5. C 公司 2020 年销售商品及提供劳务的收入为 500 万元，"应收票据"账户的期初余额为 50 万元，期末余额为 40 万元；"应收账款"账户的期初余额为 100 万元，期末余额为 120 万元；"预收账款"账户的期初余额为 80 万元，期末余额为 100 万元；收回以前年度核销的坏账损失为 20 万元。假定不考虑增值税及其他因素，该公司本年度现金流量表中的"销售商品、提供劳务收到的现金"项目金额应为多少万元？

6. C 公司出售了一项固定资产，实际售价为 200 万元，款项已收到。该固定资产原价为 180 万元，已提折旧 10 万元，另发生清理费用 1 万元，用银行存款支付。则由于该项业务，C 公司现金流量表中"处置固定资产、无形资产和其他长期资产而收到的现金净额"项目的金额应为多少万元？

7. C 公司本期支付离退休人员工资 50 万元，支付在建工程人员工资 20 万元；支付广告费 60 万元，支付财产保险费 10 万元；支付业务招待费 2 万元；支付合同违约金 3 万元；支付借款利息 10 万元；支付购买股票款 40 万元。上述支出中，现金流量表"支付的其他与经营活动有关的现金"项目列示的金额是多少万元？

8. C 公司本年发生下列业务：处置交易性金融资产（股票），该交易性金融资产的账面成本为 200 万元，实际售价为 240 万元；处置交易性金融资产（债券），该交易性金融资产的账面成本为 200 万元，实际售价为 180 万元；收回债权投资本金和利息，面值为 100 万元，年利率为 10％，3 年期，到期一次还本付息。该公司现金流量表中"收回投资收到的现金"项目列示的金额是多少万元？

财务报表的编制与报告